Exploration and Practice: Party-building in
Guiding Endogenous Development of
Higher Vocational Colleges

党建引领高职院校内生式发展的探索与实践

浙江工商职业技术学院 ◎著

中国财经出版传媒集团
经济科学出版社
Economic Science Press
·北京·

序

党政军民学，东西南北中，党是领导一切的。习近平总书记指出："加强党对高校的领导，加强和改进高校党的建设，是办好中国特色社会主义大学的根本保证。"① 贯彻党的教育方针，确保社会主义办学方向，落实立德树人根本任务，都离不开党的领导、党的建设和发挥党建统领作用。如何有效破解高校普遍存在的党建工作层层递减、党建与中心工作融合不深、基层党组织战斗力不强等难题，是新时代加强和改进高校党的建设的重要任务，也是高校必须回答好的"时代答卷"。

在新时代的大背景下，浙江工商职业技术学院党委自2019年1月第二次党代会以来，勇于探索、勇于实践，坚持以习近平新时代中国特色社会主义思想为指导，坚守"为党育人，为国育才"的初心使命，树立"党建强则学校强"理念，强化党建统领，将党的创新理论转化为实践指导的关键，不断加强党的全面领导，持续加强党的建设，切实把党的领导落实到办学治校、立德树人的全方位、全过程，引领、推动和保障了学校事业又好又快地发展，走出了一条以党建引领学校内生式发展的特色之路。

在与该校干部的座谈交流和调研过程中，我们深深地感受到，该校党委书记陈仕俊同志政治敏锐性强、党建工作功底深，作为一名曾长期在地方担当政府秘书长、在高职院校工作多年的领导干部，他以其特有的视野和思维，提出了一系列以党建工作为抓手、办学治校的理念、思路，例如，"1+8+N""点线面"结合一体化推进党建工作思路，"八项抓落实"闭环管理机制，"扩区、强校、升本"战略目标，以爱国爱校、艰苦创业、师生为本为核心内容的工商精神，"一核、三轴、多元"的产教融合模式，

---

① 坚持立德树人思想引领 加强改进高校党建工作［EB/OL］.（2014-12-29）［2023-10-19］. http://jhsjk.people.cn/article/26295722.

总结性研究、紧跟性研究、前瞻性研究"三个科研工作要求",产业兴旺助力、乡村振兴助推、扩中提低助攻、文明共富助建"四大助力共富行动",每年推出"十大民生实事"、建设温暖校园等,有力发挥了党建统领作用,极大地推动了学校快速发展;他以敢破敢立、敢闯敢试的魄力和勇气,前瞻性、高站位把握学校发展全局、驾驭全局、统领全局、推进全局,亲自研究谋划、部署推动学校重大战略、重大发展思路和重要政策举措,主导并推动了学校高质量发展,从2018年底到任至今,仅仅5年时间就团结带领全校师生推动学校走上了"快车道";他以真抓实干、善作善成的实干精神,抓住"人、政策、机制"等关键环节,适时地、创新性地开展了"工商精神"宣贯、"三争五跨"和"爱党爱国爱校爱生"校本教育活动,实施了干部管理、人才引育、二级管理、考核分配、数字赋能、闭环管理"六大变革",强力打造变革型组织,有效激发了干事创业活力,推动了学校"景气度"不断提升、"立项数"呈现井喷、"排位次"大幅前移、"影响力"显著扩大、"幸福感"有效增强。

实践证明,浙江工商职业技术学院闯出了一条困则思变、变则通达、向内求解、党建引领学校内生式发展的新路子,形成了较为丰富的理论和实践成果。该书以《党建引领高职院校内生式发展的探索与实践》为名,从内生式发展理论的组织(党建统领)、认同(思想凝心)、资源(机制赋能)、参与(合作聚力)四大要素出发,阐释了内生式发展的关键、前提、核心和基础,内容共分总论、党建统领、战略谋划、凝心聚力、人才强校、放权强院、产教融合、服务地方和学生发展9个章节,从理论和实践的维度全面总结了该校走党建引领学校内生式发展的实践做法和成功经验,成果丰富,意义重大,值得相关高校学习参考和推广借鉴。

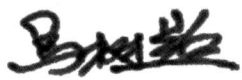

中国职业技术教育学会副会长 中华职教社专家委员会副主任 上海市教育科学研究院原副院长	国家特约教育督导员 上海市教育科学研究院智力 开发研究所所长 2023年11月30日

CONTENTS 目录

第一章 总论 001

一、高职院校发展模式文献综述 001
（一）关于高校发展模式的研究 001
（二）关于高职院校发展模式的研究 003

二、高职院校内生式发展的内涵与意义 005
（一）高职院校内生式发展的内涵 005
（二）高职院校内生式发展契合国家发展新要求 006
（三）高职院校内生式发展紧跟时代发展新趋势 008
（四）高职院校内生式发展符合高质量发展内在诉求 009

三、党建引领高职院校内生式发展的"工商模式" 010
（一）高职院校内生式发展需要党建引领 011
（二）党建引领高职院校内生式发展"工商模式"的实践路径 013
（三）学校内生式发展取得显著成效 018

第二章 党建统领："1+8+N"、点线面结合 021

一、理论逻辑 021
（一）党的全面领导是中国特色社会主义事业的本质特征 022
（二）党建引领赋能职业教育高质量发展 023
（三）高质量党建统领职业院校治理现代化 024

二、价值导向 026
　　（一）党建引领内在规定着深化职业教育治理现代化的走向 026
　　（二）党建引领是职业院校实现融合发展的重要制度创新 026
　　（三）党建引领可以满足人民美好生活需要的职业教育诉求 027
三、学校办学实践 028
　　（一）建立"1+8+N"一体化推进机制 029
　　（二）构建"点线面"立体化管理格局 031
　　（三）党建统领亮点纷呈结硕果 034
经验启示 035

第三章　战略谋划：超前谋划、整合资源、闭环管理　　036

一、理论依据 036
　　（一）目标战略管理理论 036
　　（二）资源配置战略理论 038
　　（三）竞争战略理论 040
二、政策形势 042
　　（一）职业教育发展形势 042
　　（二）区域经济社会发展形势 044
三、学校办学实践 044
　　（一）超前谋划发展战略 045
　　（二）整合关键要素资源 046
　　（三）建立闭环落实机制 050
经验启示 051

第四章　凝心聚力：精神激励人、思想凝聚人、民生温暖人　　053

一、理论依据 053
　　（一）认同理论 053
　　（二）组织凝聚力理论 054
　　（三）精神激励理论 056

二、学校办学实践 057
　（一）赓续工商精神担使命 057
　（二）凝聚思想共识齐奋进 061
　（三）办好民生实事惠师生 067
经验启示 071

第五章　人才强校：组织变革、干部赋能、双师双能　　073

一、理论依据 073
　（一）习近平的人才观 073
　（二）教师专业化理论 076
　（三）胜任力理论 079
二、政策形势 081
　（一）建设高素质干部队伍 081
　（二）重视师德师风建设 083
　（三）着力提高职业院校教师素质 084
　（四）建立健全教师培养培训体系 087
三、学校办学实践 089
　（一）全面实施"人才强校"首位战略 089
　（二）完善能上能下的干部管理机制 092
　（三）持续健全师德师风建设长效机制 094
　（四）建立"金字塔形"名师培养架构 094
　（五）"三能融通"引领教师能力发展 096
　（六）"三四五六"推进教学团队建设 098
　（七）"破五唯"优化教师评聘制度 101
经验启示 104

第六章　放权强院：两级管理、目标考核、分配激励　　105

一、理论依据 105
　（一）学校管理结构的理论依据 105

（二）校院管理结构模式　　　　　　　　　　　　112
　　（三）学校管理结构原则　　　　　　　　　　　　114
二、政策形势　　　　　　　　　　　　　　　　　　　116
　　（一）持续推进高校治理体系和能力现代化　　　　116
　　（二）不断优化高职院校内部治理结构　　　　　　117
　　（三）实行校院两级管理改革放权强院　　　　　　118
三、学校办学实践　　　　　　　　　　　　　　　　　119
　　（一）数字赋能提升学校治理能力水平　　　　　　120
　　（二）扁平化管理提升二级学院自主权　　　　　　123
　　（三）评价激励改革调动二级学院积极性　　　　　125
　　（四）优化教学科研管理机制提升科研实力　　　　127
　　（五）完善经费分配机制激发学校办学活力　　　　129
　　（六）推进监督评估机制提升两级管理效能　　　　131
经验启示　　　　　　　　　　　　　　　　　　　　　133

第七章　产教融合：校地合作、协同育人　　　　　135

一、理论依据　　　　　　　　　　　　　　　　　　　135
　　（一）共生理论　　　　　　　　　　　　　　　　135
　　（二）协同理论　　　　　　　　　　　　　　　　137
　　（三）利益相关者理论　　　　　　　　　　　　　138
二、政策形势　　　　　　　　　　　　　　　　　　　139
　　（一）国家出台政策推进产教融合改革　　　　　　139
　　（二）省市积极谋划产教融合试点　　　　　　　　141
三、学校办学实践　　　　　　　　　　　　　　　　　142
　　（一）率先探索校地合作新模式　　　　　　　　　143
　　（二）聚力推进专产双链深度融合　　　　　　　　146
　　（三）构建多元共融协同育人新机制　　　　　　　149
经验启示　　　　　　　　　　　　　　　　　　　　　152

第八章　服务地方：社会培训、技术服务、助力共富　　154

一、理论基础　　154
 （一）马克思主义科学技术观　　154
 （二）中国特色反贫困理论　　155
 （三）三螺旋理论　　157

二、政策形势　　158
 （一）育训结合完善院校办学功能　　158
 （二）多样化技术服务助力企业技术升级　　159
 （三）服务乡村振兴助力共同富裕　　160

三、学校办学实践　　161
 （一）开展多样化培训提升办学效能　　161
 （二）夯实科研基础拓展服务内容　　163
 （三）发挥专业优势挖掘共富项目　　167

经验启示　　170

第九章　学生发展：德技并修、就业创业　　172

一、理论依据　　172
 （一）人的全面发展理论　　172
 （二）发展情境理论　　174
 （三）体验式学习理论　　175

二、政策形势　　177
 （一）加强思政教育落实立德树人根本任务　　177
 （二）深化产教融合提高人才培养质量　　179
 （三）加大高职创新创业人才培养力度　　180

三、学校办学实践　　182
 （一）实施思政教育"铸魂育人"工程　　183
 （二）聚焦产业需求推动人才培养模式变革　　185
 （三）以赛促学提升技能人才培养水平　　189
 （四）以党建带团建推动文化育人　　190

　　　　（五）多措并举提升学生双创能力　　　　　　　　194
　　　　（六）精准施策促进学生高质量就业　　　　　　　196
　　经验启示　　　　　　　　　　　　　　　　　　　　　199

第十章　结语　　　　　　　　　　　　　　　　　　　　200

附录：重要媒体报道　　　　　　　　　　　　　　　　　　202
参考文献　　　　　　　　　　　　　　　　　　　　　　　304
后记　　　　　　　　　　　　　　　　　　　　　　　　　310

第一章

总　论

十年伟大成就，写就壮美答卷。在实现第一个百年奋斗目标、向第二个百年奋斗目标进军的伟大历史时刻，党的二十大向全党、全国、全世界，庄严宣告了新时代新征程中国共产党的使命任务："团结带领全国各族人民全面建成社会主义现代化强国、实现第二个百年奋斗目标，以中国式现代化全面推进中华民族伟大复兴。"[①] 面对新使命新任务，党中央发出了奋斗新时代的最强音和宣言书，吹响了奋进新征程的集结号和冲锋号。在迈向中国式现代化、全面建成社会主义现代化强国的伟大征程上，教育发挥着基础性、战略性支撑作用，教育的使命光荣、责任重大，职业教育大有可为、大有作为。

一、高职院校发展模式文献综述

（一）关于高校发展模式的研究

《现代汉语词典》释义：发展是指事物由小到大、由简单到复杂、由

---

① 高举中国特色社会主义伟大旗帜　为全面建设社会主义现代化国家而团结奋斗：在中国共产党第二十次全国代表大会上的报告［R/OL］.（2022-10-25）［2023-09-12］. http：//jhsjk.people.cn/article/32551583.

低级到高级的变化①，模式是指某种事物的标准形式或使人可以照着做的标准样式②。因此发展模式可以概括为指事物由小到大、由简单到复杂、由低级到高级变化过程中形成的标准形式或使人可以照着做的标准样式。学者对发展模式概念界定得较多，如费孝通认为发展模式指在一定地区，一定历史条件下，具有特色的发展路子③。刘辉认为发展观念、目标和战略经过一定的时空积累，形成相对稳定的要素组合和运行方式即为发展模式④。

目前学界对高校发展模式进行概念界定的较少，尚未形成统一的概念。李志平根据《现代汉语词典》释义，将高校发展模式概括为高校在其由小到大、由简单到复杂、由低级到高级的变化过程中形成的标准形式或使人可以照着做的标准样式⑤；高宏赋将高校发展模式界定为普通高等学校在一定的历史背景、政治法律制度、经济社会、地域环境和内部条件等制约及影响下，在自身整体的演进变化过程中选择、实践并形成的相对稳定的要素组合、运行方式、行进路径和变革样式，是高校发展的理念、目标、结构、机制和路径等要素的统一体⑥。

现有与高校发展模式有关的文献更多的是关于高校某一方面或领域发展模式的研究，针对高校整体发展模式开展的系统研究相对较少，这些研究大致可归纳为对我国普通高校发展模式的研究、对高职院校发展模式的研究、对民办高校（含独立学院）发展模式的研究等。李志平将世界大学发展归纳为三种模式：功能模式、规模模式、层次模式；进而分析了中国大学发展的两种模式：科类模式、型式模式，并认为系统地研究大学发展模式，可以揭示大学发展规律，指导本科大学发展建设；同时也可以呈现

---

① 中国社会科学院语言研究所词典编辑室. 现代汉语词典 [Z]. 7版. 北京：商务印书馆，2018：352.

② 中国社会科学院语言研究所词典编辑室. 现代汉语词典 [Z]. 7版. 北京：商务印书馆，2018：919.

③ 费孝通. 农村、小城镇、区域发展：我的社区研究历程的再回顾 [J]. 北京大学学报（哲学社会科学版），1995（2）：4-14，127.

④ 刘晖. 高等教育发展的"中国模式" [M]. 北京：中国社会科学出版社，2013：22.

⑤ 李志平. 基于内部要素的中国本科高校发展模式研究 [D]. 哈尔滨：哈尔滨工程大学，2011.

⑥ 高宏赋. 我国县属高校发展模式研究 [D]. 厦门：厦门大学，2023.

中国大学发展的状况和水平①。别敦荣从发展战略缺失角度归纳我国近现代高校发展历程经历过的发展模式有"无目标"发展模式、"指令"发展模式、"模糊"发展模式、"紊乱"发展模式②。唐纪南将我国高等教育改革后的新模式与改革前的传统模式进行比较分析，描述归纳了我国普通高校改革后自我发展新模式的特征，即自主式发展、自助式发展、竞争式发展、开放式发展、效益式发展③。尽管针对高校整体进行发展模式研究的文献不多，但这些文献对于归纳我国高校发展经验、改进高校发展模式都具有指导意义。

（二）关于高职院校发展模式的研究

聚焦到高职院校发展模式，在多年的探索实践中，全球涌现了一些典型特色发展模式，如德国的"双元制"模式、美国的社区学院模式、澳大利亚的 TAFE 模式以及日本的短期大学模式等，周江林认为高职院校应该寻找适合本国国情或校情的特色发展模式，并根据主体的不同将高职院校特色发展模式分为政府主导模式和学校自律模式，目前我国高职院校特色发展以政府主导模式为主，亟须向学校自律模式转型④。有学者提出专科高职"六个对接"的发展模式，即：产业需求与专业设置对接、教学过程与生产过程对接、教学设备与生产设备对接、就业结果与教学效果对接、中职教育与高职教育对接、职业教育与终身学习对接⑤。有学者专门针对行业转制高职院校构建发展模式，认为应以目标为导向，以专业为支撑，以体制为保障，与行业企业分家但不分离，坚持走校企合作、工学结合之路⑥。史秋衡等认为高职院校"县校合作"发展模式是全面提高高职教育

---

① 李志平. 本科大学发展模式研究［J］. 黑龙江高教研究，2005（3）：22-25.
② 别敦荣. 论高等学校发展战略及其制定［J］. 清华大学教育研究，2008（2）：13-19.
③ 唐纪南. 试论我国普通高校自我发展模式的基本特征［J］. 中南民族学院学报（哲学社会科学版），1999（2）：106-108.
④ 周江林. 高职院校特色发展模式：从政府主导到学校自律［J］. 河北师范大学学报（教育科学版），2011，13（11）：93-96.
⑤ 李四清. 专科高职"六个对接"的发展模式研究［J］. 教育与职业，2015（27）：31-33.
⑥ 欧阳恩剑，刘国生. 行业转制高职院校发展模式构建［J］. 中国职业技术教育，2009（18）：39-42.

质量的模式探索，通过县级政府与学校的战略联合，基于市场适应原则、政府主导原则、社会参与原则、深度融合原则、强强协同原则、利益共赢原则，构建战略项目推动下的"县校合作"机制，体现了产学研合作从"校企点对点"、"专产面对面"到"县校体对体"思想理念的转变①。

随着现代职业教育体系建设进程的推进，由规模式发展向内涵式发展转型成为高等职业教育发展的主导价值取向，成为新一轮高等职业教育改革的主题②。较多学者对高职院校内涵式发展模式作出了研究，杨理连基于系统理论认为高职内涵式发展模式涉及专业课程、双师结构、生产性实训、产学研紧密结合、社会服务能力等各个环节的改革与创新，并且设计了系统理论视角下高职内涵发展模式评价体系的基本指标：基础建设评价标准、隐性能力评价标准以及核心成果评价标准③。董刚等提出高职内涵发展模式的六个要素：课程体系改革、师资团队构建、产学研结合、国际交流合作、文化建设、办学体制机制创新等，而高职内涵式发展模式应遵循课程体系改革特色化、师资建设配套化、产学研一体化、国际合作多样化、文化建设兼容化、办学体制机制制度化等基本途径④。还有学者结合所在高职院校办学实际，从坚持科学定位、德育首位、教学中心、科研先导、人才强校、改革活校等六个方面，对新建高职院校内涵式发展模式进行了探讨⑤。

从现有文献看，直接以高职院校发展模式为主题的针对性研究并不多见，更多的是以高职院校某一方面的模式为研究重点，如校企合作模式、产学研合作模式、产教融合模式等，目前尚未形成如德国"双元制"、英国 BTEC、澳大利亚 TAFE 等官方认可的、可在全国统一推广应用的职教发展模式，关于高职院校整体发展模式的系统性研究有待进一步深入。

---

① 史秋衡，张湘韵，矫怡程. 高职院校"县校合作"发展模式研究［J］. 教育研究，2012，33（7）：43-50.

② 郝天聪，石伟平. 从示范到优质：我国高职院校发展模式的反思与前瞻［J］. 高校教育管理，2017，11（4）：25-30.

③ 杨理连. 系统理论视角下的高职内涵式发展模式研究［J］. 教育与职业，2011（27）：14-16.

④ 董刚，杨理连. 高职院校内涵发展模式的要素解析与途径研究［J］. 职教论坛，2010（27）：8-10.

⑤ 雷久相，颜莉芝，蔡滔. 新建高职院校内涵式发展模式的探索与思考［J］. 教育与职业，2007（8）：14-16.

二、高职院校内生式发展的内涵与意义

(一) 高职院校内生式发展的内涵

内生发展理论起源于20世纪70年代,源于区域经济学领域,被认为是与外生性相对立的,更注重自下而上的参与,进而生发出自力更生的发展能力的一种发展模式[1],当前被研究者广泛运用于管理学、社会学、教育学等研究中,具有五个显著特征:(1)内生潜能。内生潜能指在有限的时空内某地方所拥有的发展机会的综合,具体包括自然资源、技艺以及能力等。(2)地方经济。在坚持地方经济开放的前提下,强调地方经济的自主性以减少对外部因素的依赖。(3)可持续发展。内生发展不局限于经济方面,而是包括经济、生态、社会在内的全方位发展。(4)参与。以地方需求为指向,地方居民参与政治决策过程是内生发展的基本特征。(5)地方认同。地方认同将居民凝聚起来,促进他们参与社区事务,形成群体认同感以进一步加深地方居民的归属感和相互间的沟通与合作[2]。

将内生发展理论迁移至学校发展之中,本书通过参考学者乐传永建立的针对高等继续教育内生发展的模型,将认同、参与、资源和组织作为推动高职院校内生式发展的四大基本要素和关键变量[3]。

1. 认同。认同是主体在实践活动中产生的对对象的承认、认可和赞同,并内化为主体的价值体系和实践行为的过程[4],包括价值认同、文化认同、身份认同。

---

[1] Susan H. Holcombe. Donors and Exogenous Versus Endogenous Development [J]. Development in Practice, 2014: 750 – 763.

[2] Muhlinghaus Sabine., Walty, S. Endogenous Development in Swiss Mountain Communities: Local Initiatives in Urnasch and Schamserberg [J]. Mountain Research & Development, 2001, 21 (3): 236 – 243.

[3] 乐传永,刘兰兰. 高校继续教育内生发展的理论模型与实现路径 [J]. 职教论坛, 2022, 38 (1): 95 – 104.

[4] 周波. 教学认同:高校教师回归本分的内生力 [J]. 高教探索, 2020 (11): 113 – 120.

2. 参与。内生发展是一个参与的过程，通过参与，相关主体表达自己的利益诉求，并对决策过程产生影响①。参与高职院校内生式发展的主体主要有：高校教师、学习者以及其他利益相关者。高职院校内生发展是高校教师居于内核，整合区域社会力量参与的过程②。

3. 资源。内生发展理论指出为培养本地发展的能力，最好的途径是以当地的自然与文化资源为路径依赖，发掘本土内部潜力，合理有效利用外部经济、技术和智力资源等③。在该理论视角下，资源的概念可以划分为内生性资源和外生性资源，且内生性资源以显性和隐性两种基本形式存在。内生资源由高校提供，包括高校的教育科研设备、图书资料等显性资源，以及以非物质形态存在的人力、智力、文化等隐性资源。外生资源包括政府和非政府组织的政策、制度、资金以及其他途径的教育资源等④。

4. 组织。内生发展是一种自下而上的，依靠基层力量推动的发展模式，而不是自上而下依靠行政命令推行的发展模式，因此建立一个有力的基层组织是内生发展的重要前提⑤。

（二）高职院校内生式发展契合国家发展新要求

党的二十大明确了新时代新征程下中国共产党的使命任务，同时习近平总书记在党的二十大报告中还指出："教育、科技、人才是全面建设社会主义现代化国家的基础性、战略性支撑。⑥"这充分说明了教育、科技、

---

① 张文明，章志敏. 资源·参与·认同：乡村振兴的内生发展逻辑与路径选择 [J]. 社会科学，2018（11）：75-85.

②④ 乐传永，刘兰兰. 高校继续教育内生发展的理论模型与实现路径 [J]. 职教论坛，2022，38（1）：95-104.

③ Daniel Alberto Perozo Suarez. Endo-genous Development. Theory and Practice：Interventions in the Rural Areas of Rio De Janeiro，Brazil [EB/OL]. http：//ninive. uaslp. mx/jspui/handle/i/3892.

⑤ 张环宙，黄超超，周永广. 内生式发展模式研究综述 [J]. 浙江大学学报，2007（2）：61-68.

⑥ 高举中国特色社会主义伟大旗帜 为全面建设社会主义现代化国家而团结奋斗：在中国共产党第二十次全国代表大会上的报告 [R/OL]. （2022-10-26）[2023-09-16]. http：//jhsjk. people. cn/article/32551700.

人才对于发展的重要性。中共中央、国务院颁发的《关于推动现代职业教育高质量发展的意见》提出职业教育发展的主要目标：到 2035 年，职业教育在全面建设社会主义现代化国家中的作用显著增强。党的十八大以来，中国加快推进经济结构调整和产业转型升级，迈向更高质量、更有效率、更加公平、更可持续、更为安全的发展之路。职业教育作为对接产业最密切、服务经济最直接的教育类型，在经济社会发展中起到了重要的人力资源供给和生产力转化作用。因此，中国式现代化目标也对职业教育提出了更高质量发展的新要求——加强创新，以变应变，为实现中华民族伟大复兴注入生机活力。

一要准确把握"人口规模巨大"的现代化对职教的要求。人口规模巨大是我国的基本国情，是中国式现代化的重要特征。"人口规模巨大"的现代化致力于实现人的全面发展、社会全面进步，艰巨性和复杂性前所未有，推进"人口规模巨大"现代化的过程，必须促进人口红利向人才红利转变，加快建立人才资源新优势。职业教育的社会价值，既要支撑受教育者终身可持续发展，更要服务国家战略需求和经济社会发展。职业教育是提高人口素质、积累人力资本最有效、最直接的途径，要在实施学历教育与职业培训、提高全社会技术技能水平、扩大受教育群体面、促进人的全面发展中发挥作用、作出贡献。职业院校通过提供更加丰富多元的职业教育以及终身教育与培训，提高人口素质，实现从人口数量红利向质量红利的转变，为推进中国式现代化奠定了坚实基础。

二要准确把握"全体人民共同富裕"的现代化对职教的要求。共同富裕是中国特色社会主义的本质要求，指向了中国式现代化的方向目标。其核心难题在于区域差距、城乡差距、收入差距三大差距如何缩小，不仅要把"蛋糕"做大，还要把不断做大的"蛋糕"分好。实现"全体人民共同富裕"的现代化关键在发展、重点在乡村，职业教育是脱贫致富的治本之策，通过教育培训和技术文化服务手段，培养有文化、懂技术、善经营、会管理的新型职业农民和劳动者，能够普及致富本领，有效"扩中""提低"，阻断贫困代际传递，对于巩固拓展脱贫攻坚成果、全面推进乡村振兴、实现共同富裕具有基础性作用。职业院校通过激发内生动力，实现高质量发展，提高学生的就业创业能力，帮助他们实现从"能就业"向

"就好业"跃升,同时通过技术培训和社会服务增强技术工人、个体工商户、农民工等群体的知识和技能水平,使其尽快转化为中等收入群体,助力共同富裕。

三要准确把握"物质文明和精神文明相协调"的现代化对职教的要求。物质富足、精神富有是社会主义现代化的根本要求。统筹推进物质文明和精神文明协调发展,既要实现物质生活水平提高、家家丰衣足食,又要实现精神文化生活丰富、人人知礼节明荣辱,满足人们对精神文化、民主法治、公平正义等方面的强烈需求。职业教育作为教育的重要类型,承担着"为党育人、为国育才"职责使命,不仅要增强适应性和服务性,培养学生的专业技术能力,提升毕业生的就业质量,还要加强理想信念教育,打造匠心质量文化,培育劳动精神、劳模精神、工匠精神,培养通用发展能力,促进学生全面发展。职业院校通过高质量发展,培养德智体美劳全面发展的技术技能型人才,提高学生思想,培育和弘扬劳动风尚,促进全体人民物质文明与精神文明的协调发展。

(三)高职院校内生式发展紧跟时代发展新趋势

当前,时代已经发生翻天覆地的变化,世界百年未有之大变局进入加速演变期,新一轮科技革命和产业变革深入发展,主要体现在以下几个方面。

一是产业结构转型升级,第四次工业革命席卷而来,新的工业技术革命,如5G、人工智能、区块链、大数据等技术变革正在颠覆所有国家几乎所有的行业,加快了劳动密集型、资本密集型产业向知识密集型、技术密集型产业转型升级。

二是数字化引领产业和社会全方位系统性变革,数字经济、数字社会、数字政府,对应着人们生产方式、生活方式和治理方式的转变,撬动了多个领域的流程再造和制度重塑。数字技术加速推进,催生了直播、电商、移动视频、社交网络等在线新经济形态出现,政治、文化、教育、旅游、医疗等各行各业也涌现出了数字化的新产品和新服务模块。

三是城乡社会生活治理发生巨变,随着城镇化率不断提高,技术和信息革命带来了许多颠覆性变革,社会治理形态发生了重大变化,新技术、新业态、新模式已深刻改变了城乡的产业形态、经济发展模式、生产生活方式，城市和农村面貌发生了巨变，与此同时也带来了社会治理上的挑战。

正由于时代发生了深刻变化，国家准确识变应变，相继提出了科教兴国、人才强国、创新驱动、制造强国、扩大内需、乡村振兴、可持续发展、技能强国、共同富裕等重大战略；浙江省为适应时代发展要求、落实国家战略，提出在高质量发展中推进共同富裕先行和省域现代化先行（"两个先行"），并以数字化改革引领未来发展；宁波市则提出要加快"港产城文"融合发展，推进"六大变革"，打造"六个之都"，建设现代化滨海大都市。国家、省、市的这些战略和行动计划，为职业教育的发展提出了目标要求、指明了努力方向，高职院校必须抓住数字化浪潮带来的创新风口期，积极配合和大力支持国家经济转型和产业升级，扎根产业土壤，紧盯数字技术前沿，为数字经济发展注入先导力量，加快专业改造升级，提升数字技能人才培养能力，同时提升学校数字化教学能力与治理能力。

（四）高职院校内生式发展符合高质量发展内在诉求

将"内生发展"理论引入高等职业教育领域，既是国家和社会对职业教育办学的外在要求，也是高职院校自我发展的现实需要。从当前职业教育发展实际状况来看，职业教育与现代化进程还存在多方面的不同步，职业教育高质量发展存在的现实问题主要表现在系统科学职教治理观缺位，相较于发达国家职业教育的实践和经验，我国对现代职业教育认识和办学模式的探索相对滞后，相对于我国普通教育完整科学的体系以及更为全面的研究视域和丰富的研究成果，缺乏较为系统的、立足于中国国情和特色的、立足于我国职业院校发展的多元职教治理观[①]；自身革新创新动力不足，在各种政策要求和教学改革的推动下，职业教育虽进行了不断改革创新，包括借鉴国外能力本位课程模式，进行项目课程开发，推行工学结合、基于学习产出的教育模式（outumes-based education，OBE）课程等探

---

① 朱秋月，林晨宇，马丹. 后疫情时代我国职业教育高质量发展：困境、挑战与赋能[J]. 职业技术教育，2022，43（4）：18-23.

索,但回归职业教育本身应具有的特殊属性时,职业教育在专业体系建设、课程标准开发、高水平课程建设、优质实践课程建设等改革探索上仍较为乏力①。从专业和课程建设看,有的专业和课程一成不变,专业只是换个名称,实则"换汤不换药",市场适应性差,没有及时响应国家战略号召,没有主动适应产业发展需要,没有紧贴服务市场和社会需求,传统专业改造升级迟迟不动,新专业设置建设研究不足、行动不快,专业内涵质量建设不够,拿得出手的核心骨干专业不多,各课程设置缺乏适应性、创新性、竞争性,而专业培养水平与学生的技术技能水平、就业质量直接相关,落后于时代发展需求的专业和课程,严重制约着教学质量和人才培养质量的提升。校企深度合作式微,职业教育办学模式虽然越来越多样化,校企合作也达成了一定共识,国家亦出台了多份文件推动产教融合进一步深化,但在具体实践层面,校企合作深度不够,缺乏相应的保障机制约束企业,与学校的合作不能满足企业的经济利益诉求,校企合作的价值文化观不能相互认同,使校企合作、产教融合一直处于浅层状态,有相当部分学校和企业在尝试过程中最后都进入了不了了之局面②。职业教育要转变这种尴尬的境遇,需要从内部开始寻求发展变革,必须要依靠学校内部成员和区域社会成员的力量,整合学校和地方的资源、技术,走内生发展路径,夯实生存发展根基,实现转型升级。

由此可见,面对新要求、新趋势、新诉求,我国高职教育的发展类型和路径也应随之转变,这是内在的逻辑要求。然而,要实现高等职业教育向特色鲜明、定位清晰、结构优化、质量提升的内涵式发展转变,内生发展是最基本的前提条件和支撑保障。

三、党建引领高职院校内生式发展的"工商模式"

党政军民学,东西南北中,党是领导一切的。习近平总书记指出:

---

①② 朱秋月,林晨宇,马丹. 后疫情时代我国职业教育高质量发展:困境、挑战与赋能[J]. 职业技术教育,2022,43(4):18-23.

"加强党对高校的领导,加强和改进高校党的建设,是办好中国特色社会主义大学的根本保证。①"党的领导是引领新时代中国特色社会主义教育事业不断前进的最大政治优势,是办好中国特色、世界水平的现代职业教育的根本政治保证。坚持加强党的全面领导,是坚持社会主义办学方向的根本要求,是办好职业教育的关键前提。2019年1月《国家职业教育改革实施方案》明确指出,要"加强党对职业教育工作的全面领导""要充分发挥党组织在职业教育的领导核心和政治核心作用"。党是职业教育发展的领导核心,即把握职业教育发展方向,决定职业教育重大问题,监督职业教育重大决议执行②。

(一) 高职院校内生式发展需要党建引领

职业教育高质量发展是党中央、国务院围绕消除职业教育改革发展的深层次困境和体制机制障碍这一核心工作而对职业教育目标任务、治理机制、治理措施的全方位转换与升级③。2021年10月,中共中央办公厅、国务院办公厅印发《关于推动现代职业教育高质量发展的意见》,提出加强职业学校党建工作,落实意识形态工作责任制,开展新时代职业学校党组织示范创建和质量创优工作,把党的领导落实到办学治校、立德树人全过程,体现出党和国家对职业院校党的建设工作的高度重视。党建质量影响了职业教育各级党组织的功能发挥,也影响了职业教育的治理能力和治理水平。因此,为更好发挥党建对高职院校内生发展的引领作用,需要准确认识与科学把握党的领导在职业教育和职业院校发展中的核心作用,以党建引领学校内生式发展。

1. 党建引领高职院校治理理念改革。坚持党管办学方向是高校党组织的重要职责。习近平总书记指出:"我们的高校是党领导下的高校,是中

---

① 坚持立德树人思想引领 加强改进高校党建工作[EB/OL]. (2014-12-29) [2023-10-19]. http://jhsjk.people.cn/article/26295722.

② 陈仕俊,谢骏. 党建引领职业教育治理的逻辑理路、价值意蕴与实践路向[J]. 中国职业技术教育,2020 (34): 34-37,81.

③ 黄一涛,罗尧成. 我国现代职业教育高质量发展的丰富内涵、价值逻辑与实践指向[J]. 教育与职业,2022 (16): 34-40.

国特色社会主义高校。①"办好中国特色社会主义高校、落实立德树人根本任务,坚持社会主义办学方向是根本。高职院校在实现为党育人、为国育才的使命过程中,必须加强党的全面领导,充分发挥党组织在职业院校的领导核心和政治核心作用,牢牢把握意识形态工作的领导权,确保职业院校始终成为培养中国特色社会主义建设者和接班人的坚强阵地。为此,必须不断坚持和完善党委领导下的校长负责制,履行好办学治校的主体责任,发挥党委政治核心作用,保证党的教育方针落地落实;把思想政治工作摆在首位,凝聚全校师生共识,增强立德树人的使命意识和责任意识,大力推进习近平新时代中国特色社会主义思想入心入脑;牢固树立治理理念,把党的建设作为工作重要指标。

2. 党建引领高职院校治理制度完善。高职院校基层党组织是党在高校全部工作和战斗力的基础,要实现高质量发展,必须充分发挥党独特而强大的组织优势,充分发挥基层党组织的战斗堡垒和党员的先锋模范作用。为此,必须完善学校制度建设,健全以大学章程为核心的制度体系,配套好规章制度,结合党内法规和校内实际制定相应的校内党建工作规章制度,并且进一步强化法规制度执行力度;优化党组织和行政、学术、民主管理组织之间的协调机制;进一步健全教学组织、科研组织、学术组织的治理体系与组织架构,激发基层党组织的活力和动力。

3. 党建引领高职院校治理能力提升。高职院校内生式发展要求全面把握新形势新任务新要求,以党的政治建设为统领,加强政治引领和价值引领。高职院校党组织,要深刻把握职业教育发展的本质要求、内在规律和阶段特征,通过提升干部、人才素质和能力,提升高校院校的治理能力,实现政治引领和价值引领。为此,必须坚持党管干部、党管人才原则,选优配强干部队伍,加强政治素质考察,把高校治理体系和治理能力作为干部选拔任用、考核评价的重要依据,努力打造一支政治素质高、治理能力强、工作作风硬的党员干部队伍;注重选派优秀辅导员、党员教师担任学生党支部书记,严格落实中央关于专职组织员队伍配备的相关要求,不断

---

① 把思想政治工作贯穿教育教学全过程 开创我国高等教育事业发展新局面 [EB/OL]. (2016 – 12 – 09) [2023 – 10 – 19]. http://jhsjk.people.cn/article/28936173.

充实高职院校党务工作者队伍。

（二）党建引领高职院校内生式发展"工商模式"的实践路径

2018年底，学校新一届领导班子上任，但面对的是学校作为百年老校排名逐年下降的颓势，未能入选国家示范校、骨干校、"双高校"建设单位，与省内同类高校相比差距愈益明显，教职工信心动力不足、体制机制不畅、发展空间受限、办学经费紧张等问题，成为制约学校发展的"瓶颈"。学校作为一所省属在地方（宁波市）办学的高职院校，学校主管单位虽为浙江省交通投资集团有限公司（国有企业，位列2023年《财富》世界500强第310位），但由于国企和高校是两条线，性质不同，管理运行模式差异大，国企经费无法支持学校，省属学校也不能享受办学所在地宁波市政府的办学经费支持。面对职业教育发展的机遇和面临的挑战，学校新一届领导班子深入调研，全面分析发展现状和面临形势，决定充分发掘学校百年办学"内生式"发展原动力，走"内生式"发展之路。

学校第二次党代会（2019年1月）以来，在浙江省委、宁波市委和浙江省交通投资集团有限公司党委的领导下，学校党委以习近平新时代中国特色社会主义思想为指导，坚决贯彻党的教育方针，坚定把牢社会主义办学方向，坚持落实立德树人根本任务，坚守"为党育人、为国育才"初心使命，贯彻落实习近平同志担任浙江省委书记期间在祝贺学校"办学92周年"时勉励学校"抢抓机遇，加快发展，办出水平，办出特色"的贺信精神，认真履行"把方向、管大局、作决策、抓班子、带队伍、保落实"的职责，通过谋划发展战略、描绘发展蓝图、凝聚发展共识、统一思想行动、锐意改革创新、推出超常举措，紧抓思想发动、干部人才、政策机制等关键领域，发挥思想凝心、组织聚力、机制赋能功效，全力打造变革型组织，全面激发了全校师生的动力和斗志，推动了学校跨越式发展。

总结"职教二十条"颁布以及学校第二次党代会以来学校发展历程和取得的成绩，在全校上下的共同努力下，学校办成了许多事关全局、看起来不可能办成的大事要事，解决了十多年未解决的历史遗留问题，推出了许多稳基础利长远的改革举措，形成了比学赶超的干事创业良好氛围，可以总结许多经验、形成很多共识，走出了一条党建引领内生式发展的"工商"特色之路（见图1-1）。

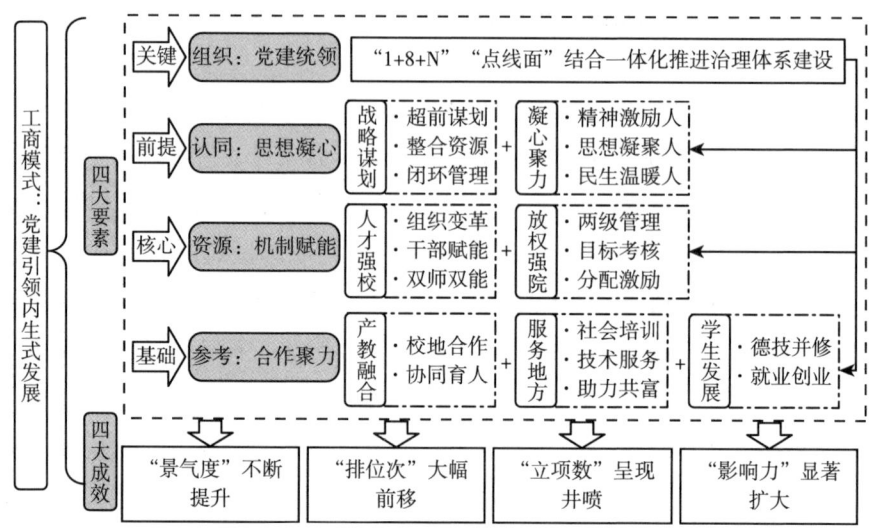

图1-1 党建引领高职院校内生式发展的"工商模式"

基于内生发展理论，下面将具体从四个方面阐述推动学校内生式发展、整体能力提升的实践路径。

1. 组织：党建统领——组织赋权是内生式发展的关键，组织是发展的基石，唯聚力者进。贯彻落实新时代党的建设总要求和新时代党的组织路线，通过党建统领，全面推进"五大建设"，加强基层党组织的战斗力，率先实质性推进干部"能上能下"，建设高素质专业化干部人才队伍，把党建融入教育教学的方方面面，凝聚主体力量、整合内外资源，自下而上、以上率下，"1+8+N""点线面"结合一体化推进学校内生发展。

学校党委始终坚持"党建强则学校强"理念，加强党对学校的全面领导，党委书记扎实履行党建工作第一责任人的责任，树立"书记抓、抓书记"鲜明导向，大胆解放思想，聚焦自我革命，推动基层党建机制创新，提升各级党组织和党员的战斗力，提出并探索形成了"1+8+N""点线面"结合一体化推进党建工作机制，系统推进"强核凝心、固基聚力、铸魂育人"党建"三大工程"，构建"三化三领"党建统领整体智治工作体系，实施党建"四个融合"行动，推进"三维三课"三全育人综合改革，构建"十大育人"体系,以高度的政治自觉守好"红色根脉",以强烈的使命担当为党育人、为国育才,取得丰硕成果和丰富经验。

2. 认同:思想凝心——主体认同是学校内生式发展的前提,思想是行动的先导,唯凝心者聚。通过战略谋划、凝心聚力,加强学校主体的价值认同、文化认同和身份认同,并内化为自身的价值体系和实践行为,进一步促使全体教职员工目标认同、任务认同和使命认同,切实以思想"大破冰",引领行动"大突围"。

战略谋划:学校理性认知高职教育发展规律,根据职业教育新形势、区域经济社会发展对职业教育发展的新要求以及学校发展实际,顶层设计,科学谋划,制定切实可行的发展目标。2018年底提出了"特色鲜明、全省前列、国内知名"的奋斗目标,确立了高质量发展战略,确定了"排兵布阵""优化改革""全力冲刺"三步走,重拾百年工商的奋斗激情。"十三五"末提出了"扩区、强校、升本"战略目标,进一步强化了师生的价值认同、目标认同和使命认同,并通过排兵布阵,优化组织体系和组织构架,激发了学校发展的内生动力,使学校发展目标和发展路径得到有效贯彻与落实。

凝心聚力:学校党委高度重视思想引领和思想发动。2019年1月,召开学校第二次党代会,凝练宣传和传承践行以"爱国爱校、艰苦创业、师生为本"为核心的百年工商精神;2020年12月,学校党委抓住获批省"双高校"建设的有利时机,深入开展以"三争五跨"① 为主题的思想大解放、三风大转变专项活动;2022年9月,为跟上时代发展步伐、探寻发展新赛道,深入开展以"大兴思想解放之风、勇当时代探路先锋"为主题的"解放思想"专项活动;2023年2月,为深入学习贯彻党的二十大精神,创新性地开展"爱党爱国爱校爱生"专项教育。通过一系列活动,进一步统一思想、凝聚共识、革新理念、点燃激情,形成了干事创业、积极进取的良好氛围,促进了学校的内生式发展。

3. 资源:机制赋能——资源是学校内生式发展的核心,变革是跨越的

---

① 三争五跨是指三争创高、五年跨越的专项活动,三争指争时间、争任务、争贡献;五跨指通过三年创建"省双高",力争五年学校名次在省内位次前移,实现跨越发展。

引擎,唯创新者强。通过人才强校、放权强院,抓住"人才、政策、机制"关键环节,进行机制改革和变革创新,变革干部管理和人才引育机制,变革二级管理和考核分配机制,变革数字赋能和闭环管理机制,优化学校内部资源有效配置,破除发展桎梏,激发活力动能,这是高职院校内生发展的"灵魂"。

人才强校:坚持"人才是第一资源"理念。学校党委坚持党管人才,认真学习、全面贯彻习近平总书记关于新时代人才工作的新理念新战略新举措,坚持人才引领发展的战略地位,把人才工作纳入学校发展大局统筹谋划推进,健全完善党管人才工作领导体制、运行机制和常抓机制,系统落实"人才强校"首位战略,出台《关于大力实施新时代人才强校战略的意见》等系列政策制度,颁布人才新政"十五条"、服务措施"十项"和实施细则"十五条",积极优化人才发展环境,破除人才发展障碍,释放人才发展活力,营造"人人渴望成才、人才努力成才、人人皆可成才、人人尽展其才"的良好局面。

放权强院:随着国家加大体制机制改革,推进高校治理体系和能力现代化成为当务之急。学校实施校院两级权力配置,不断优化内部治理结构。遵循权责统一、学术自主、目标管理和依法治理等原则,不断完善"党委领导、校长负责、教授治学、民主管理"的内部治理机制,从直线式管理改为扁平化管理,实现管理重心下移,二级学院逐渐成为较为独立的办学主体。同时,加强党的全面领导,数字赋能推进综合改革,提升学校治理能力水平;超常规革新组织架构,优化权力分配和资源配置,优化扁平化管理和决策机制,提升二级学院办学自主权;改革考核分配、职称评聘等激励机制,优化教学与科研管理机制,构建财务与资源管理机制,建立监督与评估机制。学校党委切实发挥"总揽全局、协调各方"的政治引领力,加强统筹协调,动员全校师生进行全方位改革、全领域突破。

4. 参与:合作聚力——合作参与是学校内生式发展的基础,通过产教融合、服务地方、学生发展,整合政校行企各方利益相关者的力量,协调学校内外部的资源,共同参与学校建设改革发展。

产教融合:学校发展除了教师和学生的参与外,也需要政府、企业以及非政府组织等利益相关者的积极参与,为推进学校内生发展提供有效的外部支撑，通过校内外的共同参与，形成协同共生，促进学校高质量发展。学校在发展过程中，在高职院校中率先深入县域和产业园区办学，不断深化与政府、行业、企业、协会等利益相关者的合作，打造产教融合共同体，探索形成了"一核、三轴、多元"的产教融合架构和"点线面"结合的协同育人模式，推进产业学院建设，实现了政府、学校、产业、企业以及行业协会等多主体共同参与、协同育人的环境，推动了教育链、人才链与产业链、创新链的有机融合，走出了一条产教深度融合、聚力合作、协同发展、互利共赢的新路子。

服务地方：学校积极发挥服务社会职能，助力地方经济社会发展。开展多样化培训，不断健全社会培训工作机制，保障培训健康发展；搭建服务平台，提供多样培训项目，健全激励机制，提高培训管理水平，不断提升办学效能。优化技术服务机制，搭建"国省市校"四级平台，优化科研管理激励机制，协作成立实体服务机构，依托科研带动技术服务，提升教师技术服务意识，有效提供优质技术服务，助力地方产业发展。服务乡村振兴战略，推进机制创新，强化统筹协同，搭建服务乡村振兴平台；发挥智力支撑，开展项目实践；助力构建现代新型农民培育体系，加强"共富"宣传报道，协力实现共同富裕。

学生发展：人才培养质量是职业院校生存和发展的核心竞争力，也是塑造自身形象、打造品牌的基本保障。学校坚持"教师为基、学生为本"的理念，将学生视为学校内生发展的重要利益相关者，充分考虑学生发展的利益诉求，坚持能力为重、质量为要、发展为本的原则，通过实施思政教育"铸魂育人"工程实现学生职业技能与职业精神融合发展；变革人才培养模式，培养复合型技术技能人才；以赛代练、以赛促学，提升人才培养质量；以党建引领社团发展，释放文化育人活力；打造双创教育体系，切实提升学生双创能力；以生为本精准施策，促进学生高质量充分就业。学校人才培养质量持续提升，为地方经济社会发展和产业转型升级提供了重要的人才支撑。

学校遵循高职院校内生式发展内涵，从组织、认同、参与和资源四大要素出发，总结阐述了党建统领、战略谋划、凝心聚力、人才强校、放权强院、产教融合、服务地方、学生发展八个方面做法，系统论述了理论依据与政策背景,形成了"工商案例""工商启发""工商经验",为高职院校党建引领内生式发展提供了"工商示范"。

(三)学校内生式发展取得显著成效

在党建统领、改革破冰、攻坚克难、超常举措等系列战术加持下,学校一步一个脚印,发展面貌焕然一新,核心竞争力明显增强,人才培养质量不断提升,社会影响力进一步扩大,人心更凝聚、干劲更充足,学校发展步入"快车道"。

1. "景气度"不断提升

从凝练并宣贯"工商精神"、落实"八心八问"①、倡导"四个改变"到深入开展"三争五跨"专项活动,再到每年推出服务师生的民生十大实事,一系列振精神、提信心政策和聚人心、暖人心举措,一改往日"精神低迷、信心不足"的状况,全校上下统一思想、凝心聚力,形成了"风正、气顺、心齐、劲足"的干事创业氛围,有力支持和推动了学校高质量发展,学校的景气度明显上升。学生规模从 2018 年的 9 823 人增加到 2023 年 10 月的 12 482 人,专任教师数从 2018 年的 406 人增长到 2023 年 10 月的 597 人,学校总收入从 2018 年的 2.56 亿元猛增至 2022 年的 4.26 亿元,社会培训从 2018 年的 6 517 人次增长到 2023 年 10 月的 35 657 人次。

2. "立项数"呈现井喷

学校高质量发展按下"快车键",标志性成果呈现"井喷"势头,从全国党建工作样板支部、国家级教师教学创新团队、国家示范性职业教育集团、国家级协同创新中心、国家级生产性实训基地、国家级技能大师工

---

① 八心八问在教职工层面:一问有没有爱国爱校之心?二问有没有对教育事业的忠诚之心?三问有没有事业心?四问有没有敬业之心?五问有没有责任之心?六问有没有奉献之心?七问有没有感恩之心?八问有没有宽容之心?在干部层面:一问是否有政治意识?二问是否以身作则?三问是否廉洁自律?四问是否担当尽责?五问是否务实创新?六问是否主动服务?七问是否业务精良?八问是否有团队精神?

作室,到中国产学研合作促进奖、浙江省课堂教学创新校、浙江省大众创业万众创新示范基地、浙江省课程思政示范校、全国国防教育特色学校、浙江省5A级平安校园、宁波市文明校园等系列荣誉的获得,都能看到标志性成果的猛增。在2021年8月中国高职发展智库公布的国家级项目数排名中学校名列非国家"双高"职业院校第2名,进步巨大。

3. "排位次"大幅前移

学校高质量发展成效显著,办学位次不断前移,教育教学工作成效由2018—2019学年的23名(全省高职院校教学工作及业绩考核)跃升至2020—2021学年的第6名(全省高职院校督导评估);全省毕业生职业发展及人才培养质量排名从2019年的第25名,跃升至2020年的第9名,再上升到2021年的第4名、2022年的第6名;全省大学生体质健康抽测排名从2019年的第13名,跃升至2020年的第6名,再上升到2021年的第5名。2019—2023年10月学生在技能竞赛中累计获奖580项(其中国家级22项、省级一等奖71项),毕业生平均就业率超过98%(其中2023届98.8%),平均留甬率达54.67%(其中2023届留甬率为56.89%,位居在甬高校第一)。

4. "影响力"显著扩大

学校抓住省"双高校"建设有利契机,积极谋划,主动作为,深化改革,学校发展实现了新跨越,社会影响力显著提升,各大新闻媒体闻讯纷纷到校采访"工商现象""工商经验",近百篇专题报道见于《光明日报》《中国教育报》《浙江日报》等重要媒体,用很大篇幅介绍学校的建设改革的经验做法和取得的成绩,如《点燃"红色引擎"为学校治理赋能》《系列变革按下"双高"建设"快进键"》《百年老校如何焕发新生机?》《举旗定向 以高质量党建统领学校跨越发展》《做深做实"党建+治理现代化"》《"三化四领"党建统领整体"智治"》《"混合治校"成就"慈溪模式"》《以"1+4"培养模式服务专精特新》《打造多元共融"六面体"跑出服务"共富"加速度》《"1333"特色校园文化体系建设》《强化顶层架构 赋能学校治理》等。

站在新的历史起点，学校坚持以习近平新时代中国特色社会主义思想为指导，深入学习贯彻习近平总书记关于教育的系列重要论述，贯彻落实习近平同志在担任浙江省委书记期间发来的校庆贺信指示，紧抓职业教育高质量发展机遇，把牢社会主义办学方向，牢记"为党育人、为国育才"的初心，全面落实立德树人根本任务，锚定"扩区、强校、升本"战略目标，全面提升高质量发展水平，全力推动质量立校、服务兴校、管理促校、特色强校，持续深化改革攻坚，推动学校跨越发展，为中国式现代化注入"工商"力量。

第二章

党建统领:"1+8+N"、点线面结合

一、理论逻辑

党的十九届四中全会提出,必须加强和创新社会治理,完善党委领导、政府负责、民主协商、社会协同、公众参与、法治保障、科技支撑的社会治理体系[①],这为推进我国教育治理体系和治理能力现代化指明了方向。党的二十大报告提出"中国式现代化是中国共产党领导的社会主义现代化,既有各国现代化的共同特征,更有基于自己国情的中国特色"[②]。报告同时指出国家治理现代化是中国式现代化的重要目标,要求坚持大抓基层的鲜明导向,推进以党建引领基层治理。

职业教育在我国经济社会高质量发展中的作用日益突出,创新和提升职业教育治理体系与治理能力是持续深化教育体制机制改革的内在需求。党建引领职业教育治理就是各级党组织作为超越特殊利益、代表共同利益的政治领导力量以元治理(治理的治理即"元治理")身份统筹职业教育治理进程,通过完善现代职业教育制度体系,充分发挥政府、社会和市场

---

① 中共中央关于坚持和完善中国特色社会主义制度 推进国家治理体系和治理能力现代化若干重大问题的决定[N].人民日报,2019-11-06(1).

② 习近平.高举中国特色社会主义伟大旗帜 为全面建设社会主义现代化国家而团结奋斗:在中国共产党第二十次全国代表大会上的报告[M].北京:人民出版社,2022:22.

协同作用，在兼顾各方利益与保障各利益相关方充分发展的基础上形成发展合力，领导和协调政府、学校、行业、企业、社区等多种治理主体行为达成职业教育善治的实践，是建设中国特色职业教育体系的关键，职业院校治理直接关系到"培养什么人、如何培养人、为谁培养人"的根本性问题。党建引领高职院校治理体系与治理能力现代化是我国高等教育独特的政治优势，是坚持党对高校全面领导、落实立德树人根本任务的必然要求。新时代基层治理实践要求加强党的领导，党建引领是推进高职院校治理现代化的制度保障。因此，开展党建引领下的职业教育治理体系和治理能力现代化建设，要把党的领导落实到职业教育高质量发展的各个方面和各个环节，充分彰显中国特色社会主义制度优势。

（一）党的全面领导是中国特色社会主义事业的本质特征

党的十九大作出了加强党的全面领导的重要论断，党的二十大进一步强调党的领导是中国特色社会主义的最本质特征，将坚持和加强党的全面领导作为新时代中国特色社会主义前进道路上需要牢牢把握的第一条重大原则。党的全面领导是我们全部事业的基础和根本，这是"最可宝贵的经验"。这些重要论断是在对日趋复杂的国际国内发展的严峻形势进行科学分析判断基础上提出的。

首先，加强党的全面领导是新形势下积极应对国际严峻挑战的需要。从世界史与全球化发展的最新实践看，资本主义已经发展到了全球金融垄断阶段，无产阶级与资产阶级之间的矛盾日益突出，世界处于百年未有之变局，全球化发展受阻，科学社会主义发展处于关键时期。只有坚持与加强党的全面领导才能在国际风云变幻中保持战略定力与大党治国的清醒，中国共产党才能始终成为中国特色社会主义发展道路的引领者与主心骨。

其次，坚持与加强党的全面领导是实现我国经济社会高质量发展与社会主义现代化强国建设目标的需要。我国经济社会发展处于新发展阶段，高质量发展是摆在国人面前最为突出的任务。全面建成社会主义现代化强国，是一项伟大而艰巨的事业，加之，未来前进道路上必然会遇到各种可以预见和难以预见的风险挑战甚至是惊涛骇浪，新的发展战略与新的发展目标更加需要坚持和加强党的全面领导。历史和现实都充分证明，党的全面领导是应对一切不确定性的最大确定性，是战胜一切风险挑战的"定海神针"。新中国成立特别是改革开放以来，我们遭遇过很多来自国际的、国内的严重风险冲击和困难挑战，但最终都在党的坚强领导下化险为夷、化危为机，中华民族伟大复兴进入不可逆转的历史进程。前进道路上，只要我们坚持和加强党的全面领导，就一定能凝聚全党全国各族人民的智慧和力量，筑起防范化解各种风险挑战的铜墙铁壁，打赢各类遭遇战、攻坚战、持久战，确保全面建设社会主义现代化国家、全面推进中华民族伟大复兴的巍巍巨轮乘风破浪、行稳致远。

国家治理体系与治理能力现代化实践迫切需要加强党的全面领导。党的全面领导最终要通过政党在国家治理体系与治理能力现代化中的作用体现出来。随着经济社会发展，以美国、英国为代表的西方发达国家从20世纪80年代开始的以新自由主义与市场机制为特征的公共治理正在不断被以突出政府的公共职能为特征的新公共服务所替代，与此同时，我国的经济社会发展与国家治理实践也在不断从以政府为主导的社会治理向政党领导作为元治理角色的政府、社会、市场多元治理转变。通过坚持加强党的全面领导，党建引领、政府主导、一核多元的社会治理理念以及政府创新实践，不断丰富了我国国家治理创新理论与实践的探索，为完善国家治理体系与治理能力提供了重要制度支撑。

（二）党建引领赋能职业教育高质量发展

以党的建设推动高等教育现代化的有效进程，主导高等教育现代化的价值取向与制度安排，是我国高等教育现代化进程中的突出优势。习近平总书记指出："加强党对高校的领导，加强和改进高校党的建设，是办好中国特色社会主义大学的根本保证。"[①]《国家职业教育改革实施方案》明确指出，要"加强党对职业教育工作的全面领导""要充分发挥党组织在

[①] 习近平就高校党建工作作出重要指示 坚持立德树人思想引领 加强改进高校党建工作[EB/OL].（2014-12-30）[2023-10-19］. http：//jhsjk.people.cn/article/26297225.

职业教育的领导核心和政治核心作用"。职业教育作为兼具"职业"与"教育"属性的、跨界的复杂组织结构系统，其"职业"属性决定了发展职业教育必须加强与产业行业的密切联系，从生产一线挖掘职业教育资源是发展职业教育的基础与前提。从20世纪50年代学习苏联重点发展培养周期短、人才实用性强的中等职业教育，到"半天劳动、半天学习"为重要学习方式的职业教育模式，再到改革开放初期"从初级到高级、行业配套、结构合理又能与普通教育相互沟通的职业技术教育体系"的构建，勾勒出我国适应经济社会发展提升劳动者技能素质的职业教育历史发展脉络。党的十八大以来，中国共产党引领社会"弘扬劳动光荣、技能宝贵、创造伟大"的时代风尚，把加快发展现代职业教育摆在更加突出的位置，国家持续发力出台一系列政策，各地积极配合，多措并举探索职业教育综合改革，加速完善现代职业教育体系，培养了数以亿计的高素质劳动者，为助推经济发展、促进就业和改善民生作出了无可取代的重要贡献。党建引领职业教育发展就是要在新的发展阶段以习近平新时代中国特色社会主义思想为指导，坚持加强党对教育事业的全面领导，不断夯实"劳动光荣、技能宝贵、创造伟大"这一职业教育发展根基。不断提升职业教育的社会适应性、完善职业教育制度体系建设，建成与我国社会主义现代化强国相适应的职业教育强国。

（三）高质量党建统领职业院校治理现代化

职业教育以就业为导向的发展宗旨，决定了职业院校与地方经济发展之间的天然紧密联系。国内外职业院校在办学过程中存在的市场不确定性、行为外部性和产品公共性等客观性特征，使得仅靠市场机制的一己之力整合资源乏力达不到资源配置的帕累托最优之效果。在我国公有制为主体的生产关系格局下，职业院校办学行为也存在市场失灵与政府失灵的现象，我国职业院校治理结构中需要政党要素的介入，并在必要的时机进行适当干预。因此，在职业院校治理过程中，在外部系统中如何处理好党建引领政府与市场的关系，平衡各治理主体局部、眼前利益与经济社会发展整体、长远利益的关系，一直是我国职业院校治理共同关心以及致力破解的难题。

自20世纪90年代以来,西方新公共管理模式由于过于相信市场的力量导致治理的碎片化而逐步式微,更加重视整体性治理因素作用的新公共治理不断兴起,要求政府、市场和社会三种治理模式的混合协同。为消除三种治理模式的对立冲突,促进不同治理模式的协同互补本身的元治理成为一种新的治理需求。在西方国家,政府通常是公共治理的最重要主体。与西方发达国家不同,随着我国社会结构的不断转型,我国的国家治理主体已经逐步多元化,但是在所有治理主体中,最重要的是中国共产党的各级组织。[①] 因为中国的公共治理结构是一种"以党领政"的治理结构,党掌握着国家的核心政治权力,党组织比起行政组织在公共治理中作用更大。用习近平总书记的话来说就是:"党政军民学,东西南北中,党是领导一切的。"[②] 我国是一个政党主导型社会,政党由于其自身的特点和优势,成为新的"元治理"的唯一主体,主导了新的"元治理"角色和职能[③]。"元治理"强调党的领导在社会治理中的重要作用。虽然治理机制可能获得了特定的技术、经济、政治和意识形态职能,但党的组织还是要保留自己对治理机制开启、关闭、调整和另行建制的权力。

在西方传统政治学中,国家被认为是一种"必不可少的恶",倡导"弱政府、强社会"的关系模式。而在我国作为最高的政治领导力量,中国共产党代表了最广大人民的根本利益,不局限于局部和眼前利益,能够超然于各治理主体和治理力量之上,以职业院校党建为核心和龙头,增强党的凝聚力、战斗力和领导力、号召力,有效防止对国外已有治理制度模型形成的路径依赖,引领职业院校治理创新发展,既平衡各治理主体力量,又主导各治理主体力量;既纠正"市场失灵",又避免"政府失灵"。同时,区别于西方社会资本力量独大,我国职业院校治理强调多元主体之间在党建引领下以共同利益为纽带的平等合作关系,这样既能满足各治理主体局部的、眼前的利益,又能考虑经济社会发展长远的、全局的利益,

---

① 杨雪冬. 社会变革中的政府责任:中国的经验 [J]. 中国人民大学学报, 2009 (1).
② 习近平. 决胜全面建成小康社会,夺取新时代中国特色社会主义伟大胜利:在中国共产党第十九次全国代表大会上的报告 [N]. 人民日报, 2018-10-28.
③ 叶敏. 政党组织社会:中国式社会治理创新之道 [J]. 探索, 2018 (4).

并且将它们很好地结合起来。

二、价值导向

（一）党建引领内在规定着深化职业教育治理现代化的走向

教育治理现代化是国家治理体系与治理能力现代化的重要组成部分。2017年1月，《国家教育事业发展"十三五"规划》首次提出要加快推进教育治理现代化。2019年2月，《中国教育现代化2035》将教育治理现代化纳入教育现代化战略。职业教育作为我国教育体系中与经济社会发展联系最直接、最密切的教育类型，同时也是最具活力、最具创新力的教育类型，其治理系统属于教育治理的子系统，引发了对教育治理方式变革的反思。推进教育治理现代化，职业教育是重要场域和关键组成部分。《教育部 财政部关于实施中国特色高水平高职学校和专业建设计划的意见》明确要求将"提升学校治理水平"作为10项改革发展任务之一。职业教育治理现代化是新时代新发展背景下发展出来的具有中国特色的教育政治学，在政治与教育层面体现了教育治理现代化的内在要求。职业教育办学具有公益性价值的特征，涉及众多利益攸关方，形成多元治理结构，正改变着传统以政府为主导的教育供给模式，体现了教育多元主体的民主治理现代化要求；职业教育市场的不确定性和公共性，要求职业教育治理需要在发挥党建对职业教育公共价值的引领下，与其他主体一道，分配公共资源和公共权力，识别和管理公共价值偏好，建构公共价值共识并降低价值冲突，以实现公共价值创造的领导活动[1]。

（二）党建引领是职业院校实现融合发展的重要制度创新

中国共产党是我国职业教育发展的领导核心，由其把握职业教育发展

---

[1] 容志，孙蒙. 党建引领社区公共价值生产的机制与路径：基于上海"红色物业"的实证研究[J]. 理论与改革，2020（2）.

方向，决定职业教育重大问题，监督职业教育重大决议执行。党建质量直接影响着职业院校各级党组织的功能发挥，也影响到职业院校的治理能力和治理水平。因此，为更好发挥党建对职业院校治理的引领作用，需要准确认识和科学把握党建工作的职责边界与效率边界。近年来，党建工作在职业院校全局工作中的地位得到显著增强，但仍然存在一些弱项和短板，党建理论水平不高、创新能力不强等问题还在一定程度上存在，导致党建工作时常流于形式而表现出"两张皮"现象。党建与职业院校治理在实践中相互依赖、相互协调、相互促进，形成了动态耦合效应的逻辑闭环。党建保证了职业院校治理的正确方向，职业院校治理是党建引领质量和水平的重要体现。通过党建引领职业教育治理体系的构建，能有效促进职业院校治理水平的全面提升，使党建工作从静态组织向动态功能转变，突出了党建在职业院校治理过程中的政治功能、整合功能、动员功能和沟通功能；使党建工作从全能向核心转变，诠释了在职业院校治理过程中什么时候需要党建引领、什么地方需要引领、如何引领等关键问题；使党建工作从管理向服务转变，切实调动职业院校治理工作从"被动接受"变为"主动开展"，促进了党建与院校教学、科研与社会服务等各项功能的融合；使党建工作从传统领导权威向法理领导权威转变，更加突出法律制度建设在治理过程中的严肃性、强制性和规范性。

（三）党建引领可以满足人民美好生活需要的职业教育诉求

习近平总书记多次号召全党要"永远把人民对美好生活的向往作为奋斗目标"，"人民对美好生活的向往"成为习近平新时代中国特色社会主义思想的鲜明主题和初心本色。① 社会治理的最高宗旨是不断满足人民日益增长的美好生活需要，不断提高人民群众的获得感、幸福感和安全感。随着中国特色社会主义进入新时代，人民的美好生活需要日益广泛，对职业教育结构和质量提出了更新更高的要求，经济社会发展更加需要优质、多

---

① 宋雪霞. 深刻把握习近平关于人民美好生活的思想［EB/OL］.（2018-01-15）［2020-06-18］. http://theory.gmw.cn/2018-01/15/content_27350880.htm.

层、多样的职业教育。新时代我国社会主要矛盾在职业教育领域具体表现为，人民群众和经济社会发展对优质职业教育供给需求和职业教育不平衡不充分的发展之间的矛盾①。一定历史时期内难以绝对消除的个人差距、城乡差距、行业差距和地区差距，使得职业教育资源的不均衡分配将在一定范围内长期存在；与此同时，随着社会分工和社会多元化的发展，人类知识除了显性的符号化知识，存在更多隐性的缄默化技能知识，尤其是扩招背景下职业教育学生个性化需求更为明显，用单一标准考核、衡量不同的智力类型人才越来越不被人们所接受，这些问题对职业教育治理提出了更高的要求。通过党建引领职业教育治理，使职业教育能够立足实际，着眼于人的全面发展的社会主义本质要求，树立以人民为中心的价值取向，回应各治理主体和人民群众对于人才与教育问题的重大关切，想群众教育之所想、急企业人才之所急、解经济结构之所困，加快构建科学、合理的现代职业教育治理体系，破解新时代职业教育的主要矛盾，不断提升教育质量，保障各治理主体和人民群众平等享受教育改革红利，让人人都有人生出彩的机会，满足他们对美好生活的向往与期盼。

三、学校办学实践

学校党委始终坚持"党建强则学校强"理念，加强党对学校的全面领导，党委书记扎实履行党建工作第一责任人的责任，树立"书记抓、抓书记"鲜明导向，大胆解放思想，聚焦自我革命，推动基层党建机制创新，提升各级党组织和党员的战斗力，探索形成了"1+8+N""点线面"结合一体化推进基层党建工作机制，系统推进"强核凝心、固基聚力、铸魂育人"党建"三大工程"，构建"三化三领"党建统领整体智治工作体系，实施党建与学校发展、师生成长、专业建设、地方发展"四个融合"行动，以高度的政治自觉守好"红色根脉"，以强烈的使命担当为党育才、

---

① 应若平. 如何认识和破解新时代职业教育的主要矛盾 [N]. 光明日报，2018-05-10 (14).

为国育才，取得丰硕成果和丰富经验。

（一）建立"1+8+N"[①] 一体化推进机制

学校党委以党的政治建设为统领，自我加压、率先示范，创建"1+8+N"党建一体化推进机制，即坚持 1 个党委统筹示范，发挥党委把方向作用；8 个党总支紧紧跟进，发挥党总支关键枢纽功能；31 个支部和 N 个载体坚决落实、齐抓共管。建立党委、党总支、党支部和党员"四位一体"的组织体系，形成了党的领导"纵向到底、横向到边、全面覆盖"的工作格局和"一级带一级、一级抓一级"层层推进的工作模式，统领学校高质量发展（见图 2-1）。

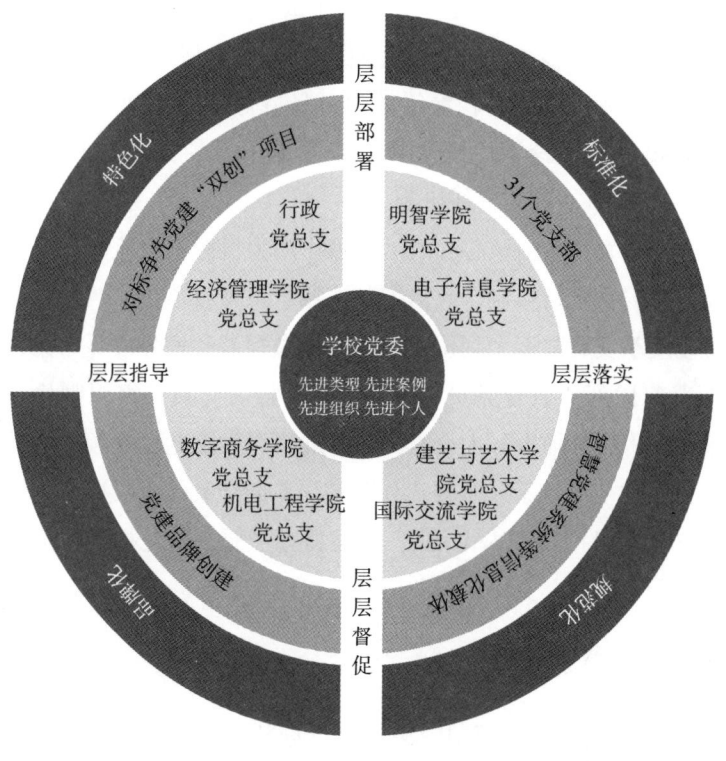

图 2-1 "1+8+N"党建一体化推进机制

---

① N 泛指党总支之下的基层党组织，包括 31 个支部和 N 个载体。

1. 强化各级党组织的主体责任

学校党委明确站位、积极作为，以打造"政治强、学习强、决策强、创新强、作风强、廉政强"的"六强"党委为目标，严格做到"把方向、管大局、作决策、抓班子、带队伍、保落实"六个过硬，坚持党委领导下的校长负责制，形成了"党政分工明确合理、书记校长配合默契、班子成员团结协作"的运行机制。学校高度重视加强党委自身建设，制定并严格执行《加强领导班子自身建设的若干意见》，严格要求班子成员严守政治纪律和政治规矩，树牢"四个意识"，坚定"四个自信"，坚决拥护"两个确立"，始终做到"两个维护"。同时强调领导班子要当好"火车头"，切实做好政治上的表率、事业上的表率和担当上的表率。学校全面落实校领导联系基层"N个1"制度，领导班子成员每人联系1个二级学院、1个党支部、1个学生寝室、1个学生社团、1名高层次人才、1名党外教师、1名高级职称教师和1名青年教师，坚持每学期给师生上党课、形势政策课或思想政治理论课。校领导与党委委员、各党总支书记层层签订《党建工作责任书》，落实责任机制。

学校党委以发挥政治核心和政治保障作用为目标，狠抓党总支，全面做到"党组织领导和运行机制、政治把关作用、思想政治工作、基层组织制度执行、推动改革发展"五个到位，以建强堡垒根基和增强战斗力为目标，推动党支部普遍做到"教育党员、管理党员、监督党员、组织师生、宣传师生、凝聚师生、服务师生"七个有力。开展二级学院党总支领导下的院长负责制，推行党政"一把手"重要工作双签、双向交叉任职，举办"书记院长论坛"和"职能部门负责人论坛"，交流特色经验、强化担当作为，提高二级学院班子干事意识、责任意识和担当意识，有效推进二级学院班子建设。

2. 建立和完善党建工作机制

（1）抓标准建设。学校制定落实《推进基层党组织标准化建设的实施方案》，建立二级学院党总支建设标准，设置6个一级指标和19个二级指标，以党组织的标准化、模块化建设做实做细各项工作，开展年度考核验收，推动基层党组织全面进步、全面过硬，全面提升党总支凝聚力和执行力。"抓"党支部标准化建设,重点围绕新时代高校党支部"七个有力"建设标准,推进强基支部建设,锻造有力支部战斗堡垒。为推动学校党员发展工作提质增效,学校制定《党员发展手册》和《党员发展流程清单》,聚焦党员发展重点环节,狠抓工作规范。

(2)建落实机制。学校出台《关于建立抓落实工作机制的若干规定》等制度,建立了重要工作部署即时反应制、校领导班子成员每周工作安排制、校领导班子每月工作例会制、落实党委会和校长办公会议决策事项工作清单制、校领导班子成员联系二级学院制、校领导班子下基层工作制、二级学院领导班子工作例会制、督办落实工作制八个方面的抓落实机制,确保各项任务落实,强化党建与业务融合发展的条抓块统,形成融合发展的强大合力。同时,建立重大项目专班制和项目领办制,专班专干、带头示范,实行挂图作战、定期跟踪,明确督办部门,规定督办时限,一步一个脚印、踏踏实实推动工作进程,用机制推进"马上办""办成事",让"大抓落实、善抓落实、真抓落实"成为工作靶向,在全校上下形成了狠抓落实的良好氛围。

(二)构建"点线面"立体化管理格局

"点线面"指以"先进典型、先进案例、先进组织、先进个人"培育选树为"点","层层指导、层层部署、层层督促、层层落实"纵向贯通为"线",以"标准化、规范化、品牌化、特色化"整校建强为"面",多措并举、协同共进,推动学校各项事业高质量发展。

1. 聚焦关键"点",发挥榜样示范力量

学校党委积极履行管党治党、办学治校主体责任,打造"先进典型、先进案例、先进组织、先进个人"矩阵,率先示范和引领推动学校改革发展,重点抓好以下三点。

(1)抓"关键人",始终把政治建设摆在首位,发挥党组织书记"关键少数"头雁作用,细化明确党委书记、党总支书记、党支部书记三张责任清单,强化领导班子成员发挥"关键人"作用,推动各级党组织书记和

负责人扛起主责主业。落实党员干部"破难攻坚项目"领办制度,开展党员"亮身份、作承诺、争贡献"活动,一级带着一级干,创建教师党员"五建功岗"28个、学生党员"五先锋岗"29个。

(2)抓"关键事",有力有序组织新冠疫情防控,学校主要领导靠前指挥、带头值守,启动"四线""五组"全面排查,实施"分单元、网格化、不聚集、少流动"工作思路,全面做好返校复学工作,党员累计参与疫情防控网格化管理、核酸检测等志愿服务7万余人次,实现了"两手硬、两战赢"目标。

(3)抓"关键领域",聚焦实现学校第二次"党代会"提出的"特色鲜明、全省前列、国内知名"发展目标,抓住"人、政策、机制"关键要素,深入调研分析,深查短板弱项,精心谋划改革,在干部能上能下、动态调整与退出、教师职称评聘与考核评价、二级学院(部门)政策激励、科研与社会培训、重难点任务重大项目专班与领办机制等五个方面实现突破,有力激发了教职工干事创业的活力。

2. 突出纵向"线",压实协同联动责任

强化条抓块统,通过各级党组织的层层指导、层层部署,推进党建工作层层督促、层层落实。

(1)强化"党委引领"抓示范。把政治建设摆在首位,坚持党委领导下的校长负责制,建立并严格执行党委会、校长办公会议事规则,将加强党的领导、党建与业务发展融合等内容列为述职重点。党建工作在二级学院年度综合绩效考核中占比达到30%。

(2)强化"总支统筹"抓落地。修订并执行二级学院党政联席会议、党总支会议议事规则,实施党政共同负责制的二级学院,推行党政"一把手"重要工作双签、双向交叉任职,培育建设各类党建工作标杆学院8个和样板支部20个。试行二级学院党总支领导下的院长负责制,取得明显成效。

(3)强化"支部落地"抓执行。层层签订《党建工作责任书》《意识形态工作责任书》《党风廉政建设责任书》,严格执行《党支部工作条例》等规定,开展党务工作推磨式检查,强化"三会一课"等制度规范执行。出台《关于提升党支部(党员)战斗力的若干举措》,扎实推进12项提升支部战斗力举措，包括建立支部书记、支部班子成员抓党建工作责任清单和党员个人年度"目标清单"；实行支部与支部、党员与党员结对共建，党员干部联系基层"N个1"，党员联系群众"一带一"；开展基层党组织"攻坚克难"行动，实行书记项目领办、班子成员项目攻关和党员办实事项目；每年组织开展党务人员轮训和党组织书记角色意识大体检；推行基层党组织"堡垒指数"和党员"锋领指数"考评，运用"智慧党建"系统开展党员民主测评，不断提升支部（党员）战斗力。

3. 打造共强"面"，形成整校建强合力

坚持标准为先，建立完善党建工作和党务工作的标准；重视执行落地，强化工作标准的规范化执行；注重特色品牌，坚持以融促建，推动党建与业务大融合，将党建工作融入疫情防控、教育教学、"双高校"建设等中心工作，实现党建和业务发展融合互促，使党建优势转化为发展优势。

（1）融合理念。凝练并宣贯"工商精神"，深入开展"三争五跨越"为主题的思想大解放、"三风"大转变和干部"强素质能力、强担当作为"专项活动，举办"书记院长论坛"和"职能部门负责人论坛"，推进党建与学校发展、师生成长、专业建设、地方发展"四个融合"，进一步推动理念革新和凝聚融合发展的思想共识，切实在思想深处把党建工作作为促进各项工作的"助推器"，形成党建引领发展的红色动能。

（2）融合路径。坚持将党建融入中心、融入专业、融入育人，以党建促发展。把党建和思想政治工作主动融入人才培养和管理服务全过程。深化思政课程改革创新，出台《思想政治工作质量提升工程建设实施方案》，强化思政课程主渠道，思政课现场教学"融"模式成为宁波市教改范例。将专业教学与思想教育深度融合，形成具有工商特色的课程思政体系，牵头发起成立宁波职业教育课程思政联盟。坚持党建工作与加强学校内部治理相结合，与干部人才队伍建设相结合，与群团统战工作相结合，与文明校园、清廉校园、智慧校园建设相结合，充分发挥党建在引领和推动发展、服务师生、凝聚人心、促进和谐等方面的作用。

（3）融合载体。实施"党建+治理现代化"，抓住"人、政策、机制"等关键环节，在干部能上能下、教师职称评聘、二级单位综合考核、

科研社会培训、收入分配激励等方面，推行超常举措，激发党建活力，破除发展桎梏。实施"双带头人"培育工程，选优配强"双带头人"教师党支部书记，举办"支部书记论坛"，以"头雁效应"凝聚师生骨干力量创新发展，推动党建与业务工作同向同行。建立"党建+产教融合""党建+教学科研""党建+人才培养"的"三融合"工作体系，深入推进产教融合、校地合作、校企合作；全面推行"支部建在专业上"，建立党建品牌"三级联创"机制；实施"三全育人"综合改革，以项目化形式全面落实10大育人31项任务，初步构建了具有工商特色的"三全育人"体系，实现了党建与教育事业双融互促。

（三）党建统领亮点纷呈结硕果

在"1+8+N"一体化、"点线面"立体化推进党建工作机制的推动引领下，学校高质量党建统领整体"智治"工作体系得到有效构建，党对学校的领导和学校党的建设得到全面加强，党建的政治统领、组织率领、思想引领、党员锋领作用得到有效发挥，特别是在"双高校"建设中构建的"四级联创、稳步升级"党建示范品牌培育创建模式成效不断显现，学校党的领导、党的建设和党建引领工作取得丰硕成果。

学校"1+8+N"一体化推进"不忘初心、牢记使命"主题教育和党史学习教育，主题教育被省委第二巡回指导组推荐为"优秀"，《高职院校党建工作"1+8+N"一化管理系统》获得国家版权局软件著作权，学校党委荣获宁波市"五星级"党组织和宁波市高校党建工作示范校建设单位。学校有国家党建"双创"项目1个、省级党建"双创"项目7个、省级"双带头人"教师党支部书记工作室1个、省高校校企地党建联建典型案例1个、市级党建"双创"项目5个、市级"双带头人"教师党支部书记工作室2个、市级党建精品案例2个。各级党组织获省、市高校先进基层党组织、集团公司先进基层党组织等市级以上荣誉14项。

学校在党建引领、治理变革、文化建设等方面的改革举措，受到业界同行的普遍认可，《浙江工商职院：点燃"红色引擎"为学校治理赋能》《浙江工商职业技术学院：以"示范"为龙头 解锁党建育人新"密码"》

等获得国家级、省级媒体宣传报道64次，得到社会媒体的广泛关注，学校的影响力进一步扩大。

> **经验启示**
>
> 　　加强党建统领，目的在于健全院校治理体系、提升院校治理能力，使学校在复杂的产教融合、人才培养与社会服务中保持良好的发展秩序，同时，也能够更好地激发学校与地方政府、行业企业之间的内生发展与合作活力。学校注重发挥各级党组织的统筹协调作用，在重大政策决策与意识形态领域牢牢把握领导权，在具体政策落实上充分发挥学校基层党组织与行政机构的作用，在行政组织力所不及的环节，主动作为，充分发挥党组织和党员的先锋模范作用。通过党建在组织和机制方面的建设，引领学校各方面事业走上高质量发展轨道。
>
> 　　"1+8+N""点线面"结合一体化推进基层党建工作的实践证明：党建统领首先要强化"管总"意识。要始终把政治建设摆在首位，坚持党委领导下的校长负责制，锻造"六强党委"，才能推动学校改革发展稳步推进、高效落地。其次要强化"带头"意识。要充分发挥总支书记、支部书记和"双带头人"的示范引领作用，建立任务责任清单、任务落实反馈等抓落实机制，坚持党员干部联系"N个1"制度，落实党组织和党员落实项目领办制，才能形成迅速行动、主动作为的良好氛围。还要强化"品牌"意识。要深入开展"一院一品牌""一支部一特色"创建工作及支部书记项目领办，落实党员干部"破难攻坚项目"领办制度。最后要突出目标引领与党建业务紧密融合。积极构建以党建带动各项工作深度融合的"党建+党员教育""党建+服务创新""党建+典型引领"等"党建+"新模式，以项目开展凝聚人心，才能形成发展合力。
>
> 　　党建兴则学校兴，党建强则学校强。学校坚决贯彻落实党的二十大精神，守好"红色根脉"，大胆解放思想，聚焦自我革命，持续推进"1+8+N"点线面结合一体化推进基层党建工作机制，充分履行党委抓基层党建的主体责任，切实发挥好党建统领整体智治作用，使学校发展一步一个台阶迈上高质量发展之路。

第三章

战略谋划：超前谋划、整合资源、闭环管理

一、理论依据

（一）目标战略管理理论

目标战略管理理论是管理学中的重要理论之一，它强调制订明确的目标并将其转化为行动计划，以指导组织的发展。该理论的起源可以追溯到20世纪50年代，当时管理学者彼得·德鲁克（Peter Drucker）在他的著作《实践的实践》中首次提出了"管理通过设定目标来实现"的观点。随后，这一理论在20世纪60年代和70年代逐渐发展壮大。汤普森等（Thompson et al.）将战略管理界定为，通过确定企业愿景，建立绩效目标，根据企业内外部环境的发展变化，制订各种经营战略和计划，进而实施该战略计划，以达到绩效目标的过程。这一过程是不断进行、反复循环的。① 然而，它的真正奠基人是埃德温·洛克（Edwin Locke）等学者，他们在20世纪70年代后期提出了"目标设定理论"，强调了明确的目标如何激励个人努

---

① 汤姆森·斯迪克兰德. 战略管理 [M]. 段盛华，译. 北京：北京大学出版社，2001：20 - 21.

力。随着时代的发展,目标战略管理理论不断演变和完善,强调组织应该以目标为导向,制定战略,以实现长期的可持续发展。①

所谓目标管理,就是强调组织中的上级和下级一起协商、根据组织的使命确定一定时期内组织的总目标,由此决定上级、下级的责任和分目标,并把这些目标作为组织经营、评估和奖励每个单位和个人贡献的标准。彼得·德鲁克主张,管理人员在工作中一定要避免"活动陷阱",不能只顾低头拉车,而不抬头看路,最终忘了自己的主要目标。目标管理的一个重要概念是企业战略规划不能仅由几个高管来执行,所有管理人员都应该参与进来,这将更有利于战略的执行。②

目标战略管理理论是指对组织全局的、长远的发展方向、目标、任务和政策,以及资源配置做出决策和管理的过程。它包括三个阶段:战略制定、战术运用(战略实施)和战略评价。

在战略制定阶段,根据目标战略管理理论需要确定组织任务,分析组织的外部机会与威胁和组织内部优势与弱点,建立长期目标,制定可供选择的战略,以及选择特定的实施战略。其中几个关键要点需要特别强调:(1)目标设定明确性:确定明确、具体的目标是理论的基础。目标是具体的、明确的、可细分的、可测量的、可实现的,并与组织的使命和愿景相一致,这有助于员工理解和追求共同的目标。(2)目标的层次结构:理论提倡设定多层次的目标体系,从宏观到微观,以确保组织的各项活动都与最终目标保持一致。(3)战略制定与目标一致性:战略是实现目标的桥梁和手段。战略制定应该考虑外部环境、内部资源以及组织的核心能力,以确保战略与目标相一致。(4)目标的挑战性:理论认为目标应该具有一定的挑战性,能够激发员工的积极性和创造性。(5)目标的灵活性:虽然目标一旦设定就应该被认真执行,但还是认为目标应该随着时间和环境的变化进行调整。

在战术运用(战略实施)阶段,需要树立年度目标、制定政策、激励雇员和配置资源,各个职能部门制定具体的战术,以便使制定的战略得以贯彻

---

① 商迎秋. 企业战略管理理论演变与战略风险思想探析 [J]. 技术经济与管理研究,2011 (3):65-69.

② [美] 彼得·德鲁克. 管理的实践 [M]. 王苗,顾洁,等译. 北京:机械工业出版社,2006:13-30.

执行。这一阶段需要培育支持战略实施的组织文化,建立有效的组织结构,制定预算,建立和使用信息系统,制定各种行动方案和具体计划措施。

在战略评价阶段,需要重新审视外部与内部因素,度量业绩,采取纠正措施。由于外部及内部因素处于不断变化之中,所有战略都将面临不断地调整与修改,所以管理者需要及时了解哪一特定的战略管理阶段出了问题,而战略评价便是获得这一信息的主要方法。[①]

目标战略管理理论强调设定明确的目标,高职院校可以利用这一理论为教育机构设定具体、可测量的目标,如提升教育质量、提高学生绩效、培养学生全面发展等,从而明确学校的使命和愿景。通过"目标战略管理理论",学校可以结合明确的目标,制定适合学校特点的战略;可以通过设定阶段性目标,不断反思和调整战略,以适应不断变化的教育环境和需求;可以更加系统地制定目标和战略,向教师、学生、家长、社会等各方明确传达学校的目标和战略,建立共同的期望和合作,实现教育质量的提升和长期发展的目标。

(二) 资源配置战略理论

资源配置战略理论最早可以追溯到 20 世纪 50 年代和 60 年代。当时,组织管理学者开始关注企业内部资源的利用和管理,认识到资源在决定企业竞争优势和长期生存能力方面的重要性。美国学者伊迪丝·彭罗斯(Edith Penrose)的经典著作《企业成长论》(*The Theory of the Growth of the Firm*)(1959)被认为是该理论的重要里程碑,她强调了资源的不可替代性和动态特性。彭罗斯认为,组织的增长和发展取决于其独特的资源和能力,而非市场竞争和规模经济。她强调,资源的获得和配置是组织竞争力的基础,因此资源管理在战略决策中具有关键意义。

在 20 世纪 80 年代和 90 年代,资源配置战略理论逐渐深化和演变。学者们开始更加系统地研究资源的范围、类型和价值。柯林斯(Collis)、蒙

---

① [美] 彼得·德鲁克. 管理的实践 [M]. 王茁, 顾洁, 等译. 北京: 机械工业出版社, 2006: 36-42.

哥马利（Montgomery）等学者把对战略资源的强调作为其理论出发点，将"资源"定义为"企业所拥有的资产和技能的总和"，并把企业看作各种资源的不同组合，特别是一系列独特资源的组合，认为一个企业要获得上佳的经营业绩，就必须具备有竞争力的异质资源，并把这些资源运用到竞争战略中去。资源基础包括资源、能力与核心竞争力。既可以是有形的，如资金、厂房设备等；也可以是无形的，如专利等。对这些资源还有三个界定标准：需求、稀缺与成果的可占有性，即能够为企业带来价值，并且无法被竞争对手模仿，利润能够被企业占有。该学派认为，企业战略的主要内容是如何培育企业独特的战略资源，以及最大限度地优化配置这种战略资源。温特与尼尔森将企业对独特战略资源的运用能力视为企业的核心能力，只有在核心能力达到一定水平后，企业才能通过一系列组合和整合形成自己独特的、不易被人模仿、替代和占有的战略资源，才能获得和保持持续的竞争优势。①

杰伊·巴尼（Jay Barney）等则从资源视角出发，将组织视为可用来获得特许市场地位的各种专门化资源的积聚。由于企业拥有不同的资源，采取不同的发展路径，为了扩大其资源集合——获取可持续的竞争优势，往往需要采取不同的战略。资源战略思想强调，成功的企业战略依赖于积累专门化的资源，这些资源可以被配置于生产不同最终产品的各种经营业务内，并通过建立经营业务单位来开发利用资源，使企业内部资源与外部市场机会相匹配。将战略研究的重心从企业外部转移到企业内部，是资源能力学派新的理论贡献。②

进入21世纪，资源配置战略理论开始关注资源组合的重要性以及资源如何通过创新来创造价值。学者们开始将资源配置与创新能力相结合，强调创新如何影响资源的价值和可持续性竞争优势。此时，理论开始关注企业如何在快速变化的市场环境中灵活地配置资源以适应变化。

总的来说，资源配置战略理论经过多个阶段的发展演变，从最初关注

---

① 曾国华，吴雯雯. 战略管理：理论、方法与应用［M］. 北京：冶金工业出版社，2019：14-15.

② 强志源. 当代西方战略管理学派评价与发展趋势［J］. 天津师范大学学报（社会科学版），2014（3）：76-80.

资源的重要性，到强调资源的整合和核心能力，再到更深入的以资源为基础的视角和对资源异质性的探讨。这一理论不仅影响了组织战略管理的理论体系，也在实践中为组织的战略决策和发展提供了指导。资源配置战略理论的核心观点是：企业应该将其有限的资源配置到实现战略目标上，以获取持续竞争优势。这一理论的重点在于资源的选择、配置和管理，以实现组织的长期成功。（1）资源的稀缺性与多样性。资源的稀缺性意味着资源是有限的，需要优先考虑最有价值的配置方式。同时，组织拥有多样性的资源，如技术、人力、资金等，这些资源的不同特性为组织创造竞争优势提供了基础。（2）资源的价值和稀有性。资源的价值和稀有性是资源配置的关键因素。企业应该选择那些能够为其战略目标带来差异化优势的资源，这些资源应该具备稀有性，不能轻易被竞争对手模仿或替代。（3）资源的动态能力。随着外部环境的不断变化，企业需要具备资源的动态能力。这意味着企业能够根据市场的需求和变化，调整资源的配置方式，以保持竞争优势。

近年来，资源配置战略理论在各个领域中得以积极应用，它也为高职院校的战略制定和执行提供了指导，帮助学校在资源配置中做出明智的决策。学校在制定战略方案时，需要考虑其可用资源。资源配置战略理论可以指导学校选择最优的资源配置方案，通过合理配置资源，创造竞争优势，实现战略目标。

（三）竞争战略理论

竞争战略理论的早期发展始于20世纪50年代和60年代，这一时期的理论主要集中在市场导向和竞争导向的观点上。学者们开始关注企业如何应对市场竞争，如何确定竞争优势，以及如何通过差异化战略或成本领先战略来获得市场份额。20世纪80年代初，以哈佛大学商学院的迈克尔·波特（Michael Porter）为代表的竞争战略理论取得了战略管理理论的主流地位。波特认为企业战略的核心是获取竞争优势而影响竞争优势的因素有两个：企业所处产业的盈利能力，即产业的吸引力；企业在产业中的相对竞争地位。波特提出了五种竞争力量（供应商力量、买家力量、替代品威胁、新进入者威胁、内部竞争）对企业竞争环境的影响，这一模型深刻影响了企业战略的分析和决策，使其成为竞争战略理论的重要里程碑。[①]

到20世纪90年代，资源基础视角被引入到竞争战略理论中，这个视角认为企业的资源和能力是决定其竞争优势的核心因素。学者们认为，企业应该专注于自身独特的能力和资源，构建与众不同的核心竞争力，以实现长期竞争优势。在21世纪初，竞争战略理论不仅在企业内部应用，还被拓展到了产业、区域和国际层面。学者们开始研究全球价值链、产业集群以及国际化战略，深入探讨企业如何在不同环境中获取竞争优势。

随着数字化技术的快速发展，竞争战略理论也逐渐适应了新的时代。学者们开始研究数字化时代企业的竞争策略，关注技术创新、数据驱动的决策以及数字化营销等领域。随着数字化时代的到来，竞争战略理论也在适应新的环境和趋势。近年来，可持续发展的概念越来越受到关注，也影响到竞争战略理论的发展。学者们开始研究如何将可持续性考虑到竞争战略中，以平衡经济、社会和环境的利益。

总的来说，竞争战略理论经历了从早期观点到波特的五种竞争力模型，再到资源基础视角、战略动态能力以及数字化时代的应用，不断丰富和完善。这一理论对于解释组织在市场竞争中的选择和决策，以及在不同时代背景下的应对策略具有重要意义。[②]

竞争战略理论的核心观点是：企业可以通过选择不同的竞争策略，以获得持续竞争优势。这一理论的关键在于如何在不同的市场环境中，选择最适合的竞争策略以达到战略目标。该理论的核心观点有三个竞争策略，包括成本领先、差异化和专注。成本领先策略通过降低生产成本、提高效率，以价格优势赢得市场份额；差异化策略认为企业应该通过在产品、服务、市场定位等方面创造与竞争对手不同的特点，从而吸引顾客并实现竞争优势，即强调产品或服务的独特性；专注策略强调企业应该专注于自身擅长的领域，避免分散精力，以获得更大的竞争优势，其侧重于特定市场细分或产品领域。同时，竞争战略理论强调企业应该选择与自身资源和能

---

① 汪涛，万健坚.西方战略管理理论的发展历程、演进规律及未来趋势［J］.外国经济与管理，2002（3）：7－12.
② 徐盛华，刘佳禄，王宁.现代企业管理学（第4版）［M］.北京：清华大学出版社，2021：11.

力相匹配的竞争策略，以创造持续的竞争优势。企业通过优化资源配置和运作方式，实现了在市场中的突出地位。竞争战略理论认识到市场环境的动态性，企业需要具备环境适应性和灵活性，以根据市场变化及时调整竞争策略。这意味着企业应该保持对市场信息的敏感性，随时作出应对调整。

竞争战略理论在实践中具有重要作用，它为高职院校战略制定和办学竞争提供了指导，有助于学校在竞争中取得优势。高职院校可以根据竞争战略理论选择适合自身的办学定位和品牌策略，通过差异化战略，在职业教育办学中树立独特的品牌形象，可以选择在某些特定领域集中资源，成为该领域的专家，这将有助于提升学校的声誉，并吸引那些对该领域感兴趣的学生和合作伙伴。类似于市场细分战略，高职院校还可以根据不同学生群体的需求和兴趣，开发特定的课程或培训项目，以满足不同层次和类型的学生。高职院校可以根据地域优势、专业优势等与产业、企业、行业、其他教育机构等建立紧密合作，为学生提供实习和实践机会，增强他们的职业竞争力。

二、政策形势

（一）职业教育发展形势

1. 类型教育和高质量发展成为主题

党的十八大以来，党中央、国务院高度重视职业教育，把职业教育摆在前所未有的突出位置，科学谋划、顶层设计国家职业教育改革方案，推出职业教育改革的系列"组合拳"，明确提出强化类型特色、完善体系建设、推动职业教育高质量发展的制度设计。党的二十大报告明确指出要"统筹职业教育、高等教育、继续教育协同创新，推进职普融通、产教融合、科教融汇，优化职业教育类型定位"。我国职业教育进入了以系统发展、融合发展推动高质量发展的新征程。如何与不同教育类型衔接融通，实现教育资源共享、贯通、互认，达到协同发展、共育人才的目的，是学校更高质量内涵发展的重要挑战。

"十四五"时期加快发展现代职业教育，增强职业教育适应性，促进职业教育供给与经济社会发展需求高度匹配,实现职业教育高质量发展,是党中央、国务院作出的重大战略部署。面对新一轮科技革命和产业变革的新形势,我国高等职业教育在办学特色与结构布局、管理体制与运行机制、办学模式与培养方式、经费投入与制度保障等方面还存在短板问题,需要加以解决。职业教育将进一步强化职业教育类型特色、完善产教融合办学体制、创新校企合作办学机制、优化专业群布局、深化教育教学改革、打造中国特色职业教育品牌等,推动现代职业教育高质量发展。为重点解决制约职业教育改革发展的体制机制障碍,教育部按照"东部提质培优、中部提质扩容、西部扩容提质"的总体布局,相继在山东、甘肃、江西、江苏的"苏锡常"都市圈等地启动职业教育创新发展高地建设,形成了整省整市推进职业教育改革的良好局面。

2. "双高"建设进入攻坚克难期

为集中力量建设一批引领改革、支撑发展、中国特色、世界水平的高职学校和专业群,带动职业教育持续深化改革,强化内涵建设,实现高质量发展,国家启动"双高"建设计划,2019年12月197所院校获"双高"建设立项。经过近年来"双高"建设,产生了"一批有效的职业教育高质量发展政策、制度、标准"。"双高"建设每5年一个支持周期,到2023年第一个支持周期将结束,"双高"建设已经过中期验收,2024年将迎来终期验收,即将开始新一轮的竞争淘汰,绩效评价结果及其动态调整,将影响"双高"建设格局。

3. 现代职业教育体系建设改革进入加速期

在我国职业教育提质培优、增值赋能机遇期和改革攻坚、爬坡过坎关键期"双期叠加"的新阶段,2022年4月,新修订的《中华人民共和国职业教育法》出台,明确了"职业教育是与普通教育具有同等重要地位的教育类型"这一基本定位,夯实现代职业教育体系法治基础,为职业教育高质量发展提供了根本遵循和制度保障。2022年12月,中共中央办公厅、国务院办公厅印发《关于深化现代职业教育体系建设改革的意见》,明确提出持续推进现代职业教育体系建设改革,优化职业教育类型定位,探索省域现代职业教育体系建设新模式，建立现代职业教育体系建设部省协同推进机制。当前教育部正在加快推进不同层次职业教育纵向贯通、促进不同类型教育横向融通，加快现代职业教育体系建设。本科层次职业教育的"天花板"已破解，众多省份均设立了本科层次职业学校，且数量在不断增加。升格本科层次职业学校，已经成为职业教育新一轮发展重点，众多"双高"建设院校更是全力以赴、势在必得，竞争异常激烈。

（二）区域经济社会发展形势

区域战略布局为学校发展指明了方向。根据浙江省高质量发展建设共同富裕示范区、打造产教融合高地和创新高地、宁波市打造高质量发展建设共同富裕先行市和国家产教融合型试点城市等省、市区域战略布局，宁波市将重点打造智能家电、智能成型装备、高端模具等产业链，全力打造产教融合发展新格局。这为学校深耕宁波产业经济，促进教育链、人才链与产业链、创新链的有机衔接，助推县域发展和乡村振兴提供了发展机遇。

"十四五"期间，宁波市正处于发展动能转换的关键期、城市能级提升的突破期、综合竞争优势的重塑期和城市治理效能的提升期，围绕奋力打造"重要窗口"模范生、共同富裕先行市的要求，深入推进"361"万千亿级产业集群的发展战略，着力发展数字产业、绿色石化、高端装备等产业链，深入推进先进制造业与现代服务业融合发展。经济转型与产业结构调整对学校专业布局提出新的要求。新型业态发展、产业转型升级加速、科技创新能力提升需要大批高素质技术技能人才，先进（装备）制造业与高端制造业项目对学校制造大类专业发展带来全新的挑战，现代服务业与制造业的深度融合对学校专业群的组建提出了更高的要求。随着宁波国家自主创新示范区的建设，宁波创新发展驱动战略迈出实质性步伐，从而对高素质技术技能创新型人才的层次、规格、数量和质量提出了新要求。

三、学校办学实践

学校充分利用目标战略管理理论的理念，根据职业教育新形势、经济社会发展对职业教育发展的新要求以及学校发展实际,顶层设计、科学谋划,制定切实可行的发展目标并及时优化调整目标,激发学校发展的内生动力。运用资源配置理论,通过排兵布阵,从人才、制度和经费等方面优化资源配置;通过闭环管理,夯实战略落实机制,提升学校办学品质,在竞争中构建学校办学路径优势,推动学校高质量发展。

(一)超前谋划发展战略

1. 紧盯国家和区域战略,优化战略目标定位

学校精心安排,围绕党的十八大以来的重要精神、重要理论深学、深悟、深入研究,深入学习新修订的党章以及党的二十大报告中涉及教育的内容,坚决把思想和行动统一到大会精神上来。学校经充分调查研究,优化提出了"扩区、强校、升本"战略目标。

回顾学校第二次党代会以来走过的历程,主要有三个时间节点。

一是 2019 年 1 月 19 日召开了学校第二次党代会。会议上提出了"特色鲜明、全省前列、国内知名的"的发展目标和高质量发展战略,并首次凝练了百年"工商精神"。五年来,学校始终围绕这些目标、战略、任务开展各项工作,重整旗鼓、排兵布阵、全力冲刺,一步一个脚印,集中力量干成了一些大事、要事,极大地改变了整个学校的精神面貌。

二是 2020 年 12 月 31 日召开了声势浩大的"双高校"建设动员大会。这是一个具有标志性意义的会议,启动了"三争五跨"专项活动,提出了"通过三年创建省双高校,力争五年学校名次在省内位次前移,实现跨越发展"的目标。

三是 2021 年 10 月发布了学校"十四五"事业发展规划。学校以"办学高度自治、服务高效对接、社会高位认可"建设方向和"区域化、工商化、项目化、特色化"办学要求,实施"扩区、强校、升本"发展战略,提出"三年创高、五年跨越"到"十五五"期间跻身职业本科行列的战略目标,极大地鼓舞了斗志。

这三个时间节点,把学校发展一次又一次推向高潮,有了从低谷走向薄发的发展态势。

2. 做好目标细化和激励，激发办学内生活力

为着力推动发展蓝图落地，学校将"十四五"发展规划细化为5大建设目标和45项具体任务，将总规划和6个专项规划按年度进行任务分解，进一步明确年度目标任务、责任分工和工作进度。建立规划落实的监测和评价机制，将规划内容分解到学校年度工作计划、部门年度任务清单、领导班子月度工作清单中，用"抓落实机制"加强督促检查，层层推动规划重点任务有序推进。重点抓好战略目标任务破难攻坚，聚焦"扩区、强校、升本"战略目标，研究分析实现"十四五"发展目标、推进学校高质量发展存在的"办学空间不足""高层次人才欠缺"两大"瓶颈"问题和"专业适应性、服务性和竞争力还不强""适应高质量发展治理能力还不强"等紧迫问题，班子成员分头领办并采取有力措施，想方设法拓展办学空间、改善办学条件，推进专业升级改造、提升服务能力，推进综合改革、提高治理能力，不断增强学校发展动力和发展后劲。

为完善目标责任制，激发办学活力，提高内部治理水平，促进沟通和协作，强化二级管理，调动各二级学院的积极性、主动性、创造性，确保学校主要工作任务的落实和重点目标的实现，学校进一步深化党政管理和教辅部门、二级学院年度考核改革。同时，注重分类目标管理和激励。对于党政管理和教辅部门年度考核而言，考核内容侧重于工作业绩评价、管理水平和服务质量评价、效能和执行力评价三个方面，考核结果作为中层干部个人考核、奖惩和使用的重要依据。对于二级学院而言，考核内容侧重于人才培养、科研与社会服务、社会培训、师资队伍建设、党建与思政工作等五个方面，考核结果作为确定二级学院中层干部个人考核、奖惩和使用的重要依据，也是二级学院奖励性绩效核拨的重要依据。

（二）整合关键要素资源

1. 打造变革型组织

变革型组织是以自我变革、创新驱动、灵活适应和高效运行为核心要素的新型组织类型。学校在充分调研的基础上，加强排兵布阵，着力打造变革型组织，对学校和二级学院的组织架构进行调整，推行扁平化管理模式，明确了以整合资源、放权强院来调动教师积极性的改革方向，整合机构、专业、人员、职能，将资源向教学倾斜，将人权、财权、物权下放给二级学院，配强二级学院干部队伍、精简各部门人员、充实二级学院教职工队伍，真正把二级学院办成相对独立、充满活力的办学实体。抓住"干部、人才、政策、机制"等关键环节，集中破解体制机制障碍，主要实施了干部管理、人才引育、二级管理、考核分配、闭环管理、数字赋能"六大变革"：一是变革干部管理机制，制定干部任期制、干部考核制、干部适龄退出制、干部问责制、干部研判制、后备干部选拔制等六项干部管理制度，建立干部"能上能下"动态调整机制，实质性推动干部能上能下；二是变革人才引育机制，大力实施"人才强校"战略，首次出台15条人才新政、服务人才"十项措施"和服务高层次人才实施细则"十五条"；三是变革二级管理机制，实施"以群建院""放权强院"，打破二级拨款系数概念，优化教学单位考核制度，建立专业动态调整机制，优化人力资源配置，组织完成第八轮和第九轮机构设置与全员聘任，首次面向全校教职工开展不负担领导职责的七级职员岗位竞聘工作，破除发展桎梏，激活"一池春水"；四是变革考核分配机制，将教职工年度考核、职称评审同项目绩效和贡献挂钩，出台标志性成果奖励办法等，激发教职工争先创优内生动力；五是变革闭环管理机制，提出并实施"1+8+N""点线面"结合一体化推进工作机制，出台《关于建立抓落实工作机制的若干规定》等制度，发挥"八项"抓落实机制作用，建立重大项目专班制和项目领办制，加强督查督办，形成"大抓落实、善抓落实、真抓落实"氛围；六是变革数字赋能机制，紧跟省委关于数字化改革等重大部署，及时成立领导小组和工作专班，将数字化改革和人才工作作为学校事业发展的"两大动能"，出台并分解落实《数字化建设专项规划（2021-2025年）》，构建"1+4+1+1"数字化改革总体框架，即重点打造1个工商智慧大脑，推进数字化教学支持中心、学习共享中心、管理决策中心、师生服务中心4大综合应用，形成发展1批数字化创新应用场景，总结提炼1批数字化改革案例。深化"最多跑一次"改革，建成校务服务大厅和校务服务网，现有286项校务服务事项，实现零跑245项，零跑率达85.66%。1个项目入选浙江省教育领域数字化改革创新试点项目，2个案例入选全国职业院校信息化建设与应用优秀成果案例。2021年8月12日《浙江日报》以半个版面刊发了学校打造变革型组织的做法。

2. 多渠道筹措办学经费

学校收入总量与学生人数紧密挂钩。在学生人数基本稳定的状态下，收入总盘子不会有太大改变。学校领导班子多渠道筹措更多办学资金，扩大资金获取渠道的同时更加科学有效地提高学校现有资源的利用率，为学校高质量发展提供了财力保障。

通过优化专业设置、招生结构，逐年扩大学校招生规模，学校收入逐年增加，同时积极争取省级财政大力支持。近年，浙江省财政持续加大经费投入，逐年提高高职院校的生均拨款标准，由2018年的11 000元/年提高到2021年的12 500元/年，专项拨款也逐年增加，每年拨入高校绩效奖补资金、职业教育提升计划专项等经费，学校财力明显增加，为发展提供了必要的经费保障。

通过加强专业治理、课程建设、实践教学，进一步提升学校综合竞争力，争取更多财政专项经费。学校2021年成功入选省"双高校建设"单位，每年（连续三年）新增1 200万元专项资金，更加有力支持了学校大踏步发展建设。此外，省教育厅、科技厅、宁波市教育局、科技局等相关部门每年以不同形式对学校给予项目经费支持，有效保障了学校顺利开展各类教学科研工作。

同时，推进区域合作联动，拓宽办学经费来源。学校与宁海县政府合作建设集产学研于一体的宁海校区，与慈溪市政府合作共建慈溪学院，争取宁海县、慈溪市政府和相关企业的办学经费支持。

加强内部挖潜和现有资金管理，提高资金使用率和绩效水平。加强内部项目资金和往来款管理，盘活结存资金，提高资金使用率。利用好学校闲置资金，优化存期额度和结构，确保学校资金收益逐年增长，利用率实现最大化。

在开源的同时，加强人员结构优化及总量控制，合理分配资金规模和周期，保证学校收支平衡、稳步发展。2018—2022年学校总体收入逐年稳定增长，2018年实际总收入为25 550万元，2019年实际总收入为27 112万元，2020年实际总收入为31 879万元，2021年实际总收入为41 334万元，2022年实际总收入为42 601万元，为学校教育事业发展提供了坚实的资金基础。

3. 全力争取各方支持

学校第二次党代会以来，办学实力稳步提升，办学规模持续扩大，但现有办学空间与师生对教育资源需求之间的矛盾也日益突出。虽然在宁海和慈溪两地拓展了分校区，但体量有限，远不能满足学校发展需求。如何有效突破办学空间的"瓶颈"制约，实现"扩区"的目标，学校应多措并举，在几个校区多路并进，探索并实践多种形式的"扩区"模式。

一方面，学校利用分校区办学优势，积极主动向宁海、慈溪等地方政府争取办学支持。2022年7月，学校与宁海县政府签订协议，宁海县承诺在现有每年教育补助费的基础上，于2022—2024年三年内，再给予学校2 000万元的教育补助费，用于加大双方的合作力度，拓宽合作领域，从人才培养、技术研发、社会服务、文化引领等多方面不断加强合作办学内涵建设。2020年上半年，学校与慈溪行知职校的合作办学建设项目（慈溪学院二期项目）正式启动。项目建成后，其独立使用权归属学校。经前期报批审核，2020年12月，慈溪市发改局对该项目的初步设计作出同意复函；2021年8月，经慈溪市教育局申请，慈溪市发改局同意项目工程投资概算17 222万元。2023年7月，项目完成验收并移交学校使用，按照建设规模，可容纳1 600余名全日制在校生，为实现学校"扩区"目标迈出了坚实的一步。

另一方面，针对学校机场路校区空间拓展受限的困局，为加快推进"扩区、强校、升本"发展战略，自2020年以来，学校与宁波市海曙区政府进行了多轮磋商，双方初步达成一致意见，拟计划以机场路校区进行"空间置换"，以"交钥匙工程"的形式在海曙区集士港镇四明山村附近迁建1 000亩左右的新校区。自2020年起与海曙区多次对接校区迁建有关事宜，后因疫情防控、海曙区人事调整等因素，导致对接工作短暂搁置。2023年以来，在海曙区领导的关心支持下，校区双方主要负责人、分管负责人又先后进行多次对接，就迁建事宜进行深入沟通。鉴于该项目建设规模巨大、投资体量庞大、社会效益重大，学校积极向上级部门争取支持，尤其是全力争取市委市政府出面统筹协调，支持帮助学校扩大办学空间，给予项目落地建设大力支持。在整个工作推进过程中学校党委充分发挥政治核心作用，把方向、管大局、作决策，对内进一步统一思想、凝聚共识，确保全体教职员工与党委领导班子同声共应、同频共振；对外不断争取举办方、地方政府的资金和政策支持，全力推进学校迁建项目早日落地。

（三）建立闭环落实机制

1. 建立八项抓落实机制

"空谈误校、实干兴校"。任何计划、任何事情只有落实为行动才能成功，抓落实是推进各项工作有序开展的生命线。对于学校工作来说，抓落实是办好学校的"牛鼻子"，没有落实，再宏伟的目标也只是空中楼阁，再精确的决策部署也只能是水月镜花。学校出台《关于建立抓落实工作机制的若干规定》，建立了重要工作部署即时反应制、校领导班子成员每周工作安排制、校领导班子每月工作例会制、落实党委会和校长办公会议决策事项工作清单制、校领导班子成员联系二级学院制、校领导班子下基层工作制、督办落实工作制等8项抓落实机制，统筹推进学校"双高校"建设和学校"十四五"发展规划等各项工作。

2. 建立专班领办机制

开展党员"亮身份、作承诺、争贡献"活动，建立重大项目专班制和项目领办制，专班专干、带头示范，把"双高校"建设当作学校头等大事来抓，领导班子成员亲自推动，多次召开领导小组会议、专题研讨会和推进会，研究、部署和推动省"双高校"建设重点任务，班子带头领办39项"双高校"重点项目，组织开展双高校建设中期绩效评价，建立和实施"双高校"建设"目标责任制""领办制""年考制""挂图作战制""整改制""研讨交流制""通报制""奖优罚劣制""约谈制"等9项工作机制，有力有效地推进了省双高校建设。截至2023年11月，高水平学校及高水平专业群建设任务的验收要点共计 517 个，完成 478 个，完成率 92.43%。学校层面的 36 项标志性成果，完成 23 项，完成率 63.9%，其中取得国家级成果 4 项，在已开展的国家级项目中完成率 100%。带动党员领导干部每年领办各类项目 300 多个。建立首问责任制、即时办理制。按照"首问负责、内部流转、方便师生"的原则，尽可能让师生少跑、少问，能即时办结的要立办立结；不能即时办结的也要说明情况，耐心解释，并尽可能地提供指引。对上级主管部门和学校领导批示、交办、转办的专项办理事项，要在规定时间内办结，对师生诉求要即时反馈、快速响应、优先解决。

3. 建立督查督办机制

学校实行挂图作战、定期跟踪，以"钉钉子"的决心和态度，明确督办部门，规定督办时限，一步一个脚印、踏踏实实推动工作进程，用机制推进"马上办""办成事"，敢于较真、勇于担当、保持韧性，坚持务实，让"大抓落实、善抓落实、真抓落实"成为学校工作的靶向，从而在全校上下形成狠抓落实的良好氛围。积极开展重点工作、专项工作、部门工作、师生事务等督查督办，按照"谁分管、谁负责，谁经办、谁落实"的要求，确保事事有着落、件件有回音。每年形成工作清单 30 余张，部署工作任务百余项，调研走访百余次，征集意见建议 150 余个。

> **经验启示**
>
> 战略规划是一个组织发展的顶层设计，通过战略谋划，组织可以明确其长期目标，并制订达成这些目标的具体路径和行动计划。学校以目标战略管理理论、资源配置战略理论及竞争战略理论为指导，牢牢把握区域经济社会发展形势，坚持类型教育和高质量发展道路，科学谋划发展战略。通过紧盯国家和区域战略，优化目标定位，做好目标细化管理和激励，激发办学内生活力；强化资源配置，提升人才、经费、政策等战略关键要素；建立"1+8+N""点线面"结合一体化工作机制、八项抓落实机制、专班领办机制、督查督办机制等，夯实战略落实机制。

这也为坚持类型教育道路、扎根区域经济社会发展办学的兄弟院校提供了良好的借鉴。这也启示了兄弟院校战略谋划要坚持党委引领、科学谋划战略目标、强化战略关键要素、夯实战略落实机制，建立独特的办学路径优势。

第四章

凝心聚力：精神激励人、思想凝聚人、民生温暖人

一、理论依据

（一）认同理论

认同理论是泰弗尔等（Tajfel et al.）在20世纪70年代提出的，并在群体行为的研究中不断发展起来。后来泰弗尔又提出了自我归类理论，进一步完善了认同理论。[①] 该理论认为个体对群体的认同是群体行为的基础。

从心理学角度看，认同是指"一个人将其他个人或群体的行为方式、态度观念、价值标准等，经由模仿、内化，而使其本人与他人或群体趋于一致的心理历程"[②]。社会学下的认同含义具有社群性，指向群体意义上的心理稳定感，强调个体身份地位与整个社会结构之间的关系。

认同的过程是动态的，是个体与所在群体在认知、情感、文化、价值观上的同化过程，价值认同对认同的构建起关键作用。认同是多面性的，不仅包括社会认同，还包括自我认同等。认同是个体以多种认同方式通过

[①] 张莹瑞，佐斌. 社会认同理论及其发展 [J]. 心理科学进展，2006，14（3）：475.
[②] 张春兴. 张氏心理学辞典 [M]. 上海：上海辞书出版社，1992：122.

个体与成员间的相似性、差异性来认识自我。

社会认同理论阐释了个体通过社会分类、社会比较、积极区分等，获得其所属的群体资格，从而对其社会认知、社会态度和社会行为产生作用，以此来引导和调节社会行为。个体提高自尊，获得积极的社会认同，部分源自其群体资格化及对群体的积极评价，而对群体的评价则基于和其他群体的比较。个人对群体身份的认同，即与其所在群体产生趋同的心理和情感体验，通过内化，群体和组织的特征成为个人自我的一部分。社会认同是将个体意识转化为行动的关键。

认同能够促使组织内个体与组织的文化、价值等保持一致，个体不断改变自己的态度和行为，产生组织归属感。高职院校在发展过程中，通过教师和学生个体对学校文化、管理和价值等的认同，激发全体师生员工的热情，提升凝聚力，共同为学校发展目标努力奋斗。学校在发展过程中，采取多样化政策和措施，不断提高个体对组织的认同感、参与度和归属感，使学校办学水平迈上新台阶。

（二）组织凝聚力理论

社会心理学家库尔特·勒温（Kurt Lewin，1939）最早提出了凝聚力理论，他认为凝聚力是个体感知其自身与某个特定群体的关系概念，是从团体动力学的角度来研究团体成员之间的关系。卡隆（Carron，1985）将凝聚力定义为"一个动态过程，它体现为团队在追求其目标的过程中团结一致，并保持一体性的趋势"。他认为凝聚力包括两个层面，一个是团体对个体的吸引力，另一个是团体整合，每个层面中又有任务以及社交这两个因素，合成一个四维度的凝聚力模型。[①] 西博尔德（Siebold，1999）认为凝聚力是一个单位中社会控制机制能够有效运作的程度，这种机制是实现单位目标所必需的，它使单位成员之间的社会关系维持着一种结构化的模式。同时凝聚力包括个体、团体、组织三个层次，并将每个层次又细分

---

① A V Carron, W N Widmeyer, L R Brawley. The Development of an Instrument to Assess Cohesion in Sport Teams: The Group Environment Questionnaire [J]. Journal of Sport Psychology, 1985 (7): 244-266.

为情感与工具两个构面,这样形成了一个六维度模型(见表4-1)。①

表4-1　　　　　　　　　组织凝聚力维度及定义

层次	维度	定义
个体	员工向心力	成员向往组织的成员身份,并为这种身份而感到自豪的程度
个体	领导凝聚力	成员认同组织的领导,并愿意主动追随的程度
团体	任务协作	成员间在工作中体现出的合作精神
团体	人际和谐	成员间人际关系和谐的一种组织氛围
组织	价值认同	成员认同组织的目标与价值观的程度需求和目标的实现
组织	利益共享	成员分享组织发展所带来的利益的程度

资料来源:李海,张勉.组织凝聚力量表的构建与有效性检验[J].南开管理评论,2010,13(3):140.

在斯蒂芬·罗宾斯和蒂莫西·贾齐(Stephen Robbins & Timothy Judge,2021)合著的《组织行为学》(*Organizational behavior*)中,认为不同的群体具有不同程度的凝聚力(cohesiveness),凝聚力影响群体的生产率。研究一致表明,凝聚力与生产率的关系取决于群体中与绩效有关的规范。如果绩效规范要求很高(如高产出、高工作质量、和群体外的人有比较好的合作协同),高凝聚力群体的生产率则更胜一筹;但如果凝聚力高,而工作绩效和工作规范要求非常低,生产率就会下降。② 在斯蒂芬·罗宾斯和玛丽·库尔特(Stephen Robbins & Mary Coulter,2017)合著的《管理学》(*Management Science*)中也阐明了这一观点。

对于学校而言,构筑团结一致的磁力场,让每一个人都在其中获得归属感、价值感,是学校走向成功的标志之一。其中学校文化是学校的灵魂,而精神文化则是学校文化的灵魂。精神文化说到底就是一种团队凝聚力。团队凝聚力一旦形成,就会像一面"旗帜",使群体的每个成员产生认同感和归属感,从而为实现共同的目标齐心协力,服从大局。学校通过凝练"工商精神"作为学校的精神文化,凝聚团队合力,为共同的发展愿

---

① Siebold G L. The evolution of the measurement of cohesion [J]. Military Psychology. 1999, 11(1):5-26.
② 斯蒂芬·罗宾斯,蒂莫西·贾奇.组织行为学[M].关培兰,译.北京:中国人民大学出版社,2021:238.

景和目标努力奋斗。

(三) 精神激励理论

精神激励与现实社会生活关系密切,作为物质激励的相对概念,精神激励包括所有以非物质手段为特征的激励形态,是指社会、组织或个体成员,在一定的社会环境中,借助于精神载体(如思想、观念、情感、信念、荣誉、期望等)来激发、启迪、塑造激励对象,引起激励对象在思想境界、精神状态、心理体验和行为方式等方面的变化,从而有效地实现社会、组织或个体成员预期目标的过程。与物质激励相比,精神激励具有明显的内显特质,可以超越物质激励所起的作用,有效的精神激励能够正确诱导组织内成员的工作动机,让他们产生更强烈、持久的精神动力,充分调动他们的积极性,并最终达到个人目标和集体目标相统一,属于高层次激励。[①]

激励机制发挥作用要依靠内在动机、外在压力、目标引力三个条件。其中,内在动力是决定性的因素,包括精神力量和工作动力,精神力量来自价值观、人生观和世界观,工作动力则来自追求自己确定的目标和愿望。外在压力是让组织成员承担责任,通过各种活动或手段让成员感受到压力,从而变压力为动力。目标引力是指建立组织目标,并使用各种方法如奖励、奖状等激励,激发成员的积极性,朝着共同的目标努力。

精神激励的模式有很多种,主要包括意识形态激励、心理契约激励和组织文化激励。意识形态是各种思想观念交汇、融合、激荡、冲突、斗争的领域,通过正向的引导、教育和激励,使组织内形成正确的世界观和价值观,学校开展的"三争五跨""解放思想""四爱"教育等专项活动就属于意识形态激励的一种。心理契约激励,是指"组织中每个成员和不同的管理者,以及其他人之间,在任何时候都存在的没有明文规定的一整套期望"[②],通过心理契约激励能够使组织与成员之间保持一种张力。关于组织文化激励,美国著名管理学者托马斯·彼得斯(Toms Peters)在《追求

[①] 申来津.精神激励的权变理论[D].南京:南京师范大学,2002:42-47.

[②] 波特·马金等.组织和心理契约[M].王新超,译.北京:北京大学出版社,2000:3-4.

卓越》（*In Search of Excellence*）一书中曾指出，"一个伟大的组织能够长期生存下来，最重要条件并非结构形式或管理技能，而是我们称之为信念的那种精神力量，以及这种信念对于组织的全体成员所具有的感召力"，这种信念和感召力就是组织文化。学校通过塑造百年工商文化，传承百年工商精神，目的是激发师生热情，发挥师生潜能，推动学校发展。

二、学校办学实践

学校强化思想引领，坚持弘扬工商精神、坚定解放思想、坚守四爱情怀，秉承认同理论的基本逻辑，通过凝练百年"工商精神"，传承和践行"工商精神"，使全校师生对学校文化和价值产生了认同；以组织凝聚力和精神激励为导向，通过"三争五跨"、解放思想以及"四爱"教育等专项活动，以思想"大破冰"，引领行动"大突围"；贯彻以人民为中心的思想，每年办好十件民生实事，解决教职工的后顾之忧，让全校教职工安心工作，提升学校发展的向心力。

（一）赓续工商精神担使命

1. 学校发展历史

学校被誉为"宁波商帮的摇篮"，其前身为创建于 1914 年的"宁波公立甲种商业学校"，当时由地方士绅陈时夏等人创议改四明专门学校为商业学校，定名宁波公立甲种商业学校，拉开了宁波商业职业教育的序幕。在办学之初学校采用董事会管理模式，学校董事会成员除个别士绅外，其余都为政府议员、银行行长、报社总编、政府参议、工商界人士等。

抗日战争爆发后，学校虽困难重重，仍坚持办学。后来学校历经数次调整、搬迁、拆并，1975 年经宁波市同意、省人民政府批准，学校改为直属省商业厅领导、面向全省招生和分配的中等专业学校。学校坚持社会主义办学方向，充分利用宁波对外开放的有利形势和悠久的经商历史，形成了以全日制中专班教育为主，多渠道、多层次、多形式办学的模式。1999

年12月学校由中专升格为高职，筹建宁波工商职业技术学院，2001年5月正式更名为"浙江工商职业技术学院"，是浙江省人民政府首批批准成立的四所全日制公办普通高等职业院校之一。从此，学校进入了一个新的发展期（见图4-1）。

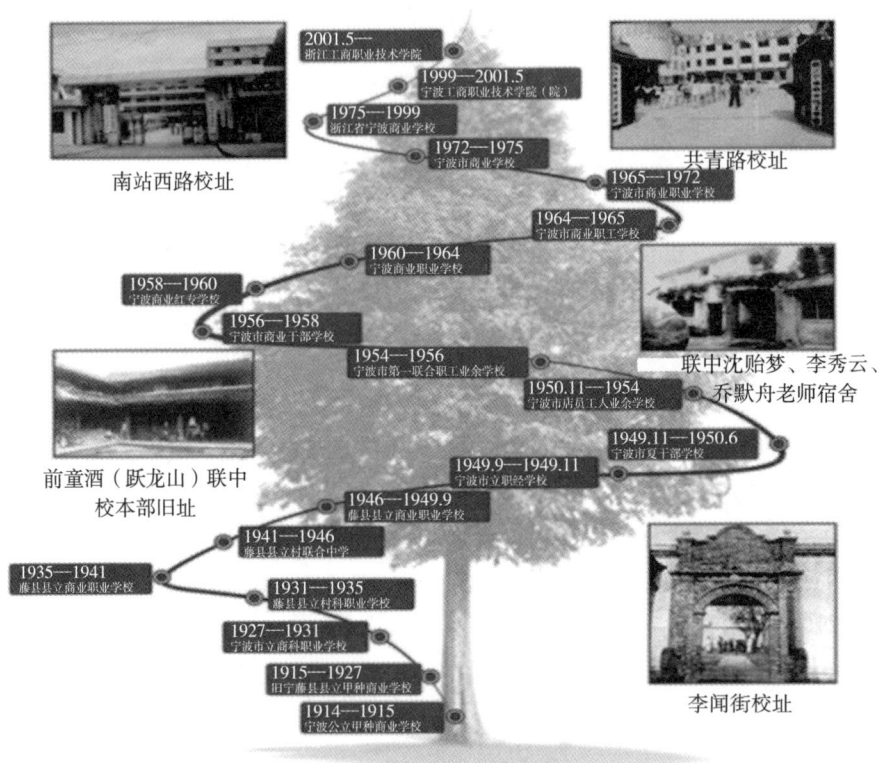

图4-1 学校发展历史

百余年来，学校秉承浙东学派"经世致用""工商皆本""知行合一"的思想和宁波商帮文化精神，一代代师生辛勤耕耘、不懈奋斗，学院从早期的以商科为主成为一所"工、商"并重，对接地方经济和产业发展需求的现代化高等职业技术院校，获评浙江省高水平高职学校建设单位，迎来了新的发展机遇。

2. "工商精神"的提出

党的十八大以来，职业教育受到前所未有的重视，国家出台了一揽子政策支持职业教育发展。2019年召开了全国教育大会,教育定位为"国之大计、党之大计",浙江省和宁波市也相继召开教育大会,为职业教育发展迎来了重大机遇。

2019年出台的《国家职业教育改革实施方案》提出,到2020年要建设50所高水平的高等职业院校、150个国家骨干专业(群)、300个具有辐射引领作用的高水平专业化产教融合实训基地等,总共7方面20条内容,为职业教育发展提供了政策指引和措施保障。2020年11月浙江省出台的《浙江省深化产教融合推进职业教育高质量发展实施方案》提出,到2025年全省建成省级高水平高职院校15所、高水平专业群30个,全省职业教育综合实力继续处于全国第一方阵的发展目标。

当时,学校虽不断发展提升,但与省内同类院校差距拉大。以前宁波商校升格成为高职院校的时候,学校是全省首个批准成立的四所高职院校之一,是省内高职院校的靶向。但是近十年来,学校没能入选全国示范校、骨干校和"双高"校,在全省高职院校的位次不断下移,标志性成果少、政策机制不活等问题日益凸显,先后错失了入选国家示范校、骨干校、双高校的机会,与省内兄弟院校发展存在差距。

同时,学校在综合改革中存在一些问题,必须革新优化,不断完善。例如,谋划教学改革发展不力;高素质人才不多、结构不合理;专业定位不清晰,布局不合理,专业建设基础不够牢固;产教融合不够深、不够广;综合改革重点不够聚焦,制度体系不完善,二级学院谋划发展动力不足;等等。

面对学校发展跌入谷底、大部分教职工信心不足、精神不振的严峻形势,为了进一步凝心聚力,使全校干部师生始终保持奋发有为的精神状态,学校党委追溯办学历史,查阅历史资料,访谈前辈校友,通过循迹溯源,总结学校百余年来的办学实践和经验,首次凝练了工商精神,并写入第二次党代会报告,使之成为学校鲜明的精神标识,成为全校师生员工的精神引领。

3. "工商精神"的内涵

百年的光荣与梦想、硕果与载誉,铸就了学校一个世纪的辉煌,形成了独特的工商基因，沉淀了独特的工商文化，凝聚了独特的工商精神。

爱国爱校、矢志不渝的教育情怀。百年商贸技术教育，经历战乱频仍、动荡磨难，历经颠沛流离、风风雨雨，屡次迁址，辗转各地建临时学校，学校前辈坚守教育领地初心不变，坚守人才培养永葆家国情怀。正是有这样坚定的办学信念，学校才在一次次磨难中发展、一次次磨砺中壮大。

艰苦创业、开拓创新的精神追求。学校创办之初，由宁属各县拨款协济和省财政补助，经费拮据；房屋修缮和校舍扩大，则是由学校教职工学生募款。百年办学的历程就是一部艰苦奋斗、开拓创新的创业史。高职时期的办学也是顺应时势，主动求变，大胆冲破思想禁锢的"枷锁"，在差异中竞争、在特色中取胜。正是这样的精神追求，学校才砥砺前行，不断成长，并快速发展。

尊师重教、师生为本的办学宗旨。学校一直践行"教师为基、学生为本"的理念，重视教师队伍建设，关心教师的发展，也因此涌现出一代又一代师德高尚、业务精湛的优秀教师。同时，强调育人以学生为本，无论是课程设置、选课规定，还是课程内容、学生活动等无一不蕴涵着以生为本的育人理念，满足学生的个性化成长需求。正是这样的文化基因，为学校发展注入了生生不息的活力。

其中"爱国爱校、矢志不渝的教育情怀"是工商精神的核心，"艰苦创业、开拓创新的精神追求"是工商精神的支柱，"尊师重教、师生为本的办学宗旨"是工商精神的根本，都集中反映了学校在弘扬传统的基础上，紧跟时代步伐，勇于开拓创新，深入探索实践，推动高质量发展的强大动力。

工商精神作为学校的灵魂以及核心竞争力的源泉，是学校文化的内核；是学校办学理念、办学风格、办学特色的集中体现；是学校内涵、价值取向和文化传统的高度凝结与展现；是师生员工精神和力量的凝聚；是认同理论和凝聚力理论在学校层面的生动实践。这一精神体现了"源于校史、基于现实、体现时代、引领发展"的要求，是学校精神文明建设和校园文化建设的重要成果，成为推动学校教育事业又快又好发展的强大思想基础和动力源泉。

4. "工商精神"的学习实践

大力学习宣传工商精神，有利于引导广大职工树立科学的世界观、人生观、价值观，有利于引导广大职工树立大局意识、创新意识、进取意识，有利于引导广大职工树立求真务实、脚踏实地、迎难而上的工作作风。在学校高质量发展的征程中，学习和践行工商精神能激励全校师生始终保持乐观进取的精神状态，并积极探索、勇于实践、乐于创新，在各自岗位上锐意进取、奋发有为。

为使"工商精神"入脑、入心、入行，让广大教职员工自觉地用"工商精神"武装头脑、指导实践、推动工作，学校党委出台了《关于深入开展工商精神学习实践活动的方案》，开展了形式多样、内容丰富的学习实践活动。

学校充分利用校园网、宣传橱窗、微信公众号等载体，通过中心组学习、教职工会议、党员学习、工会活动、学生班会、学生社团活动等各种形式，广泛宣传学习工商精神。学校成立宣讲团，组织专家在各二级学院进行巡回宣讲，使工商精神深入人心。学校深入开展"寻找我身上的工商精神"活动，每个教职工结合自身岗位工作，践行1~2件体现工商精神的典型事例，进一步调动师生员工的积极性、主动性和创造性，激发工商精神在每个人身上的力量。在弘扬和践行工商精神的过程中，各个部门紧密结合工作实际，形成了典型案例，更好地促进了工作，在推动学校事业跨越式发展的新实践中进一步丰富、深化了工商精神内涵，真正实现了互动共促，推动发展。

在学习和实践工商精神的基础上，学校又面向全校干部教师提出了"八心八问"，进一步丰富了"工商精神"的内涵，使之成为全校上下凝心聚力、开拓创新的强大精神动力。在工商精神的引领下，全体干部和师生员工的精神面貌焕然一新，学校形成了真抓实干、顽强拼搏的干事创业氛围，为全面推动学校省"双高校"建设并取得突破性成果奠定了思想基础。

（二）凝聚思想共识齐奋进

1. 开展"三争五跨"活动，激发发展斗志

在学校入选省高水平职业院校建设单位之际，为深入贯彻落实习近平同志担任浙江省委书记期间在学校办学90周年的贺信指示精神，紧紧把握

学校发展新阶段的重大契机，加快推进学校高质量发展，2021年上半年，学校开展了以"三争五跨"为主题的思想大解放、"三风"大转变专项活动。

"三争五跨"专项活动旨在以"补课、追赶、跨越"为目标导向，以干部和教职工队伍为主体，以政策激励为重点，以机制改革为抓手，学习借鉴兄弟院校先进经验，以超常规举措深入整治"三风"（作风、教风和学风），发扬工商精神，增强忧患意识、竞争意识、创新意识、干事意识，激发全体干部和师生员工的内在动力，推进"双高校"建设主要目标任务和阶段性重点工作落到实处、干出实效。

此次专项活动坚持问题导向，以解决问题为突破口和切入点，聚焦重点领域和关键环节，对照严责任、强落实的要求，全面查摆"说了当做了""做了当做成""开会当落实"，以及执行不到位、反馈不及时等不严不实问题，动真碰硬抓好整改，营造重实干、重落实、重实绩的干事创业氛围。坚持标本兼治，坚持检查整改、制度建设、深化改革相统一，既认真纠正、严厉查处突出问题，又针对短板弱项，推动各二级学院、部门履职尽责、转变作风、改进工作、完善制度，建立健全长效机制。坚持上下联动。由校院两级领导班子带头，坚持一级抓一级、一级带一级，层层抓落实，构建纵向协同、横向联动的工作格局，强化整体合力，通过自查与督查相结合、激励与惩戒相结合，推动专项行动有序推进、落地见效。

2021年9月，学校结合实际，决定继续深化以"三争五跨"为主题的思想大解放、"三风"大转变专项活动，以"三风"建设助推更多新成果，加快推进学校高质量发展。在已经开展的"三风"大转变专项活动基础上，坚持问题导向，再学习再深化，把习近平总书记"七一"重要讲话精神贯彻落实到工作实践中，着力解决"三风"建设中存在的自我要求不高、进取精神不足，工作节奏不快、执行落实不力，回避矛盾问题、不敢担当克难，形式主义偏多、实绩实效不佳等四个方面的突出问题。通过精神再提振、机制再完善、措施再细化、督查再强化、问责再发力，实现"三个明显增强"。

担当意识明显增强。全体师生干事创业的思想进一步增强，担当意识进一步提高，面对急难险重任务，敢于主动承担、知难而进、迎难而上。特别是党员领导干部，在工作面前要敢抓敢管，在难题面前要敢闯敢试，在矛盾面前要真抓善管。

责任意识明显增强。全体师生要提高责任站位，本着对党的教育事业、对学校发展、对本职工作负责的态度，加强学习，提高站位。讲大局、讲奉献，面对各项已确定的工作就要做，做了就要做好，不积压、不拖延、不推诿，形成心无旁骛干事业、驰而不息抓落实的新气象。

纪律意识明显增强。全体师生，特别是党员干部要时刻强化纪律和规矩意识，真正做到将党的纪律内化于心、外化于行，切实增强纪律观念、纪律意识，带头严格执行纪律、遵守规矩，做到知行合一、言行一致、表里如一。

专项活动开展以来，党总支、各部门、各二级学院通过召开座谈会等，开展思想大讨论、问题大检查、举措大创新，超常规整治作风、教风和学风。600余名教职员工开展自检，查问题、找差距、列清单、作表态，校领导多次深入基层参与调研和讨论。全校上下对学校现状和差距短板有了清晰的认知，树立起危机意识、忧患意识、创新意识、干事意识，达成了目标认同、任务认同和价值认同，进一步统一了思想、革新了理念、点燃了激情，有效地破解了干部"精神不振、动力不足"等问题，干部队伍和教职工的精气神整体上有了较大改观，投身"双高校"建设的积极性、主动性和创造性明显加强，跑企业、走园区、谈合作、做项目，更加积极主动。例如，2021年寒暑假期间，校园内外呈现出一派"假期不打烊、'双高'建设忙"的景象，11项任务、44个工程、167个项目、707个子项目和2 075个具体活动任务得以迅速分解、落实到人、有序推进。

实践证明，作风关乎全局、决定成败，作风建设是凝聚力、战斗力的直接来源。学校持之以恒抓日常、抓经常，一以贯之地推进干部作风建设，以一流的工作作风，凝聚起学校"三争五跨"的强大合力，为推进学校高质量发展打下了坚实的思想基础。

2. 开展解放思想活动，探索发展新路

自2019年学校第二次党代会及获批省"双高校"建设单位以来，学校通过改革破冰和超常举措，推进相关目标任务建设，"三步走"进展顺利、成效显著。

但作为一所服务地方的高职院校,随着时代变革和社会变化,学校在服务国家战略、地方需求、社会需要等方面面临困难和挑战,学校整体的发展步伐与时代要求、市场需求、社会期待、人民期盼还有不小差距,在学校、专业、课程、教师、干部等层面,还存在与社会需求和时代发展脱节,与学校发展所需不匹配的现象,或多或少存在"闭门办学"现象。

面对时代发展所盼、国家战略所需、市场社会所想,实现学校发展战略目标,需要感知时代脉搏,打破思想桎梏,勇当探路先锋。唯有"呼应时代需求,跟上时代步伐",方能"闯出一条新路子",才能"开辟一片新天地"。学校党委清醒地认识到,推进学校高质量发展,要进一步解放思想找出路,转变作风促发展,切实解决好关键"瓶颈"问题,深思细找破解制约发展的"密钥",全力破解"精神不振、动力不足、落实不够、治理不力"等干部作风问题。

面对新的发展形势,为进一步解放思想,推动学校高质量发展,学校借助党的二十大精神学习东风,深入开展"解放思想"的专项活动。学校党委书记在2022—2023学年第一学期教职工大会上,以"大兴思想解放之风、勇当时代探路先锋"为题,从"凝聚共识,学校发展进入快车道""认清形势,用心感知时代脉搏""抓紧行动,勇当发展探路先锋"三个方面,动员号召广大教职员工进一步解放思想,认真总结办学情况,分析和思考时代命题,从"跳出职教看职教、跳出学校办学校"的高度,勇当探路先锋、答好时代之问。

各部门、各二级学院结合部门工作、学院实际,聚焦"大兴思想解放之风、勇当时代探路先锋",采取班子务虚会、专业主任研讨会、教师座谈会等形式,开展大调研、大讨论、大落实,促进思想再解放、方向再锚定、精神再振奋、担当再发力。

为深入学习贯彻党的二十大精神,进一步解放思想,推动学校高质量发展,学校召开以"跟上时代新步伐 扛起职教新担当 开辟发展新赛道"为主题的领导班子解放思想会,强调领导班子在"大兴思想解放之风、勇当时代探路先锋"的实践中,要勇当火车头,发挥带头转变观念、带头解决问题、带头开拓创新、带头执行落实、带头提升能力的作用,切实拿出"闯"的魄力、"抢"的意识、"争"的劲头、"拼"的勇气,打破传统思想观念的束缚和思维定式的"藩篱",把握时代赋予的机遇,破解发展难题,自我变革、先试先行、善作善成,全力推进"扩区、强校、升本"战略目标实现和学校高质量发展。

学校还召开二级学院解放思想成果汇报会暨院长论坛,畅谈解放思想专项活动成果,各学院结合发展实际,重点聚焦专业发展、产教融合、资源开拓、内部治理、改革创新、谋划发展等方面存在的难点堵点痛点问题,解放思想,主动变革,纷纷提出破题思路,谋划新举措,开拓新办法,探索新路径,谋求新突破,致力推动学校迈上新台阶、取得新发展。

通过一系列解放思想的活动,学校教师的精神面貌全面改观,工作上形成了"你追我赶""积极比拼"的良好局面,省"双高"校建设取得了明显成效,学校发展形成了向上向好的发展趋势。2021 年学校获得全国示范性职业教育集团、职业教育教师教学创新团队等各类国家级标志性成果 8 项,在"高职发展智库"公布的 2019 年以来全国高职院校获得的国家级项目数量,学校在非国家"双高"院校序列中位列全国第二。

3. 开展"四爱教育",统一思想行动

为深入学习深刻领会党的二十大精神,进一步激发爱党爱国之情,回顾百年工商历史,进一步弘扬以"爱国爱校、艰苦创业、尊师重教"为核心的百年工商精神,学校在全校范围组织开展"爱党爱国爱校爱生"专项教育(以下简称"四爱"教育),不断加强师生的理想信念、爱国主义、诚信感恩等教育,以风清气正和优良的"党风作风、师德师风、教风学风",凝聚干事创业的磅礴力量,汇聚推动学校高质量发展的强大动力。

为深入开展"四爱"教育,学校前期进行了充分的调研、深入的讨论和认真的研究。2023 年 2 月 9 日学校召开了全体教职工参加的"四爱"专项教育首场活动。学校党委书记做了动员讲话,强调开展"四爱"教育是学习贯彻党的二十大精神的应有之义、是百年工商精神的重要内涵、是推动学校发展的重要举措、是解决"五风"问题的迫切需要。

学校对深入开展"四爱"教育作了总体部署,要求全体教职员工一要提高站位,高度重视。"四爱"教育既是"三争五跨"专项活动的延续和深化,又是"解放思想探新路"专项活动的保障促进,教职工要准确领会

党委开展"四爱"教育的意图，深刻理解开展"四爱"教育的重大意义，将"四爱"教育纳入年度重点工作，与学习贯彻党的二十大精神、深化"双高校"建设、实施"十四五"规划等重点工作一同部署、一体推进。广大党员干部特别是领导干部要主动参与、认真组织这次专项教育，做到抓紧抓实抓好。二要主动参与、自我革命。无论是领导班子成员、中层干部、党员，还是教师、行政人员、服务人员，都要提高思想认识，主动参与"四爱"教育，主动开展"八心八问"，主动对标先进典型，把自己摆进去、把职责摆进去、把工作摆进去，认真查找自身存在的"五风"问题。同时，要敢于"刀刃"向内、勇于革命，自己拿起手术刀给自己做手术；要敢于正视问题、勇于修正错误，永葆自我诘问、自我修正的决心和勇气，永葆"为党育人、为国育才"的初心使命，不断提升自身的思想境界。

"四爱"教育以正面教育引导为主，以典型代表讲述"我与工商故事"为主要形式，面向各级领导干部、全体教职工和学生，采取分级实施的方式开展，着力解决"党风作风、师德师风、教风学风"建设中存在的突出问题。教育活动为期两个月左右，共分为动员发动、讨论宣讲、总结提高三个阶段，成立宣讲团分别开展"拓荒篇""传承篇""弘扬篇"三期访谈，学校领导班子成员深入各二级学院、分管部门指导学习讨论，全体教职工对照"四爱"教育和"八心八问"的要求，进行集中讨论和交流，全面查摆"五风"方面存在的问题，并提出整改措施，最终推动形成相对稳定、富有成效的常态化教育机制。

"四爱"教育活动期间，学校各部门加大宣传，督查督办。宣传部运用各种宣传载体、新老媒体，加大舆论宣传力度，营造学习教育氛围，并创办"四爱"教育简报，分期刊登各分院、各职能部门学习教育的做法经验、个人学习体会感悟，树立先进典型，弘扬正气；纪委办公室、学校办公室履行督查督办职能，组建督查组，围绕"四爱"教育三个阶段的各项具体任务和关键环节，深入各二级学院、各部门进行督促指导和检查，推进"四爱"教育有序开展，取得实效。

随着"四爱"教育的持续推进，全体教职员工认真学习，查摆问题，整改落实，将爱党爱国落实到爱校爱生的具体实践中，努力在各项工作中比学赶超、创先争优，争当排头兵、争创新佳绩。"四爱"教育进一步凝聚了全体师生员工的力量,塑造了工商新"五风",为学校早日实现"扩区、强校、升本"的战略目标集聚了前行的力量。

(三)办好民生实事惠师生

1. 贯彻落实"以人民为中心"的思想

党的十八大提出以人民为中心的发展思想,坚持一切为了人民、一切依靠人民,始终把人民放在心中最高位置、把人民对美好生活的向往作为奋斗目标,让发展成果更多更公平惠及全体人民,推动人的全面发展、全体人民共同富裕取得更为明显的实质性进展。以人民为中心的发展思想是习近平新时代中国特色社会主义思想的重要内容和根本立场。

以人民为中心的发展思想体现在各个方面,包括政治、经济、文化、民生和生态等。民生是中国改革最大的问题,保障和改善民生体现着一个国家的为民情怀,是党和政府的神圣追求和终极目标,要坚持在发展中保障和改善民生。坚持以人民为中心的发展思想,不断保障和改善民生、增进人民福祉,走共同富裕道路,是我国国家制度和国家治理体系的一个显著优势。

党的十八大以来,以习近平同志为核心的党中央胸怀天下、情系人民,始终把改善民生作为一切工作的出发点和落脚点。2013年3月17日,习近平在第十二届全国人民代表大会第一次会议上强调,"我们要随时随刻倾听人民呼声、回应人民期待,保证人民平等参与、平等发展权利……使发展成果更多更公平惠及全体人民,在经济社会不断发展的基础上,朝着共同富裕方向稳步前进。鼓励共同奋斗创造美好生活,不断实现人民对美好生活的向往。"① 2013年4月,习近平总书记在海南考察时强调,"抓民生要抓住人民最关心最直接最现实的利益问题,抓住最需要关心的人群,一件事情接着一件事情办、一年接着一年干,锲而不舍向前走。"②

---

① 习近平在第十二届全国人民代表大会第一次会议上的讲话 [EB/OL]. (2012 - 03 - 18) [2023 - 10 - 19]. 人民网.

② 习近平在海南考察:加快国际旅游岛建设 谱写美丽中国海南篇 [EB/OL]. (2016 - 12 - 09) [2023 - 10 - 19]. 人民网.

2016年2月，习近平总书记在江西考察时强调，"保障和改善民生没有终点，只有连续不断的新起点，要采取针对性更强、覆盖面更大、作用更直接、效果更明显的举措，实实在在帮群众解难题、为群众增福祉、让群众享公平。"① 2017年中国共产党第十九次全国代表大会强调"增进民生福祉是发展的根本目的。必须多谋民生之利、多解民生之忧，在发展中补齐民生短板、促进社会公平正义……保证全体人民在共建共享发展中有更多获得感，不断促进人的全面发展、全体人民共同富裕"。② 2018年4月，习近平总书记在湖北考察时强调，"民生是最大的政治。要抓住人民最关心最直接最现实的利益问题，把人民群众的小事当作我们的大事，从人民群众关心的事情做起，从让人民满意的事情抓起。"③ 2022年中国共产党第二十次全国代表大会强调要"坚持以人民为中心的发展思想。维护人民根本利益，增进民生福祉，不断实现发展为了人民、发展依靠人民、发展成果由人民共享，让现代化建设成果更多更公平惠及全体人民"，要"坚持尽力而为、量力而行，深入群众、深入基层，采取更多惠民生、暖民心举措，着力解决好人民群众急难愁盼问题"。④

民生是人民幸福之基、社会和谐之本。增进民生福祉是我们党坚持立党为公、执政为民的本质要求。民生涉及普通民众日常吃、穿、住、用、行等多个方面，是人民生存与发展的基本问题，关系人们的现实利益。民生实事项目是群众最关心、最直接、最现实的利益问题，是改善民生的民心工程，意义重大。我国社会的主要矛盾已发生变化，表现为人们日益增长的美好生活需要和不平衡不充分的发展之间的矛盾，办好民生实事，解决民生问题，满足人民对美好生活的向往，是增强人民幸福感和获得感的重要一环。

---

① 习近平春节前夕赴江西看望慰问广大干部群众［EB/OL］. （2016-02-04）［2023-10-19］. 人民网.

② 习近平在中国共产党第十九次全国代表大会上的报告［R/OL］. （2017-10-26）［2023-10-19］. 人民网.

③ 习近平：坚持新发展理念打好"三大攻坚战" 奋力谱写新时代湖北发展新篇章［EB/OL］. （2018-08-29）［2023-10-19］. 人民网.

④ 高举中国特色社会主义伟大旗帜 为全面建设社会主义现代化国家而团结奋斗：在中国共产党第二十次全国代表大会上的报告［R/OL］. （2022-10-16）［2023-10-19］. 人民网.

学校每年推出的民生实事，切实体现了以人民为中心的发展思想，通过"共商、共治、共管、共享"的工作机制，解决师生最忧最急最盼的民生问题，提升师生的幸福感和获得感，为学校高质量发展注入了不竭动力。

2. 民生实事的主要项目

学校第二次党代会提出要推进民生校园建设，打造"幸福学校"；坚持"教师为基，学生为本"的理念，增强广大师生的归属感、获得感、幸福感；高度重视师生的合理需求，坚持每年办成一批师生看得见、感受得到的实事好事；强化公共服务体系建设，不断改善师生的学习、工作和生活条件；健全学校帮困体系，做好困难师生救助工作；加强学校安全综合治理，构建立体化校园安全稳定综合防控体系，营造平安和谐的校园氛围。

学校工会在学校党委的坚强领导下，深入贯彻落实以人民为中心的发展思想，紧紧围绕学校省"双高校"建设及"三争五跨"主题活动目标，秉承"民生无小事、枝叶总关情"的办事宗旨，积极开展为教职工办实事工作，着力解决广大教职工最关心、最直接、最现实的民生问题，真诚倾听教职工心声呼声，不断满足教职工日益增长的对美好生活的向往。

2019年2月，学校启动民生实事项目征集工作，通过多方征集意见，共征集到38项候选项目，经汇总归类后形成11项提交校党委会审议，党委最终确定了其中的10项为2019年十大民生实事。此后，"十大民生实事"成为学校每年的"规定科目"，在学校各相关职能部门的紧密配合下，先后已完成"建造自助洗车场所""发放宁波公园年卡""提供校园共享雨伞""丰富教职工文化生活""提供教职工免费理发""洁化、亮化、美化体育馆""关爱教职工心理健康""美化医务室就医环境""配备室外篮球场照明装置""设置新能源汽车充电桩"等50项解决教职工所急所需所盼实事，累计服务教职工18 000余人，深受广大教职工认可与好评。

如学校为关爱教职工及其子女，每年的民生实事中都有相关活动，"教工亲子运动会"就是其中之一。"教工亲子运动会"活动始于2009年，以"和谐家园、快乐童年"为主题，致力于为教职工打造一个展示家庭亲子活力、相互交流学习的平台，营造"事业顺利，家庭美满"的工作氛围,体现"爱校、爱家、爱子"的人性化管理场景,进一步提升学校教工及子女的生活品质、身体素质和幸福感,为和谐家庭、和谐校园乃至和谐社会建设作出积极的贡献。截至2021年,此项活动共吸引了近1 500个家庭、5 000余人次参与其中,深受广大教职工尤其是年轻教职工的欢迎,有效地促进了教职工家庭间的沟通与交流,推动了学校和谐健康的校园文化建设。该项目被宁波市教育系统认定为特色活动,2021年被授予浙江省高校教职工文化金品牌荣誉称号,学校是全省唯一获评该荣誉的高职院校单位。

历经数年探索实践,学校民生实事逐步形成了"广泛征集—调查研究—党委审定—发文公布—落实办理—项目验收"的六步工作机制,全力打造"情系教工 真诚服务"独具工商特色的教职工民生实事品牌。学校工会获主管单位浙江省交通投资集团有限公司2021年度工会工作考核优秀单位,1名教师获评集团公司第二届"交投工匠"荣誉称号。

民生实事作为一项民心工程,是贯彻学校"教师为基、学生为本"的办学理念的现实表现,不仅事关全体教职工切身利益,更有着凝聚人心、促进学校发展的重要作用,作为学校党委每年工作的重要部署,各相关部门高度重视,持续做好学校民生实事工作,通过"润物细无声"的工作方式,让教职工感受到在学校工作的暖心与幸福;开展年度最喜欢的民生实事项目评选活动,通过测评、总结,有计划地推进民生实事工作的规范化管理。民生实事真正做到了办实事、办好事、重实效、惠教工,一桩桩民生实事为广大教职工创设了一个个温馨、温情、温暖的校园工作生活环境,提升了教职工的获得感、幸福感、安全感,也真正发挥了工会组织作为党联系职工群众的桥梁纽带作用,进一步增强了教职工参与学校各项事业发展的积极性、主动性、创造性,共享学校高质量发展成果(见表4-2)。

表4-2　　　　　　2019-2023年学校民生实事项目

序号	2019年	2020年	2021年	2022年	2023年
1	改善教工食堂就餐问题	推进教职工心理疏导	教工小家配备微波炉	配备室外篮球场照明装置	安装公共区域声控照明灯
2	优化作息时间表	丰富教职工文体活动	为教工办理宁波公园年卡	安装教学楼教室电子时钟	增配厕所位内挂钩架子

续表

序号	2019年	2020年	2021年	2022年	2023年
3	丰富教职工文化生活	关爱教职工子女行动	洁化、亮化、美化体育馆	改进教职工趣味运动会项目	优化校园门禁管理系统
4	落实宁海教工工作生活条件	提供校园公益共享雨伞	开展教工体能测试项目	关爱教职工心理健康	设置校内修衣改裤补鞋
5	改善慈溪校区工作生活条件	改造阶梯教室设施设备	实现卫生厕纸全覆盖	升级教务系统和喜鹊App	修缮图书馆南景观长廊
6	向教职工提供优惠汽车保养服务	改善通勤车内部环境	关爱外地来校新教工	美化医务室就医环境	完善教职工体艺协会阵地
7	向教职工提供优惠理发服务	修缮电瓶车充电插座	关爱教职工子女行动（2）	使用会议管理系统	设置新能源汽车充电桩
8	改善教工办公场所卫生条件	改善教工值班住宿环境	在教学楼配备净水器	配备教工小家消毒柜	改善学生宿舍住宿条件
9	更新大教室扩音设备	满足教学楼师生饮水需求	为教工提供中医保健项目	改善学校值班室环境	建设宁海校区无线网络
10	开展教职工应急救护培训	设立自助洗车场所	开展教职工应急救护培训（2）	改造校园易积水地面	配备茶水机旁茶叶过滤篓

经验启示

实践证明，先进的学校精神文化是学校价值系统的精华，是一种巨大的激励因素和原动力，是推动师生积极进取、战胜困难、开拓创新的强大精神力量，对加快学校可持续高质量发展起着至关重要的作用。学校重视文化精神的培育，通过总结百年工商精神，加强文化引领和价值认同，将工商基因注入每个人的血脉，提升师生"精气神"，让师生享受教育幸福，使学校永葆生机活力；同时学校善于运用学校精神凝聚人心、磨炼队伍、打造品牌，促进学校内涵发展，形成人心思进的良好氛围，为学校的繁荣发展注入源源不断的内生动力。

思想是行动的先导。习近平总书记指出"解放思想永无止境"[1]。学

---

[1] 习近平谈解放思想［EB/OL］.（2018-11-28）[2023-10-19]. http://jhsjk.people.cn/article/30429628.

校抓住关键时机，坚持问题导向和目标导向相统一，依据时代要求、按照教师意愿、针对发展难题，通过"三争五跨""解放思想""四爱教育"等专项活动，从根本上解决思想观念上自我束缚、相互束缚问题，使思想真正成为正确行动的先导，推动了学校高质量发展。只有思想解放了，才能破解发展难题，闯出发展新路，创造一片新天地。

民生无小事，学校从优化作息时间到为教职工提供关爱服务等件件民生实事，都用心用情用力办好，将民生"小事"办成教职工心头的"温暖大事"，把"民生工程"办成了"民心"工程，把教职工的"呼声""心声"变成了"掌声""笑声"，充分体现了以人民为中心的思想，教师有了获得感、幸福感和安全感，将干事创业凝结成学校发展的强大动力。学校办学实践证明，只要坚持以人民为中心的思想，把人民对美好生活的向往转化为工作目标和前进动力，学校必将在高质量发展中行稳致远，实现既定目标。

第五章

人才强校：组织变革、干部赋能、双师双能

一、理论依据

（一）习近平的人才观

人才是国家现代化的第一资源。习近平总书记在党的二十大报告中强调，"教育、科技、人才是全面建设社会主义现代化国家的基础性、战略性资源。"① 人才的培养、选拔、使用、激励，关乎国家的可持续发展。习近平总书记继承发展马克思主义人才思想，建立完善了具有中国特色的新时代人才观，对人才价值、人才培养、人才选用和人才管理等一系列问题作出重要论述，提出一系列新理念新举措，为中国式现代化提供了有力支撑，是提高我国综合实力和国际竞争力的坚强保障。

1. 人才是第一资源

人才兴则国兴，人才强则国强。全面建成小康社会、第一个百年奋斗

---

① 高举中国特色社会主义伟大旗帜　为全面建设社会主义现代化国家而团结奋斗：在中国共产党第二十次全国代表大会上的报告［R/OL］.（2022－10－16）［2023－10－19］. 人民网.

目标的实现，教育和人才支撑发挥了重要的基础性作用。改革开放和进入新时代以来所取得的伟大历史性成就，正是伴随着人才供给源源不断、人口素质不断提升而取得的。全面建成社会主义现代化强国、实现第二个百年奋斗目标，以中国式现代化全面推进中华民族伟大复兴，更加需要强有力的人才支撑。

人才质量是一个国家和民族是否能够在综合国力竞争中获得优势的关键因素，同时也对一个国家在激烈的国际竞争中是否能够获得领先地位起决定性作用。致天下之治者在人才，人才是衡量一个国家综合国力的重要指标。目前，世界格局和国际力量对比正在发生深刻变革，国与国之间的竞争不仅有经济实力的竞争，还有科技实力、文化实力、国防军事实力的竞争，实质上都是国家综合国力的竞争，关键是人才的竞争。在国际竞争日趋激烈的氛围下，中国更需要培养高质量人才，助力中国式现代化，提升综合国力和人民幸福感。

中国共产党是人民的政党，代表着最广大人民的根本利益。习近平总书记对社会主义现代化进程中人才的重大地位和作用的论述，要求中国共产党遵循人才成长规律，充分发挥人才作为第一资源的作用。

2. 坚持党对人才的全面领导

习近平总书记强调，"要坚持党管人才原则。"① 这既是中国特色社会主义制度的优势所在，也是做好人才工作的根本保证。我们党要实现长期执政，就必须把国内和国外各方面优秀人才汇聚团结在党的周围，引导人才工作沿着正确的方向前进，为党和人民事业的发展创造性地开展工作。

党管人才不是要限制与禁锢人才才能的施展和个人的发展，党管人才从本质上来讲是爱才、聚才、用才，为人才提供更加便捷优质的社会环境、工作生活环境，为人才发挥才能创造更好的机会和条件。

坚持党管人才的原则，不仅要建立合理的人才治理体系，还要建设全

---

① 习近平在中国共产党第十九次全国代表大会上的报告［R/OL］.（2017 - 10 - 28）［2023 - 10 - 19］. 人民网.

面的人才队伍,储备优秀人才。在新时代人才工作中,习近平总书记非常重视对人才的选用。选好人才首先要"以德为先"。"德"指的是思想道德,这就要求人才在工作中必须要有好的思想道德、要有好的人品,这是人才具有优秀的工作能力和处事能力的前提。不同类型人才的"德"都有政治底线要求,即"政治不能不清""政治品德不足则一票否决"。特别是对党政领导干部的"德"提出了更严格的标准,指出"好干部要做到勤奋务实、敢于承担责任、诚实正直、清正廉洁"。

选好人才更要用好人才,让"人人尽展其才"。要从工作的实际需求出发决定用什么样的人、用到什么样的岗位,从党和人民事业出发选干部、用干部,坚持事业为上、依事择人、人岗相适。利用人才的长处,在适当的专业领域和工作岗位上,让人才的才能得到最大限度的发挥。同时,要充分发挥人才的优势,科学、合理地运用人才,看人才能力和业绩,不搞论资排辈,充分考虑人才的专业能力和思维结构,根据人才的专业能力和思维结构,有的放矢地安排人才、用好人才,才能促进社会主义事业的发展。

3. 深化人才管理体制机制改革

习近平总书记指出,"人才政策,手脚还要放开一些","关键是要改革和完善人才发展机制"①。尊重人才成长规律,破解人才工作体制性机制性的障碍,营造更加灵活、更加开放、更加实效的人才体制机制,才能充分激发人才的创新创造活力。

完善人才管理机制,首先是要完善人才的评价机制。目前我国一些单位依然存在行政化、官本位突出,以及唯论文、唯职称、唯学历、唯奖项等"四唯"现象,不仅禁锢了人才的创新活力,也影响了社会公平公正。对此,要深化招生考试制度、公开招聘制度、职称评审制度、院士制度,发挥好人才评价"指挥棒"作用,让人才红利在不同时期、不同层次、不同阶段得到充分释放,让广大人才集中精力进行科学研究,努力在更多领

---

① 一席话,洞悉习近平的人才战略观[EB/OL].(2015-03-10)[2023-10-19].人民网.

域取得卓越成就。其次，完善人才交流机制。要打破身份、户籍上的障碍，加强政府对人才市场的宏观调控，强化社会保障制度，让人才在流动后无后顾之忧，发挥最大价值。深化人才激励机制。要通过鼓励、激励等方式激发人才的积极性，使创新人才能够合理分享科技成果带来的现实收益，从根本上打破科技成果对促进生产力不断解放和发展的制约。

习近平总书记在党的二十大报告指出："功以才成，业由才广。坚持党管人才原则，坚持尊重劳动、尊重知识、尊重人才、尊重创造，实施更加积极、更加开放、更加有效的人才政策，引导广大人才爱党报国、敬业奉献、服务人民。完善人才战略布局，坚持各方面人才一起抓，建设规模宏大、结构合理、素质优良的人才队伍。加快建设世界重要人才中心和创新高地。"① 我国正处于政治最稳定、经济最繁荣、创新最活跃的时期，在党的坚强领导下，中国必将建设成为世界重要的人才中心和创新高地。

（二）教师专业化理论

教师专业化是职业专业化的一种类型，也就是一个教师从"普通人"变成一个"教育者"的专业发展过程。职业教育的类型特征决定了职业教育教师具有与普通教育教师专业化不同的特点。

1. 教师专业化的发展历程

社会学家卡尔·桑德斯（Carr Saunders，1993）认为："所谓专业是指一群人在从事一种需要专门技术的职业。专业是一种需要特殊智力来培养和完成的职业，其目的在于提供专门性的服务。"② 研究表明：专业是具备高度专门的知识和能力，并具备相关特性，强调不可替代性，专业人员应在本专业内具有权威性，有较高水平的专业判断和决策能力。

将教师定位为"专业人员"（profession）是西方许多国家的普遍做法，西方国家把医生、律师和教师统称为三大专门职业。1966 年国际劳动组织

---

① 高举中国特色社会主义伟大旗帜 为全面建设社会主义现代化国家而团结奋斗：在中国共产党第二十次全国代表大会上的报告［R/OL］.（2022-10-16）[2023-10-19]. 人民网.
② Carr Saunders. The Profession［M］. Oxford：Clarendon Press. 1993：3-4.

和联合国教科文组织共同发布的《关于教师地位之建议书》指出,"教育工作应被视为专门职业。这种职业是一种要求教员具备经过严格而持续不断的研究才能获得并维持的专业知识及专门技能的公共业务;它要求对所辖学生的教育和福利具有个人的及共同的责任"。该建议书明确肯定和强调了教师的专业性质。这对世界各国确立"教师是一种专业"的理念起到了推动作用,纷纷把提高教师胜任素质作为教师队伍建设的重点。1996年,联合国教科文组织召开了以"加强在变化着的世界中的教师的作用之教育"为主题的第45届国际教育大会,提出"在提高教师地位的整体政策中,专业化是最有前途的中长期策略"。

1993年10月31日颁布的《中华人民共和国教师法》(以下简称《教师法》)指出,"教师是履行教育教学职责的专业人员。"第一次从法律角度确认了教师的专业地位。1995年国务院颁布《教师资格条例》,建立了教师资格认证制度,确立了教师专业的行业标准,从制度上确立了教师职业的专业化性质。2020年,我国出版的第一部对职业进行科学分类的权威性文献《中华人民共和国职业分类大典》,首次将我国职业归并为八大类,教师属于"专业技术人员"一类,定义为"从事各级各类教育教学工作的专业人员",下分高等教育教师、中等职业教育教师、中学教师、小学教师、幼儿教师、特殊教育教师、其他教学人员等小类。

教师专业地位的确立有助于加强教师队伍的规范化管理,确保教师队伍整体素质不断优化,高水平胜任教育教学。《教师法》明确规定了教师应当履行的义务:(1)遵守宪法、法律和职业道德,为人师表;(2)贯彻国家的教育方针,遵守规章制度,执行学校的教学计划,履行教师聘约,完成教育教学工作任务;(3)对学生进行宪法所确定的基本原则的教育和爱国主义、民族团结的教育,法制教育以及思想品德、文化、科学技术教育,组织、带领学生开展有益的社会活动;(4)关心、爱护全体学生,尊重学生人格,促进学生在品德、智力、体质等方面全面发展;(5)制止有害于学生的行为或者其他侵犯学生合法权益的行为,批评和抵制有害于学生健康成长的现象;(6)不断提高思想政治觉悟和教育教学业务水平。这几方面涵盖了教师职业道德素养、教师教学要求、对待学生的态度以及专业发展要求等。

2. 职业教育教师专业化的特征

职业教育有着区别于普通教育和其他各类教育的根本特点，即职业教育具有职业性、实践性和社会性。职业教育的类型特征决定了职业教育教师专业化具有多维性和发展性。从多维性来看，教师必须了解职业教育理论及相关知识，明确职业教育的特征及规律，掌握职业教育的专业教学法；教师必须具有一定的专业理论知识；强调教师的专业实践技能，职业教育培养的学生要完成具体情境下的职业任务。所以，对教师专业知识的实践能力及其相应的情境性提出了较高的要求，教师应具备跨专业的知识和技能。从发展性来看，由于职业领域的持续变化、职业教育与经济和社会更为密切关联，教师的专业理论知识、实践技能以及跨专业的知识和技能必须随着企业技术的发展、工艺的改进及生产组织方式的变化而不断发展。因此，职业教育教师应该随时保持对专业领域前沿的技术、先进的生产设备的了解，并将其引入教学。

毋庸置疑，职业教育教师专业化的关键是提升其专业实践技能，这就需要各级政府管理层面设立校企合作机构，搭建校企合作平台，帮助学校寻找合适的企业并对教师参与企业锻炼进行合理的规划和管理，制定教师参与企业锻炼的相关配套管理措施。明确教师参与企业锻炼的任务和职责。对教师企业实践前的规划、在企业期间的活动、企业实践后的成果等进行审核、管理并加强过程监控，确保教师参与企业实践锻炼取得成效。

3. 职业教育教师专业化发展的必要性

新时代职业教育进入高质量发展阶段。由于教师在教育发展中具有基础性、先导性和全局性的作用，做优做强职业教育必然要求重视职业院校教师队伍建设。然而，从我国职业教育师资队伍建设的现状来看，一些地方依然存在专业教师数量不足、质量不高、结构不合理的问题，特别是骨干教师和专业带头人缺乏，严重制约了职业教育服务地方经济社会发展的功能。

21世纪进入人工智能时代，社会变革速度进一步加快，人们生活和工作的世界正从根本上发生改变，特别是社会生产对从业人员的技能提出了新的要求，不少职业岗位技能的内涵和外延经常处于分化与复合、提升与发展等变化之中。与传统技术条件下的生产相比，在先进制造业生产条件下，生产中技术含量不断增大，企业对员工的技能要求也发生变化，从强化单一技能到多项技能的兼顾，从体力上的操作劳动向脑力上的信息处理转化，从具体的机床操作转变为对生产过程的监控。现代科技的日新月异、生产岗位技能要求的变化，要求职业院校教师紧跟行业企业的技术变化，明确行业企业所需从业人员的素质，了解未来工作世界的发展趋势。为此，推动职业院校教师专业化发展，培养造就高素质胜任职业教育教学的教师迫在眉睫。

（三）胜任力理论

胜任力，英文为"competency""competence"，也被称为"胜任特征""胜任特质""胜任素质""资质""核心能力""受雇佣能力"等。这一概念1973年由哈佛大学教授麦克利兰（McClelland）提出。他认为，那些在工作中取得优秀业绩者，之所以卓尔不群，不是因为学习能力，而是因为具有自我约束、主动性、人际沟通、团队协作等若干胜任力。由此，掀起了人们对胜任力研究的热情，胜任力评鉴风靡整个企业界，其影响延伸和扩展到各行各业，包括服务工作领域、专业技术领域等。美国、英国、加拿大、日本等发达国家的企业人力资源管理部门开始尝试构建不同岗位人员的胜任力模型。

1. 胜任力及胜任力模型

麦克利兰（1973）在《测量胜任力而非智力》（*Testing for Competency Rather Than Intelligence*）一书中，将胜任力定义为绩优者所具备的知识、技能、能力和特质。他指出，学校成绩、智力、能力倾向测验不能预测职业或生活成就，应该用胜任特征测试替代它们。胜任力往往通过一定的行为方式表现出来，一定的行为导致相应的绩效水平。胜任力模型是担任某一特定的任务或角色所必须具备的胜任特征的总和，是一整套针对特定岗位、特定组织个体特征建立的评价标准，通常由与工作绩效最紧密相关的要素构成。

胜任力具有以下特点：（1）综合性。胜任力由多种要素组成，是个人外在的知识、技能和内在的态度、自我概念、行为动机等外显与内隐特征的有机结合。（2）工作情景性。胜任力与个人所承担的工作任务密切相关，它是高质量地完成岗位各项工作所必备的基本特征，是个人能力与工作情景的有效匹配，只有个人能力为工作所需要时，才可以被称之为胜任力。而适用于某一工作岗位的胜任力，在另一个工作岗位上可能会成为制约其发展的阻碍因素。（3）绩效相关性。胜任力与个人工作绩效有密切的关系，可以预测一个人未来的工作绩效。运用胜任力能将组织中一般绩效者与优秀绩效者加以区分。（4）可习得性。胜任力具有可习得性和迁移性，可以通过一系列的学习和培训进行开发。

2. 职业院校教师的胜任力结构

传统的教师培养过多关注教师知识和技能的培养，而忽视了其潜在的个人特质的挖掘，但潜在的个人特质才是决定一个人取得高绩效的关键因素。我国学者们采取多种研究方法对职业院校教师胜任力开展了研究，构建的模型既关注到显性的胜任力要素如专业知识、实践技能、教学能力等，又关注到隐性的、深层次的胜任力要素如事业心、责任心、亲和力等。一般来说，职业院校教师胜任力应包括以下几个方面。

（1）职业精神。这是教师胜任教育教学工作的内在驱动力。职业院校教师需要具备职业认同、敬业奉献精神以及尊重学生等素养。绩优教师更加关心学生未来的生涯发展，不仅注重学生当下岗位技能的获得，而且帮助学生发现自己独特的优势和能力，明确个人生涯发展目标，为未来发展奠定基础。

（2）知识素养。职业院校教师的知识素养体现在具备所授学科（subject）知识及其如何传授知识，以及相关职业（occupation）的实践性知识。绩优教师还需具备职业领域的知识，对职业世界的工作任务和行动流程有深入的了解，能够依据职业工作任务与行动流程分析工作过程和设计学习情境，并能够分析、设计和评价与职业相关的教育过程。

（3）资源开发能力。职教教师应能够根据行业产业发展需求，明确学生职业能力培养目标，开发能力本位的教材，做好实践教学环境的规划设计以及信息化教学资源的开发等，具备掌握行业动态能力和信息技术应用能力。绩优教师还需具备企业资源转换能力和校企关系构建能力。

（4）教学实施能力。教师的专业技术能力最终要体现在有效的教育教学上。职业院校教师需要具备组织管理能力，能够进行理实一体化教学，让学生在学习过程中既获得工作情境化的理论知识，又掌握其专业面向的职业群所需要的知识，形成综合职业能力；具备差异化教学能力和课程思政能力。绩优教师需要具备技能大赛的指导能力。

（5）人际管理能力。职业院校教师应能够运用恰当的方法创建、维系、营造有利于学生成长的人际网络。具备沟通能力、心理疏导能力、团结协作能力。绩优教师自信心更强，他们对自己的能力更有信心，即便遭遇困境，他们依然深信自己能够成功地完成工作任务。

（6）自我发展能力。不断追求专业发展才能更好地胜任职业教育教学工作。面对知识迭代更新速度的加快以及新的教学形式的不断涌现，职业院校教师需要具备学习能力、科研能力。绩优教师还需具备规划能力和反思能力。

二、政策形势

（一）建设高素质干部队伍

党的十八大以来，中央先后制定和完善了干部选拔任用、干部教育培训、干部个人有关事项报告、干部问责、干部兼职、干部档案管理等方面制度，不断加强干部的监督管理。

1. 推进干部选拔任用工作科学化、规范化

党的十八大以来，以习近平同志为核心的党中央鲜明提出新时期好干部标准，进一步强化党组织领导和把关作用，完善选人用人制度机制，严把选人用人政治关、品行关、能力关、作风关、廉洁关，坚决匡正选人用人风气，推动选人用人工作取得显著成效。2019年3月，为深入贯彻习近平新时代中国特色社会主义思想和党的十九大精神，全面贯彻新时代党的建设总要求和新时代党的组织路线，更好坚持和落实党管干部原则，党中央对《干部任用条例》进行了修订。

修订的《干部任用条例》指出，要坚持和加强党的全面领导，坚持把政治标准放在首位，坚持精准科学选人用人，坚持将从严要求贯穿始终，汲取党的十八大以来我们党选人用人工作中探索形成的实践成果，衔接近年来出台的相关新政策新法规，回应干部工作中出现的一些新情况、新问题，进一步推进干部选拔任用工作制度化、规范化、科学化，对于提高选人用人质量，建设忠诚干净担当的高素质专业化干部队伍，为新时代中国特色社会主义事业顺利发展提供了坚强的组织保证。

《干部任用条例》指出，要落实党管干部原则，切实加强党组织领导和把关作用，确保选人用人工作的正确方向。要突出政治标准，提拔重用树牢"四个意识"、坚定"四个自信"、坚决做到"两个维护"、全面贯彻执行党的理论和路线方针政策的干部。要坚持事业为上，拓宽用人视野，激励担当作为，大力选拔敢于负责、勇于担当、善于作为、实绩突出的干部。要落实从严要求，加强审核把关，强化纪律监督，坚决整治选人用人中的不正之风。要完善相关配套制度，围绕建立健全干部素质培养、知事识人、选拔任用、从严管理、正向激励体系，推动形成系统完备、科学规范、有效管用、简便易行的选人用人制度机制。

2. 健全能上能下的选人用人机制

干部能上不能下，是长期困扰干部队伍建设的难点问题。推进干部能上能下，重点和难点是在解决"能下"的问题，把那些存在一定问题，但还不到严重违纪违法程度的干部调整下来。2022年9月，中共中央办公厅印发了新修订的《推进领导干部能上能下规定》（以下简称《规定》），文件以习近平新时代中国特色社会主义思想为指导，贯彻新时代党的建设总要求和新时代党的组织路线，汲取了全面从严治党的新鲜经验，在推进干部能上能下上亮出了干部优与劣的标尺、上与下的准绳，对于激励干部担当作为具有重要意义。

《规定》专门明确了15种"能下"的情形。概括起来，主要指干部的德、能、勤、绩、廉与所任职务要求不符，不宜在现任岗位上继续任职。"下得来"的干部，经过努力，能力有了提高，依然有"上"的机会。《规定》提出，根据工作需要，对认真吸取教训、积极努力工作，德才表现和工作实绩突出且经考察符合任职条件的，可以进一步使用、晋升职级或者提拔职务。《规定》不仅明确了组织程序，而且列出了相应措施，提出应当结合实际分类施策，严格执行问责、党纪政务处分、组织处理、辞职、职务任期、退休等有关制度规定，畅通干部"下"的通道。

健全能上能下的选人用人机制，根本目的是为了推动形成能者上、优者奖、庸者下、劣者汰的用人导向和从政环境，建设德才兼备、忠诚干净担当的高素质专业化干部队伍。

（二）重视师德师风建设

师德是从事教育活动必须遵守的道德规范和行为准则，以及与之相适应的道德观念、情操和品质，是教师素养的核心，是提高教育教学工作绩效的关键。习近平总书记强调："要把师德师风建设摆在首要位置，引导广大教师继承发扬老一辈教育工作者'捧着一颗心来，不带半根草去'的精神，以赤诚之心、奉献之心、仁爱之心投身教育事业。"①

2014年9月9日，习近平总书记在同北京师范大学师生代表座谈时发表了重要讲话，就"怎样才能成为好老师"这一问题，首次提出了做好老师，要有理想信念、有道德情操、有扎实学识、有仁爱之心的精准回答。②同年，教育部印发《关于建立健全高校师德建设成效机制的意见》，专门对高校师德建设的原则、要求和主要措施作出规定，切实明确高校师德建设的主体。2016年教育部发布《关于深化高校教师考核评价制度改革的指

---

① 习近平在看望参加政协会议的医药卫生界、教育界委员时强调 把保障人民健康放在优先发展的战略位置 着力构建优质均衡的基本公共教育服务体系［EB/OL］.（2021-03-07）［2023-10-19］. 人民网.

② 习近平在北京大学师生座谈会上的讲话［EB/OL］.（2018-05-3）［2023-10-19］. 人民网.

导意见》，将师德考核摆在教师考核的首位，贯穿日常教育教学、科学研究和社会服务的全过程。2022年教育部发布的职业教育"双师型"教师认定标准明确提出，师德师风是衡量"双师型"教师能力素质的第一标准，强化了对思想政治素质和师德素养的考察。

2023年5月29日，习近平总书记在中共中央政治局就建设教育强国进行第五次集体学习时指出，要把加强教师队伍建设作为建设教育强国最重要的基础工作来抓。他特别强调，加强师德师风建设，引导广大教师坚定理想信念、陶冶道德情操、涵养扎实学识、勤修仁爱之心，树立"躬耕教坛、强国有我"的志向和抱负，坚守"三尺讲台"，潜心教书育人。①

（三）着力提高职业院校教师素质

1. 打造高素质"双师型"教师队伍

强教必先强师。面对建设社会主义现代化强国、新时代国家职业教育改革的新形势新要求，落实立德树人根本任务，深化职业教育教师队伍建设改革，提高教师教育教学能力和专业实践能力，优化专兼职教师队伍结构，打造一支高素质"双师型"教师队伍，成为职业教育教师队伍建设改革的一项紧迫任务。

2018年，中共中央、国务院颁布的《关于全面深化新时代教师队伍建设改革的意见》提出，要"全面提高职业院校教师质量，建设一支高素质双师型的教师队伍"。从顶层设计上明确了新时代教师队伍建设的重要意义、总体要求以及实施路径。2019年2月，国务院颁发《国家职业教育改革实施方案》，这是指导新时代职业教育发展的纲领性、标志性政策文件，在职业教育师资队伍建设方面提出"多措并举打造'双师型'教师队伍"。

顺应国家职业教育发展战略，2019年10月教育部等四部门联合印发《深化新时代职业教育"双师型"教师队伍建设改革实施方案》（即"职教师资12条"），从教师培养、资格准入、培训发展、考核评价、待遇保

---

① 习近平在中共中央政治局第五次集体学习时强调 加快建设教育强国 为中华民族伟大复兴提供有力支撑［EB/OL］．（2023－05－30）［2023－10－19］．人民网．

障等方面提出12项工作举措，目标是经过5~10年基本建成一支师德高尚、技艺精湛、专兼结合、充满活力的高素质"双师型"教师队伍。

2021年，教育部、财政部联合印发《关于实施职业院校教师素质提高计划（2021-2025年）的通知》，提出将"双师型"教师个体成长和团队建设相结合。2022年，教育部办公厅印发《关于开展职业教育教师队伍能力提升行动的通知》，进一步深化了职业教育教师培养体系改革。

2. 建立"双师型"教师认定标准

专业标准是一整套使得个人可以按照标准的要求有效完成特定职业或工作职责的相关知识、技能和情感态度。教师专业标准是有关教育行政部门对教师胜任教育教学工作提出的要求，规定他们应该知道的和应该做到的。

2022年教育部办公厅印发《关于做好职业教育"双师型"教师认定工作的通知》（以下简称《通知》），要求加快推进职业教育"双师型"教师队伍高质量建设。《通知》明确了以下六方面内容。

明确认定范围。以职业学校的专业课教师（含实习指导教师）为主，其他符合条件的人员和技工院校"一体化"教师可参照实施。

严格标准要求。坚持把师德师风作为衡量"双师型"教师能力素质的第一标准，突出对理论教学和实践教学能力的考察，注重教学改革和专业建设实绩。

加强组织实施。明确认定基本流程，由省级教育行政部门负责认定工作的组织领导、统筹协调，认定主体由具备认定条件的学校、第三方机构或专家组织等担任。

强化监督评价。明确国家和地方对"双师型"教师认定工作的监督评价等有关要求。

促进持续发展。明确职业学校"双师型"教师的发展路径、制度保障、待遇倾斜、认定和复核周期等内容。

注重作用发挥。明确"双师型"教师在综合育人、教学改革、社会服务等方面的带头引领作用，并将"双师型"教师作用发挥情况作为"双高"建设计划的重要指标。

国家层面"双师型"教师标准的建立，为各地教师队伍建设实践提供了全面、权威、精准的参照依据，有助于提高教师队伍专业化水平。教育部还要求各省级教育行政部门结合本地具体情况，以及不同教育层次、专业大类等，参照制定修订本级"双师型"教师认定标准、实施办法，明确支持举措，实行分类评价，并适时调整完善。

3. 建立职教类型特色的教师职称评审制度

教师职称评定是对教师工作能力和业绩的综合评价，是教师职业发展的重要标志。科学有效的职称评定制度能够推动教师提高教师职业能力，从而推动教育事业的进一步发展。"职教师资12条"提出，突出"双师型"导向的教师考核评价改革，建立职业院校、行业企业、培训评价组织多元参与的"双师型"教师评价考核体系；将师德师风、工匠精神、技术技能和教育教学实绩作为职称评聘的主要依据；落实教师职业行为准则，建立师德考核负面清单制度，严格执行师德考核一票否决；引入社会评价机制，建立教师个人信用记录和违反师德行为联合惩戒机制；深化教师职称制度改革，破除"唯文凭、唯论文、唯帽子、唯身份、唯奖项"的顽瘴痼疾。

2023年，浙江省出台深化高校教师职称评价改革的指导意见，提出高校教师职称评价改革坚持以习近平新时代中国特色社会主义思想为指导，全面贯彻党的教育方针，遵循"以德为先、教书育人，以人为本、创新机制，问题导向、精准施策，分类实施、自主评价"原则，在职称评审工作中进一步提升师德师风要求，突出教书育人实绩，建立和完善符合高校教师成长规律和职业特点的评价标准体系、工作机制。

指导意见提出将教师岗位设置为教学为主型、教学科研并重型、科研为主型、社会服务型等类型，并制定相匹配的评审标准和业绩要求。意见明确，对教学为主型岗位的教师，着重评价其在教育教学、教学改革与研究等方面的能力与绩效；对教学科研并重型岗位的教师，综合评价其在教育教学、教学改革与研究、科学研究方面的能力与贡献；对科研为主型岗位的教师，着重评价创新价值、能力与贡献；对社会服务型岗位的教师，着重评价技术成果转化、技术服务、技术推广方面取得的经济效益和社会效益。职业院校专业课教师申报高级职称应先通过"双师型"教师认定，突出了职业教育的特色。

（四）建立健全教师培养培训体系

1. 构建高校与行业、企业协同培养机制

改革开放以来，职业技术师范院校为职业院校培养了大批教师，保障了职教师资队伍的有效供给。但随着职业教育规模的扩大，专业种类的增加，有必要发挥工科大学的优势。"职教师资12条"提出，加强职业技术师范院校和高校职业技术教育（师范）学院建设，支持高水平工科大学举办职业技术师范教育，办好一批一流职业技术师范院校和一流职业技术师范专业。此举有助于发挥高水平大学的优势，从整体上提高职业技术师范教育的质量。

职业教育的跨界性决定了职教师资的培养需要发挥行业、企业的作用。文件强调，健全普通高等学校与地方政府、职业院校、行业企业联合培养教师机制，发挥行业企业在培养"双师型"教师中的重要作用。鼓励高校以职业院校毕业生和企业技术人员为重点培养职业教育教师，完善师范生公费教育、师范院校接收职业院校毕业生培养、企业技术人员学历教育等多种培养形式。支持高校扩大职业技术教育领域教育硕士专业学位研究生招生规模，探索本科与硕士教育阶段整体设计、分段考核、有机衔接的人才培养模式，推进职业技术教育领域博士研究生培养，推动高校联合行业企业培养高层次"双师型"教师。

2. 明确不同层次专业教师企业实践的具体内容

不同层次的职业学校由于培养技能人才的规格不同，对教师实践能力的要求也不同。为切实增强教师到企业实践的成效，随着职业院校教师到企业实践活动的深入开展，教育部对职业院校专业教师到企业实践的周期、形式和内容作出了具体明确的要求。中职学校专业教师到企业进行实践，重点了解企业生产组织方式、工艺流程、产业发展趋势等基本情况，熟悉企业相关岗位（工种）职责、操作规范、用人标准及管理制度等具体内容，学习所教专业在生产中应用的新知识、新技能、新工艺、新方法，增进对企业生产和产业发展的了解，并结合企业实践改进实践教学。

高职教师参加企业实践的内容包括：学习掌握产业结构转型升级及发展趋势、前沿技术研发、关键技能应用等领域，以及企业的生产组织方式、工艺流程、岗位（工种）职责、操作规范、技能要求、用人标准、管理制度、企业文化、应用技术需求等内容，学习所教专业在生产实践中应用的新知识、新技术、新工艺、新材料、新设备、新标准等，推进企业实践成果向教学资源转化，结合实践改进教学方法和途径，发掘学校技术服务企业发展的方式和途径。

可以看出，对高职院校教师到企业实践内容的要求比中职学校教师更为复杂，内涵更加丰富，特别强调了高职院校教师对企业前沿技术研发、关键技能应用等领域的学习和掌握。

3. 打造高水平教师教学创新团队

职业教育专业教学的复杂性决定了教学改革需要发挥团队的力量才能有效实施，创建高水平结构化教师教学创新团队是新时代加强"双师型"教师队伍建设的重要内容。2019年教育部《全国职业院校教师教学创新团队建设方案》提出，要在3年内建设360个国家级职业教育教师教学创新团队，团队成员涵盖公共基础课、专业基础课、专业核心课、实习指导教师和企业兼职教师，骨干成员一般有15～20人且相对稳定。团队中"双师型"教师占比超过一半，中职、高职具有高级专业技术职称（职务）或相关高级以上职业资格证的教师分别占30%、40%以上；骨干成员有五年以上相关工作经验的行业企业高级技术人员兼职任教，其中中职不少于2名、高职和应用型本科高校不少于3名。形成高水平结构化教师教学创新团队，分工协作完成模块化教学工作，提升育人的整体功能。

2023年6月，教育部公布了首批国家级职业教育教师教学创新团队（以下简称国家级团队）名单，确定国家级团队111个。教育部提出要以职业院校教师教学创新团队建设为重要抓手，深化教师队伍建设改革，为培养更多高素质技术技能人才、能工巧匠、大国工匠提供强有力的师资支撑。

三、学校办学实践

学校认真学习贯彻习近平总书记关于人才工作的重要论述，全面坚持"人才是第一资源"，坚持党管人才，系统落实"人才强校首位战略"，把人才工作纳入学校发展大局统筹谋划推进，把干部队伍建设作为学校管理效能提升的动力引擎。大力推进新时代人才工作体制机制改革，营造"爱才惜才、留才兴才"的良好氛围，形成人才"引、培、留、用"的良好生态，展现"人人渴望成才、人人努力成才、人人皆可成才、人人尽展其才"的良好局面，学校人才工作成效不断显现。截至2022年底，学校获批国家级教师教学创新团队2个、国家级技能大师工作室1个、国家级"双师型"教师培养培训基地1个、省级教学创新团队1个；拥有省级专业带头人、教学名师、教坛新秀20名，宁波市领军和拔尖人才19名；教学成果"高职教师教学能力发展模式的创新与实践"获浙江省教学成果一等奖。

（一）全面实施"人才强校"首位战略

大力实施新时代"人才强校"战略，制定系列政策制度，破除发展桎梏，释放发展新动能。

1. 制定各项"人才强校"新政

面对学校发展的新形势，要实现学校发展的战略目标，学校清楚地认识到当前高层次高技能人才总量不足、比例偏低，支撑学校高质量发展的高水平专业人才缺乏，职能部门主动出击"抢人才、聚人才"的干劲拼劲不够，二级学院平台留人、感情留人的责任意识不强，齐抓共管的合力尚未有效形成等问题，学校党委树立"人才是第一资源"的理念，党委会第一时间传达学习中央人才工作会议精神，多次专题研究学校人才工作重大问题；多次主持召开人才座谈会，听取各类人才的意见建议；多次召开人才工作研讨会，讨论人才工作具体政策措施。

学校党委通过整体评判、综合研究，从高质量发展的站位，着眼长远发展，加强顶层设计，制定《关于大力实施新时代人才强校战略的意见》，出台15条人才新政和10项服务措施，同时狠抓当下，出台服务高层次高技能人才实施细则，对人才工作进行了全面谋划、综合施策，从引才用才、配套机制、生活服务等方面，优化人才发展环境，破除人才发展障碍，释放人才发展活力，为学校高质量发展提供强有力的人才支撑。

2. 推动各项制度落地实施

学校召开了首次人才工作会议，强调实施新时代人才强校战略是落实"十四五"事业发展规划的重要抓手，是省"双高校"建设的应有之义，全校上下统一思想，营造人才发展的良好环境。同时对人才新政"十五条"和服务高层次高技能人才"十项措施"进行细化分解，进一步明确责任部门和完成时限，实行责任制清单化管理。各责任部门高度重视、认真学习、深刻理解"新政15条""服务举措10项"内容，深刻领悟党委决策用意、战略意图，按照要求抓好落实，学校对人才工作落实情况进行督查督办，全力推进"人才强校"战略各项决策部署落实落地。

学校还加强人才政策、人才工作及先进典型的宣传教育引导，在学校主页开设人才专栏，加大人才宣传表彰力度，深入挖掘教学科研管理上涌现的优秀人才，广泛宣传人才优秀事迹，大力培树人才先进典型，积极营造"尊重知识、尊重人才、尊重劳动、尊重创造"的浓厚氛围。

3. 全力打造人才"四个之家"

一是筑巢引凤，打造人才"金色之家"。实施靶向引才，按照"要什么人才，引什么人才"的思路，重点从行业企业一线引进博士、领军人才、高技能人才等"双高英才"。优化引才政策，修订完善《高层次高技能人才引进与聘任实施办法》，制订人才引进规划和年度计划，出台"柔性引进"政策，对急需紧缺高层次特殊人才"一事一议""一人一策"。

设置"全员引才奖",鼓励全校教职工发挥专业优势和人脉资源,做发现"千里马"的伯乐。优化评价机制,制定符合职教特点、发展需要、学校实际的人才评价方案;对高层次人才、高技能人才实行个性化弹性考核制度;分类制定专业技术职务评聘条件,破"五唯",实行代表成果送审及标志性成果直聘制度。

二是架梯铺路,打造人才"成长之家"。完善人才梯队培养体系,为各类人才的成长发展保驾护航。"双高英才"方面,重点加强专业带头人、学术带头人和社会服务带头人队伍建设,多途径组建教学、科研、社会服务等人才创新团队,成立"博士后工作站"和"博士联谊会",为人才搭建成长发展和干事创业平台。"双能栋才"方面,健全"双能"标准,建立"校企融通、阶梯攀升"的教师专业教学能力与实践能力"双能"发展体系;创建"双师型"教师培养培训基地、企业实践基地、示范性教师企业流动站和技能大师工作室,开展"名师""名匠"结对共研、双向交流、合作互聘,全面提升"双能"水平。"青年俊才"方面,针对入岗期、适岗期、胜岗期三阶段不同特点,实施以双导师"传帮带"为核心的校本互助式培训,以访学、出国(境)研修为核心的高校研学式培训,以挂职、访工为核心的企业体验式培训,以技能竞赛助培为核心的以赛促培式培训,帮助青年教师实现阶梯式成长和自我超越。打造优秀行政管理服务团队,对特别优秀的管理人员,通过竞聘等选拔方式破格晋升"七级岗"职级。

三是雪中送炭,打造人才"幸福之家"。强化人才服务,统筹学校各类服务资源,出台服务高层次、高技能人才"十五条"实施细则:为人才安排专属办公用房或人才工作室,高标准配置办公设备;设立人才联络员岗位,实行高层次高技能人才"一对一"服务机制;设立人才财务业务专窗和人才财务业务专员,实行"一站式"专员全程接待服务;加大对人才申报各类项目、参加学术活动、产出高水平成果的支持力度;为新引进人才提供校内过渡周转房或给予住房补贴,协助做好人才家属的安置;关心关爱人才身心健康,提高高层次高技能人才体检和疗休养标准待遇。办好民生实事,每年推出十大民生实事,着力解决人才"急难愁盼"问题,让人才在学校安身、安心、安业。

四是众人拾柴，打造人才"服务之家"。健全人才服务体系，坚持人才工作齐抓共管，强化用人单位主体责任，加强协同联动，形成工作合力；加强用人单位人才工作考核，对引才工作任务实行硬指标、硬任务、硬考核；实行人才工作述职制，每年召开二级学院人才工作述职会；实行约谈问责制，对人才引进不力、使用不当、流失人才等行为将进行约谈问责。实施人才研判联系机制，定期对学校人才的总量、结构、分布以及重要岗位、关键领域的人才需求进行分析研判；党委每年至少专题研究1次人才工作，人才工作领导小组每半年至少召开1次人才工作会议，二级学院每半年至少召开1次人才工作会议；各级领导每年至少联系1名高层次人才，学校主要负责人每年至少召开1次全校人才座谈会，校领导每年至少参加1次所分管部门、联系学院范围内的人才座谈会。

（二）完善能上能下的干部管理机制

1. 建立干部能上能下动态调整机制

学校第二次党代会以来，学校党委加强党对学校工作的全面领导，履行全面从严治党主体责任，依据中央《推进领导干部能上能下若干规定》，在高职院校中率先破题，出台《浙江工商职业技术学院关于推进干部能上能下实施办法》，切实解决了高校普遍存在的中层干部能上不能下的痼疾。通过整合干部到龄免职制、任期届满离任制、干部考核末位约谈制、干部问责制和后备干部选拔制等干部制度，突出"信念坚定，为民服务，勤政务实，敢于担当，清正廉洁"新时代好干部20字标准，以工作实绩为导向，扩大组织选任视野，打破"唯选票、唯学历、唯年龄、唯职称"局面，把政治上靠得住、工作上有本事、作风上过得硬、师生员工信得过的好干部选拔出来。近5年来，开展了干部换届2次、届中选任4次、平级调整4次，累计提任中层干部49人，退出中层干部17人。尤其是2022年中层干部换届后，干部平均年龄创历届"新低"，现任中层干部平均年龄43.6岁，较2016年和2019年换届后分别年轻了2.95岁和1.22岁；干部队伍结构创历届"新优"，40岁及以下年轻干部占比超过15%，具有博士学位的干部占比14.29%。

学校在推进领导干部能上能下过程中，聚焦干部实际精准"挂挡"，让优与劣的"标尺"刻度更明晰、上与下的"天平"称量更精准，切实营造出能者上、庸者下、平者让的用人导向和干事创业氛围。

2. 坚持干部培训监督"两手抓"

干部教育培训是建设高素质干部队伍的先导性、基础性、战略性工程。学校高度重视领导干部的培训提升，健全干部教育培训机制，创新干部培养举措，构建分层分类干部素质提升体系，实施"干部素质提升工程"。制订科学的年度干部教育培训规划，统筹抓好干部进修轮训、集中培训、挂职锻炼、在线学习等，不断提升干部教育培训的有效性。充分利用各级党校、干部网络学院等优质资源举办干部培训班，加强党员干部党的基本理论和党性教育的专题培训、贯彻落实上级和学校重大决策部署的集中轮训、任职培训、岗位培训和专项培训等。开展"强干部担当作为，强干部素质能力"专项活动，着力强化干部政治担当、履职担当和改革担当，提升战略思维能力、调查研究能力、抓工作落实能力、科学管理能力和风险防控能力等 5 种能力。组织开展"书记院长论坛""职能部门负责人论坛""暑期干部学习会"，提高了干部谋划全局、狠抓落实的能力。

学校注重干部监督制度建设，坚持用制度管权、管事、管人，按照可执行、可监督、可问责的要求，建立健全管权、管事、管人全方位覆盖、务实实用的制度体系，用好提醒、函询、诫勉等组织措施，加强对领导干部的监督，提高干部纪律意识和规矩意识。从严从实抓好干部日常管理监督。抓好领导干部报告个人事项，深化规范领导干部经商办企业行为、社团兼职、因私出国（境）管理，严格党内政治生活，对干部存在的苗头性问题早发现、早提醒、早纠正，进一步强化党内监督，对违规行为进行严肃处理。注重过程管理和日常监督，抓早抓小、防微杜渐。

通过培训监督两手抓，干部们学会了"算大账、长远账"，把个人发展和部门工作融入全校乃至职业教育发展的全局中考量，破解干部"动力不足、治理不力"等问题。

(三)持续健全师德师风建设长效机制

学校始终坚持"师德建设是教师队伍建设的第一要务,师德师风是评价教师队伍的第一标准",不断健全师德师风建设长效机制。

1. 坚持师德教育常态化

建立教学规范制度、学术道德行为规范的常态化学习机制,特别重视新教师"入职第一课"教育,培养教师求真务实、勇于创新、严谨自律的治学态度和学术精神。完善师德师风建设制度,把师德教育融入岗前培训、职后培训和在职管理全过程,实现师德师风教育全覆盖,把师德教育融入岗前培训、入职后培训和在职管理的全过程。强化师德师风考核,在人才引进、职务评聘、年度考核、评优评奖等工作中实行师德"一票否决制"。

注重正向激励,持续开展多层次"四有好老师"、师德标兵等典型选树活动,充实"立德树人"典型素材库,培养建设师德涵养基地。丰富师德建设内涵,将思想政治教育、职业理想教育、学术规范教育、"工匠精神"及"工商精神"融入教师师德涵养全过程,形成严谨求实、精益求精的良好教风。

2. 健全师德考核与惩戒机制

将新时代高校教师职业行为十项准则作为教师师德素养的核心指标,出台《教师职业道德行为规范》《师德考核办法》《师德失范行为处理办法》3项制度,建立师德负面清单,对全体教师进行年度师德考核,并将考评结果作为教职工专业技术职务评聘、评奖评优、职业发展的最基本指标。发挥部门在师德建设中的主体作用,对发生严重师德失范事件的部门责任人实行问责。克服学术浮躁,查处学术不端行为,形成良好的学术道德和学术风气。

(四)建立"金字塔形"名师培养架构

学校加强高层次人才队伍建设,扎实做好名师培养工程,完善人才梯队培养体系，造就了一批师德高尚、学术水平高、教学能力强的高水平师资。

1. 重点引育"双高英才"

实施靶向引育人才，紧紧围绕"双高校"建设和"扩区、强校、升本"战略目标需求，重点加大对高层次、高技能人才和团队引育力度。以专业带头人、学术带头人、社会服务带头人建设为重点，优化引才流程，创新引才模式，提高引进待遇，搭建创新研究和实践平台，加大引育工作力度，着力构建梯级合理、创新潜力明显的高层次高技能人才队伍。

实施高水平专业群人才培养计划，遴选培养一批教育教学能力突出、课程开发能力过硬、专业建设能力较强且具有较强技术技能实践与研发能力的专业群带头人；围绕国家、省级教师教学创新团队建设，打造结构合理、能力突出的教师教学团队；实施"博士培育工程"和"名师培育工程"，加强校本孵化。加快高水平高职学校及高水平专业（群）建设需要的双高人才队伍的储备培养。

2. 校企培树"双能栋才"

完善"校企融通、阶梯攀升"的教师专业教学能力与实践能力"双能"发展体系，培树一批"双能"栋才。建立健全"双能"标准，实现教学能力测评全覆盖，推进实践能力定级广覆盖。加强专业化、引领性、服务型教师教学发展中心建设，高质量开展教育教学与竞赛培训；分阶段、分类型开展差异化、全覆盖教师研修，激励教师出国（境）3个月及以上访学。积极创建"双师型"教师培养培训基地或企业实践基地或示范性教师企业流动站，分步分层共建"校企合作、学校为主"的技能大师工作室，建立分类分级的专业实践能力评价标准体系，开展"名师""名匠"结对共研、双向交流、合作互聘，全面提升"双能"水平。

3. 创新涵育"青年俊才"

深化青蓝工程，开展"助俊才行动"。针对青年教师职业发展的入岗期、适岗期、胜岗期三阶段的不同特点，以师德、双师、创新"三类素养"涵育为目标，强化主题培训、课堂革命、教学竞赛、企业实践、项目研发"五个模块"，人事处、教师教学发展中心、二级学院三方联动，实施以双导师"传帮带"为核心的校本互助式培训，以访学、出国（境）研修为核心的高校研学式培训，以挂职、访工为核心的企业体验式培训，以技能竞赛助培为核心的以赛促培式培训，通过制度保障、平台支撑、过程管理、激励赋能等手段，开展教坛新秀、青年骨干教师的遴选培养，帮助青年在师德师风、教学能力、实践能力、专业发展"四个主题"上全面发展。

（五）"三能融通"引领教师能力发展

教学工作是职业院校教师必须承担的基本任务，教学能力是教师胜任力的核心，学校基于育人取向、实践导向、创新指向，率先创制"三能耦合"教师教学能力标准体系，形成以师德师风为内核、基本教学能力与实践教学能力为两大基石、教学创新能力为指引的教学能力结构。

1. 创新"三能耦合"教师教学能力评价标准

从 2018 年开始，学校对教师教学能力评价进行了深入改革。构建"三能耦合"的教师教学能力标准体系，涵盖基本教学能力、实践教学能力和教学创新能力等三个维度，解决了教师教学能力评价泛化的问题。

基本教学能力标准由人事部门、教发中心、教学顾问等参与制定，包含理念与修养（师德）、专业知识、教学技能等 3 个维度、8 个领域、46 项要求的能力指标，重点关注教学设计与实施能力。

实践教学能力标准由行企专家、专业群、人事部门等共同制定，包含理念（师德）与经历、行业知识、实践技能等 3 个维度、10 个领域、35 项要求的能力指标，重点关注项目式教学与实践指导能力。

教学创新能力标准由行指委、企业、教务部门、人事部门等合作制定，包含理念与素养（师德）、创新知识、创新技能等 3 个维度、7 个领域、29 项要求的能力指标，重点关注教学改革创新能力（见图 5-1）。

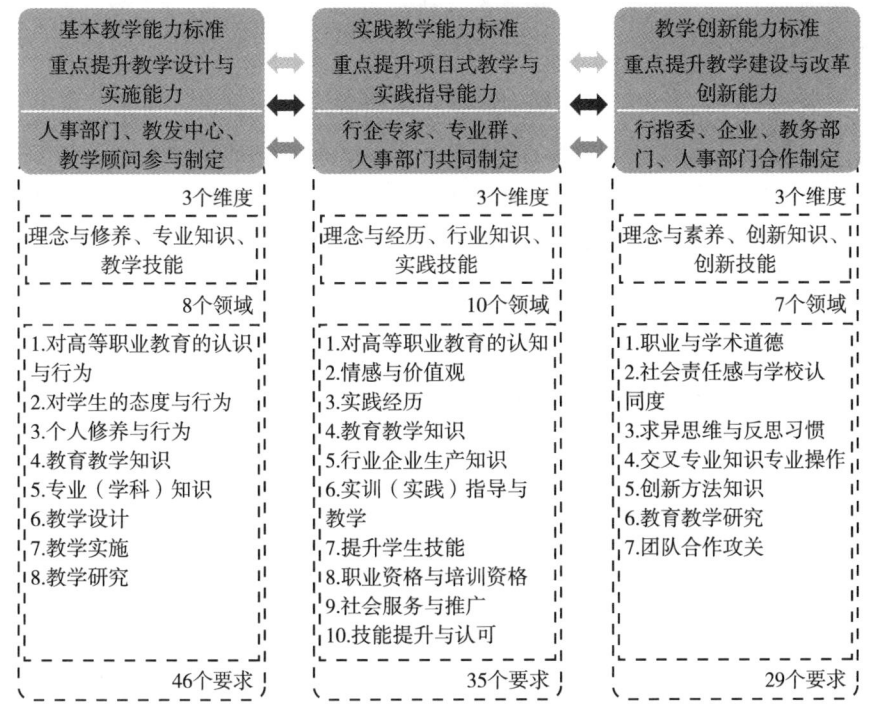

图 5-1 "三能耦合"教学能力评价标准

2. 构建"三元融合"分类培育模式

基于跨界协同、数字赋能,学校重构企业主体、行业指导、学校主持的"三元融合"分类培育模式。

以企业为主体,推进实践教学能力落地。学校依托166个"双师"基地,以企业工匠、产业教授为主体,立足产业需求侧推动实践教学能力标准落地,搭建"企业—学校—学院—专业"横向联通、纵向贯通培养架构,以全员一年一个月企业实践、"双师课堂"、新形态教材开发等推动实践教学能力递升。

以行业为指导,促进教师实践与教学创新能力提升。行业规范和产业情境分类指导实践与教学创新能力标准协同,与三级"双师双能"要求融合,引导教师根据行业共性、企业个性、"1+X"证书要求以及技术技能人才成长规律,深化混合式课堂、情境教学、项目教学等课堂革命,共建协同创新平台,将新工艺、新技术、新规范引入课堂,推动实践与教学创新能力递升。

学校主持推进教学能力融合发展。坚持师德第一标准,推进"学校—协会—企业"融通,着眼行企需求侧与学校供给侧两方面要求,开展教师纵向全周期与横向分类培育,对接教师不同成长节点与各类教师发展需求点,实施踩点培育、以赛促培,实现教学能力螺旋上升融合发展。

3. 开展"三智结合"数智测评

在测评方面,学校构建了智析基础、智定目标、智导过程的"三智结合"数智测评模式。

首先,基于专利化人事系统引领教务、督导等系统集成教师教学发展数据,勾勒教师"数字画像",对照教学能力标准体系创建"教学成长银行",为每位教师发展"画像"并建立一人一档案,帮助教师明晰自身发展基础(见图5-2)。

其次,基于教师教学能力发展动态,"教学成长银行"实时推送共性目标模块,教师依据自身发展基础与特点,自主选择个性目标模块,"银行"集成锚定教师个性化发展目标。

最后,对接教师个性化发展目标,"教学成长银行"以"目标—行动—诊断—改进"全过程、螺旋式智能导航,实时显示教师培养流程的办理状态和完成情况,对未完成事项和不达标事项,人事部门进行及时预警,落实并不断循环改进,形成了"目标设立、过程监控、诊断改进"的良性教师培养发展循环体系,有效地助推了教师教学能力常态化、体系化提升。

(六)"三四五六"[①] 推进教学团队建设

依托"技能大师工作室""创新工作室"2个工作室、"教师发展中心""协同创新中心""工程中心"3个中心和"双师培养基地""教师企业实践

---

① 三四五六是指合作平台三互通、教师培训四结合、团队实施五协同、激励政策六促进工作机制。

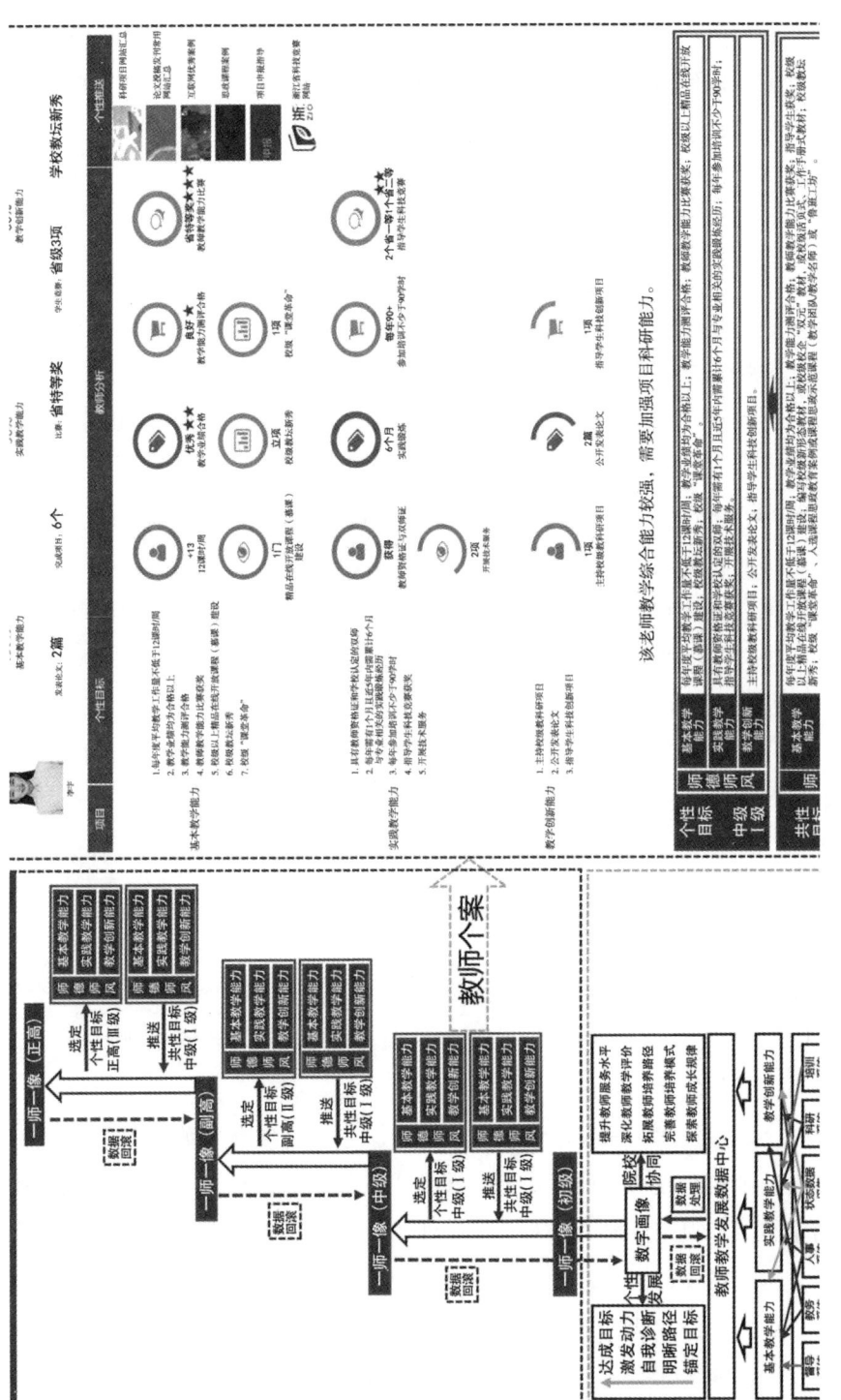

图 5-2 "三智结合"数智测评系统

基地""职教团队培训基地"3 个基地,学校形成了合作平台"三互通"、教师培训"四结合"、团队实施"五协同"、激励政策"六促进"的教师教学创新团队建设模式。

1. 实现合作共同体之间"三互通"

通过建立校企、校校的共同体,实现共同体之间的"标准互通、资源互通、信息互通的'三互通'",强化共同体承载力,借助外力,释放创造活力,增强工作效能。

"云计算与大数据运用"国家职业教育教师教学创新团队与山东商业、北京信息、广州番禺、天津信息等 5 所高职院校成立"云计算与大数据应用"教师教学创新团队共同体,加强交流合作,团队成员包容互信、优势互补、协同前进。

聚焦云计算和大数据运用领域,联合全国云计算大数据职业教育集团、中国软件行业协会等,与中软国际、H3C、中电五十五所等企业,构建产学研培多方合作平台,打造深度合作共同体,建成浙江省产教融合工程项目——智能制造产教融合实训中心、大数据与人工智能开发实训室、工业机器人协同创新基地、卓力智能家电工程中心、"1+X"证书考点中心等。

2. 构建"四结合"教师培训体系

建立"学历提升和技能培训相结合""理论学习和实践能力相结合""校内培训和企业实践相结合""专职培训和兼职培训相结合"四结合的培训体系,强化教学团队的持续发展力。

数字媒体技术国家级职业教育教师教学创新团队数字媒体技术团队所在影视动画专业成功立项了一个国家级"双师型"教师培养培训基地,在外由宁波市影视产业协会牵头,以宁波市萤火虫影视文化传媒有限公司为平台,构建高校、协会、企业行业培训架构;在内由学校人事处牵头,搭建学校、分院、专业"双师"培训管理架构。近 5 年来这一基地接收校内顶岗挂职教师 50 余人,教师开展合作项目数 60 余项。

3. 打造"五协同"工作机制

组建结构化育训团队，形成教学与科研工作、课程模块化资源（教材）建设、模块化教学、1+X考证与培训、教师和学生技能竞赛指导相互协同的"五协同"工作机制，强化教师凝聚力。

优化团队内部结构，形成"课间协同+课内协作"的分工协作机制。通过任务导向、成果导向、个性导向，创新校企共建共育共有多元化教师团队建设模式，形成"课间协同+课内协作"的分工协作机制，聚焦1+X证书、模块化教学创新、新形态教材建设等主题，为专业实践教学改革提供坚实保障。教师团队分工协作、高度配合，共同实施各个模块的教学，共同指导学生项目实战，共同开展教学评价和反馈，共同培养学生的技术技能、职业精神和团队协作能力。

4. 实施"六促进"激励措施

为推进教师教学创新团队建设，学校建立行校共商、校企共建、校院共抓、成果共享的建设机制。学校和行业协会/学会按照行业生产要求和标准，共同商讨制定团队建设标准和培养目标；以职业需要为培养目标导向，通过院校和企业的深度合作，共享资源、共建团队，建立教学团队二级管理机制，出台校院二级教师创新团队管理和保障制度，校院共抓团队建设；教师教学创新团队培养的人才和建设的教学资源、实训基地、设备、产出的科研成果等实现对外开放，和社会、企业、行业共享、共用建设成果，实现多方共赢。校院两级出台教师教学团队建设与考核评价办法，从用人机制、奖励机制、津贴分配、职称晋升、进修轮训、能力考核等六个方面从制度上保障团队建设实施，从机制上激发团队教师发展活力（见图5-3）。

（七）"破五唯"优化教师评聘制度

教师专业技术职务评聘是教师综合评价的有效方式之一，也是教育评价的重中之重，对师资队伍建设起着"杠杆"和"指挥棒"作用。科学的评聘制度可以发挥持续的激励作用并营造公平竞争的良好氛围，引领教师

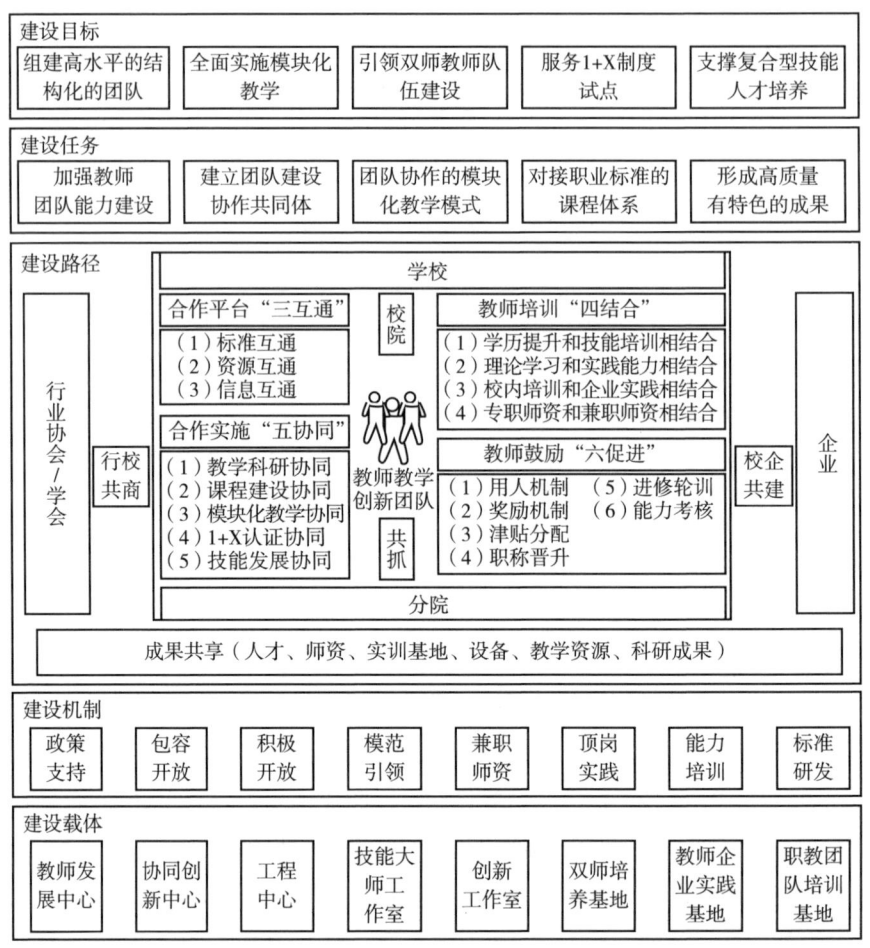

图5-3 "云计算与大数据运用"国家教师创新团队建设范式

专业发展。学校依据国家、省市相关文件精神及职教改革新方向，结合学校师资队伍建设现状与目标，坚持以业绩、能力、贡献为依据，突出教学中心地位，以"五个坚持"持续深化"破五唯"改革。

1. 坚持师德为先

师者当以德为先。学校将"师德师风"作为教师专业技术职务评聘的第一标准，在职称申报中单独设置师德考核，由所在部门党总支对申报人的师德师风表现进行评价，学校教师工作部审核把关，严格实施师德以及意识形态一票否决制，要求申报教师近5年师德考核均为合格以上；坚持把"立德树人"作为根本任务,明确要求申报教师在任现职以来,必须有班主任、辅导员等育人工作经历。

2. 坚持"双师"标准

"双师型"教师是高职院校内涵式发展的主要力量,是提升人才培养质量的根本保证,也是学校的核心竞争力。学校将"双师"标准细化落实到教师专业技术职务评聘中,创新性开展教学能力测评,很好地化解了专业技术职务评聘中仅凭几次听课就评价教师教学能力的窘境;严格落实实践能力考核,要求申报教师必须为"双师",且每年需在学校认定的"双师"基地带项目实践锻炼1个月,近5年需累计实践锻炼6个月且考核合格。

3. 坚持多元评价

学校持续深化改革,克服唯学历、唯资历、唯"帽子"、唯论文、唯项目等专业技术职务评聘倾向,不断健全分类多元评价,让教师根据自身优势选择专业发展路径。

在评价类型上,逐步完善教学为主型、教学科研并重型、科研为主型、社会服务与推广型的教师分类评价体系,并设置相对应的必备项和可选项,保证教师术业有专攻。在评价方式上,探索实施突出业绩直聘机制和对等性业绩评价制。对于取得卓著成绩的人员,可由学校评聘委员会单独投票审定直接聘任高一级专业技术职务。对于在教学、专业、学校重大建设等领域的获奖可进行对等性业绩评价。鼓励教师充分发挥个人优势补齐短板。

4. 坚持综合送审

为鼓励教师个性化发展,自2018年起,学校设置多维度评价指标,做到教育教学与科研创新并重,基础研究成效与产学研实施成果并重,论文、纵向课题与专利、横向项目并重。建立健全综合业绩及代表性成果送审评价机制,拓宽代表性成果的评价领域,2021年起由单独的论文评价,扩增到专利、著作、教材、报告、获奖、作品等覆盖面更广的综合代表性成果评价,有效提高了代表性成果与申报人业绩的匹配度;扩大同行评价覆盖面,依托健全完善的专家信息库,有效提高了送审院校、专业与申报人的匹配度。

5. 坚持院校两级管理

学校给予二级学院在教师教学工作量认定等方面充分的自主权，以此作为二级学院实施教师分类考核的有效杠杆。学校还建立常设专业技术职务评审组织，对引进的高层次、紧缺急需等人才实行一事一议随到随评，为其职称评聘解决后顾之忧，也为二级学院引才提供便利，为学校高质量、高水平发展奠定人才之基。

经验启示

实践证明，造就一支高水平人才队伍是提升职业院校核心竞争力的关键。浙江工商职业技术学院高度重视人才工作，坚持"人才是第一资源"的理念，把牢人才工作"方向盘"，系统落实"人才强校首位战略"。在党委领导下，对人才工作进行全面谋划，综合施策，完善人才工作责任落实机制、人才工作闭环推进机制、人才工作争先创优机制、人才工作多元投入机制。基于对学校人才总量、结构、分布以及重要岗位、关键领域人才需求的分析研判，制定"人才强校"各项政策举措并推动落实实施。完善干部管理机制，推动干部能上能下，形成能者上、庸者下、平者让的用人导向和干事创业氛围。强化干部培训监督，以德为先，提升干部能力素质，增强干部纪律意识和规矩意识。实施靶向引才，分层分类制定各类人才引进政策，打造"金字塔形"名师架构。完善人才梯队培养体系，建立教师专业教学能力与实践能力"双能"发展体系，有效助推教师专业胜任力提升。破"五唯"，优化教师职称评聘制度，坚持师德师风是评价教师队伍的第一标准，制订符合职教特点、发展需要、学校实际的评价方案，实行标志性成果直聘、高层次高技能人才一事一议制度，为各类人才创造脱颖而出的环境。正是通过营造"人人渴望成才、人人努力成才、人人皆可成才、人人尽展其才"的良好氛围，促进各类人才的创造活力竞相迸发，推动学校改革发展不断迈上新台阶。

第六章

放权强院：两级管理、目标考核、分配激励

一、理论依据

（一）学校管理结构的理论依据

1. 组织分权理论

德国的马克斯·韦伯（Max Weber，1920）在其著作《社会和经济组织的理论》（*The Theory of Social and Economic Organization*）中提出行政组织理论，其核心就是以科层制为主体的理想的行政组织体系，指出组织内部各个层级的分布和排列方式称为层级结构，可划分为高层管理、中层管理和基层运营等不同的层级。高层管理负责制定战略和总体规划，中层管理负责协调和执行，基层运营则是具体的执行部门，这一体系构建的基础是法律权利。而赫伯特·西蒙（Herbert Simon，2009）认为管理幅度与层级同时存在，增加管理幅度，就会减弱控制能力，反之减少管理幅度，又会增加层级数量。①

---

① ［美］赫伯特·西蒙. 管理行为（第4版）[M]. 北京：机械工业出版社，2009：4.

组织分权理论主要关注组织内部权力分配和授权机制，是管理学的一个重要理论框架，指一个等级体系中的高层实体授权其下属在使用组织资源（人、财、物、事等）方面作出决策的过程。① 其核心思想是在合适的情况下，将权力下放给最接近问题的人，以提高组织的灵活性、效率和创新能力。成功的分权和对多余层级的废除能够把与组织目标相关的责任和为达目的采用的手段区分开，实现权力在不同主体间的转移，形成权力多中心化。② 层级制是典型的集权表现，而团队制、扁平化组织和委托代理等则是组织分权的表现形式。影响组织分权的因素主要有：（1）知识传递成本。决策权与所需知识的结合方法最主要是把知识传递给有决策权的人，或是把决策权传递给拥有相关知识的人（Jensen et al., 1995）③，做到知识和权力匹配。但本质上集中决策者较难获得专门知识，如特定环境下的个人知识、无法系统表述的缄默知识和与之对应的一般知识（朱陆华，2005）④，决策权分解是解决的唯一突破口，知识传递的成本越高，相关决策越适合分权（Wernerfelt, 1984）⑤。（2）委托代理成本。为解决知识传递成本，采用委托代理形式，但又因为信息不对称造成代理成本，包括委托人的监督成本、代理人的担保成本和剩余损失（邹永玲等，2015）⑥，代理成本往往与组织分权程度成反比，即集权程度增加，代理成本减少，反之亦然。（3）规模经济效益和范围经济效益。组织过程的特征是行政协调，其行政能力是规模经济和范围经济在组织中阐述效益的充分条件（Chandler, 1999）⑦。（4）交易费用。架构组织能节约交易成本，包括协

---

① 裴瑞敏，陈光. 组织分权视角下的科技体制改革与 PI 制研究［J］. 科学学与科学技术管理，2020（6）：55-69.

② 李福华，方宝金. 集权与分权管理的成本分析［J］. 软科学，2001，15（2）：11-13.

③ Jensen M C, Heckling W H. Specific and general knowledge and organizational structure［J］. Journal of Applied Corporate Finance, 1995, 8（2）：4-18.

④ 朱陆华. 分权的组织结构和代理成本分析［J］. 中国商人（经济理论研究），2005（9）：2.

⑤ Wernerfelt B. A resource-based view of the firm［J］. Strategic Management Journal, 1984, 5（2）：171-180.

⑥ 邹永玲，王娟，杨倬等. 国内外石油企业科研组织模式浅析［J］. 中国管理信息化，2015，18（3）：101-103.

⑦ ［美］小艾尔弗雷德·D. 钱德勒. 企业规模经济与范围经济［M］. 北京：中国社会科学出版社，1999.

调成本和激励成本，交易成本越高，则越需要组织的行政控制（集权），组织是否分权一定程度上受到不同组织形态下交易成本多少的影响（裴瑞敏等，2020）①。当然，在高校中，组织分权和集权问题还受到学术自由等历史传统因素的影响。

高职院校往往面向地方经济和社会需求，因此分权可以使得院级管理者更有主动权实施本土化教育，符合当地产业的要求，增加毕业生就业竞争力。分权可以减轻校级管理者的决策负担，使其能够更专注于宏观战略和整体规划。同时，院级管理者对本院的深入了解，能够更迅速地作出针对性决策，提高管理效率。高职院校可以将某些决策权下放到院级层面，让院级管理者更加接近基层教学和学生，更了解专业特点和学科需求。院级管理者可以在一定范围内自主决策，如开设新课程、制订教学计划和资源配置等，以满足不同学科或专业（群）的实际需求。

分权并不意味着完全放任，而是在授权的同时建立相应的监督机制。管理层需要制定明确的目标和绩效标准，并监督学院的决策和行动，确保其符合组织的整体利益。组织分权理论的应用可以帮助组织建立灵活高效的管理体系，激发学校教职员工的工作动力和创造力。然而，分权并不适用于所有情况，对于某些特定决策和重要事项，仍需要集中决策和控制。因此，组织在实践中应根据具体情况来灵活运用分权理论，以实现其长期发展的目标。

2. 管理控制系统理论

管理控制的过程实际是管理者与其他成员合作，将战略执行落地的过程（Anthony，1965）②。控制策略方面，通过正式或非正式控制，管理控制系统利用设计机制、流程再造等方法持续改善管理，确保战略实施（Otley et al.，2009）③。基于不同的战略，不同的组合控制杠杆可以获得一

---

① 裴瑞敏，陈光. 组织分权视角下的科技体制改革与 PI 制研究［J］. 科学学与科学技术管理，2020（6）：55 – 69.

② Anthony R. Planning and control systems: a framework for analysis. division of research［M］. Harvard Business School, Boston, MA, 1965.

③ Otley D, Ferreira A. The design and use of performance management systems: an extended framework for analysis［J］. Management Accounting Research, 2009（4）：263 – 282.

定的战略成功（Simons，1995）①，随着这些战略的实施，管理控制系统尤其是其中的战略业绩评价体系亟须不断调整适配（Micheli et al.，2011）②，管理控制系统理论的不同学派持续关注战略对管理控制系统的驱动效果。

权变理论（contingency theory）认为组织管理时间与业绩的关系是由独特环境决定，没有统一普适性强的管理控制系统，需要根据自身特征和发展阶段设计独特的管理控制系统完成战略规划，即管理控制系统与战略间存在权变问题（Chenhall R. H.，2007）③。对于其中独特的组织管理环境，美国管理学家弗莱蒙特·E. 卡斯特等（Fremont E. Kast et al.，2000）指出应分为内外两部分，外部环境包括宏观环境，即社会、经济、政治、科技、文化等，微观环境包括生产者、销售者、消费者等。内部环境是组织的子系统间和各子系统内部、组织与环境间的关联类型和结构类型。④对于高职院校而言，外部宏观环境方面，区域产业转型升级和发展、技术革新、创新驱动发展战略、现代职业教育体系的建设、校企共同体建设、政府对职业教育的支持等对高职教育提出新要求；内部微观环境方面，学校内涵式发展、毕业生就业率、学校规模、家长对高职教育认可度、校园文化等都影响两级管理的实施。⑤

管理控制系统理论强调在组织管理中，为了实现组织的目标，对组织的资源和活动进行规划、监督和控制。它涉及组织内部的目标设定、资源配置、绩效评估和反馈机制等方面，以确保组织能够有效地运营并取得预期的成果。高职院校可以应用预算管理的控制机制，即根据学校整体规划和目标，将资源进行合理分配和预算化管理。校级可以制定学校的总预

---

① Simons R. Control in an age of empowerment [J]. Harvard Business Review, 1995, 73 (2): 80 – 88.

② Micheli P, Mura M, Agliati M. Exploring the roles of performance measurement systems in strategy implementation [J]. International Journal of Operations & Production Management, 2011, 31 (10): 1115 – 1139.

③ Chenhall R H, Euske K. The role of management control systems in planned organizational change: an analysis of two organizations [J]. Accounting, Organizations and Society, 2007, 32 (7/8): 601 – 637.

④ [美] 弗莱蒙特·E. 卡斯特, 詹姆斯·E. 罗森茨韦克. 组织与管理：系统方法与权变方法 [M]. 李柱流, 刘有锦, 苏沃涛, 译. 北京：中国社会科学出版社, 2000.

⑤ 佛朝晖. 高职校院两级管理动因、模式与改进策略：基于110所高职院校的调研 [J]. 国家教育行政学院学报, 2019 (5): 79 – 88.

算，并将预算下放至各院进行细化管理。通过预算控制，可以有效控制开支，确保资源的有效利用。学校可以建立完善的管理制度和流程，规范各项工作的进行，保障学校运行的规范和有序。理论认为适当的激励和奖惩机制是有效的管理手段，设置相应的绩效考核和激励机制，鼓励教师和员工努力实现学校的目标。同时，对未能达成预期目标的情况也要采取相应的奖惩措施，以激发积极性和改进不足之处。建立及时的信息反馈机制，让校院两级管理者能够了解学校各方面的运行情况和问题，及时采取措施进行调整和改进。理论还提供了不同的控制方式和方法，如市场控制、层级控制、自控力和团队控制等。校级管理者需要与院级管理者密切合作，推动学校战略在各院层面得到贯彻和落实。

3. 内部治理结构理论

美国社会学家塔尔科特·帕森斯（Talcott Parsons，1998）认为，高校有别于政府、企业、社会组织等其他机构，属于典型的"模式维持组织"[1]，其特征包括职能多样性，育人、科研、服务、创新等相互联系又富有层次；目标多元性，发展目标较模糊，度量的标准也较笼统；主体分类性，组织体系中既有学生又有教师，既有管理者也有服务者，不同类别的主体利益诉求呈现差异性和流动性；权力多元性，行政权力和学术权力、政治权力和民主权利在不同领域影响和制约学校发展；联结松散性，正如科恩（Cohen）等学者提出的"松散结合系统"论，高校内部治理各子系统间相互影响和作用并不明显（褚金海，2020）[2]。基于上述特征，学者提出"关于一般教育组织'有组织的无序状态'"一说（吴文君等，2002）[3]，即高校内部组织既需要一定分权，创造自由氛围；又需要一定层级，形成良好的运转秩序，发挥整体功能。

治理结构被理解为是涵盖制度安排、权力制衡机制、决策机制的综合

---

[1] [美]帕森斯. 现代社会的结构与过程[M]. 北京：光明日报出版社，1998：37-38.
[2] 褚金海. 高校内部治理路径创新与结构优化研究：基于委托代理理论的分析框架[J]. 河南社会科学，2020（6）：118-124.
[3] 吴文君，席巧娟. 从高校内部组织结构特性谈高校学院制改革[J]. 北京理工大学学报（社会科学版），2002（3）：4.

系统。高校的治理结构是我国现代大学制度的核心问题，其改革则是制度创新的重点内容（陈鸿海，2010）①。现代大学结合了学术和科层两种属性，是学术组织与科层组织的结合体。学术是大学的根本属性，是立命之本，科层管理则赋予了大学依据制度章程和法规对非学术性事务进行管理的能力。大学内部治理的核心和基础是权力规制，即依据程序和规则在不同的权力主体间进行权力分配、控制、管理等，以及过程中形成的权力运行和互动机制（肖国芳，2019）②。通过权力规制明确相应主体的职责和权力范围，权力配置适宜才能保障学院发展均衡，由此校院两级管理中政策性制约与资源型制约相比，影响更深远（杨颉，2017）③。

内部治理结构理论主要关注组织内部的权力结构、决策机制、责任分配和控制机制等方面的安排，探讨如何在组织内部建立有效的治理体系，以确保组织能够高效运转，实现其目标，并最大限度地满足各方利益。强调设计适应校院两级管理的组织结构，校级作为最高层级，应设立校长办公室和各个职能部门，如教务处、学工处、人事处等。而院级作为下一级层级，可以设置院长办公室和各个学科专业的管理部门。透明、清晰的组织结构有助于明确职责与权力，避免职责模糊和决策失衡。内部治理结构应该明确权力分配和授权机制，确保不同职能部门或个体在适当的程度上拥有自主权，同时又受到适当的监督和约束，这有助于提高组织的反应灵活性和决策效率。一些学者提出高职院校的内部治理结构可总结为"党委领导、校长负责、教授治学、民主管理、社会参与"，具有一定普适性。

理论关注设立有效的监督机制，以确保决策和行为符合组织的整体利益与价值观。对于不当行为，应建立问责机制，维护组织的合法权益。鼓励利益相关者的参与和沟通，以便在决策过程中能考虑到不同利益方的需求和关切。高职院校在管理中要坚持公平与公正原则，确保权力的合理行使和资源的公平分配，校院两级管理者要在决策和管理中避免利益冲突，

---

① 陈鸿海，吴卫丰. 治理结构理论视阈下的高校校院两级管理改革研究［J］. 教育与职业，2010（35）：33-35.

② 肖国芳. 权力规制视域下的校院两级管理改革路向研究［J］. 高教探索，2019（10）：12-16.

③ 杨颉. 协同治理协议授权：探索校院二级管理改革新路径［J］. 中国高教研究，2017（3）：12-16.

保障学校的长期健康发展。

4. 委托—代理理论

委托—代理理论（principal – agent theory）用于分析和解释代理关系中的冲突和合作问题，在组织和经济活动中，代理关系是指一个人或组织（委托人）委托另一个人或组织（代理人）来代表其完成某项任务或决策。委托—代理理论关注委托人与代理人之间的利益冲突、信息不对称以及如何通过设计合适的激励和监督机制来解决这些问题。委托人与代理人之间的利益冲突和信息不对称所导致代理问题，代理人可能不会完全按照委托人的利益行事，或者委托人无法完全掌握代理人的行为和决策细节，这就是利益目标不一致。为了解决代理问题，委托—代理理论提出了激励机制的概念。激励机制是通过设计合适的奖励和惩罚措施，来激励代理人按照委托人的利益行事，从而减少代理问题的发生。通过设立监督和审计机制，委托人可以对代理人的行为和决策进行监督，确保代理人不会滥用权力或产生不利影响。委托—代理理论通常与新制度经济学中的契约理论相结合，因为代理关系往往需要建立合同或契约来明确双方的权利和义务，规范代理行为[1]。高校内部委托—代理具有委托—代理层级复杂和多重契约关系隐蔽的特点[2]。

以高校为重心，形成涉及利益相关者的委托—代理理论体系，其中存在三种委托—代理关系：单位制度中的委托—代理关系，即高校不仅是知识生产部门，也是国家政治权力的附属机构，高校行政部门与政府存在一种委托—代理关系；知识生产中的委托—代理关系，即高校行政部门与知识的生产者——学术共同体（教师）形成委托—代理关系；知识交易中的委托—代理关系，即高校行政部门受教师委托进行知识产品交易，形成代理关系[3]。

---

[1] 张维迎. 企业的企业家：契约理论[M]. 上海：上海人民出版社，1999：78-280.
[2] 褚金海. 高校内部治理路径创新与结构优化研究：基于委托代理理论的分析框架[J]. 河南社会科学，2020（6）：118-124.
[3] 夏东，王东莹，梁莉. 高校治理的委托代理关系分析与激励机制设计[J]. 经管研究，2013（4）：125-127.

在高职院校校院两级管理中,学校是委托人,根据章程和相关制度,给予二级学院人权、财权、物权,二级学院是代理人,为学校进行人才培养、技术攻关和社会服务等方面,并获得回报。根据上述理论,委托人需制定契约来实现自身利益最大化和激励、监督代理人最大限度履行协议。以财务资源配置为例,需要完善激励和约束机制,激励需要设计一个使代理人和委托人分享剩余的报酬契约,使双方目标趋于一致,减少代理问题和成本,而约束则是通过内外部机制监督和制约代理人行为,从而减少代理问题和成本[①]。

(二)校院管理结构模式

1. 扁平化管理模式

组织扁平化即为破除自上而下垂直高耸的组织结构,减少管理层级,增加管理幅度与分权等,建立紧凑的横向组织,使组织更具灵活性、柔性和创造性,其组织形式主要有矩阵型、团队型和网络型等[②]。扁平化组织结构及扁平化管理模式较适合于高职院校,"金字塔形"的科层制管理模式使二级学院缺少办学自主权,将职能相近、业务相似、关联大的职能部门进行资源优化整合,建立大部门体制,形成扁平化组织结构,有利于减少管理成本、盘活资源、提高效率,有利于减少沟通协调成本和工作安排冲突,有利于教学单位专心聚焦业务发展,也有利于管理队伍建设,锻炼和培养干部队伍及后备干部。实行扁平化管理更有利于学校完善专业(群)布局、优化学科资源、培养高素质技术技能人才,为地方产业发展提供人才支撑,保障学术自由,强调教授治学,拥有一定财权,有利于技术创新,为学校发展提供智力支持。当然,过度扁平化可能导致管理混乱、资源分散、协调困难等问题,因此需要根据组织规模和性质合理设定管理层次与权责分配。

---

① 袁庆明. 新制度经济学 [M]. 北京: 中国发展出版社, 2005.
② 董宏志. 扁平化管理理论对我国高校组织结构改革的启示与借鉴 [J]. 中国电化教育, 2012 (11): 130 – 134.

2. 绩效管理模式

绩效管理模式是旨在评估和提高员工、团队和组织的工作绩效与业绩表现的组织管理方法，它是为了确保员工的个人目标与组织的整体目标保持一致，以及持续改进员工表现和工作效率而设计的。绩效管理通常包括设定目标（短期和长期）、绩效评估（个人评估、360度评估等）、反馈和沟通、奖励和激励、发展计划、持续改进等步骤。从组织结构视角出发，高校绩效管理需要搭建宏观层面的绩效管理框架指导与规范①。高校绩效管理与企业不尽相同，应具备学术性、人本性等本质属性，需观察学术权力本位、教学学术化等价值取向②。绩效管理模式的重点内容是对教师进行管理和评价，从内部结构出发，利用PDCA循环③理论构建校院两级教师绩效管理模式④。另一个重点内容是对预算进行绩效管理，包括学校财务管理和预算管理。面对高职院校财务治理结构中存在的权责混乱、财务制度不健全等问题，构建财务激励和约束机制，规范财务决策、监督和执行机制尤为关键⑤，而预算管理则需从解决学校绩效工资分配问题入手⑥，战略导向，评价、管理和监督多方参与并提供策略支持。高校绩效管理也需要运用评价指标体系进行评价，这是绩效管理的必要环节，平衡计分卡、层次分析法等方法常被采用，凸显学校战略与二级学院和行政机构相结合，部门与教师个体目标紧密结合，教学与科研、数量与质量相结合的特点⑦。

---

① 薛桐，郑毅，刘文斌. 组织结构视角下我国高校绩效管理框架研究［J］. 科研管理，2016, 37 (9): 145 – 151.

② 祁占勇. 高校绩效管理的本质特征及其价值取向［J］. 教育研究，2013, 34 (2): 92 – 96.

③ PDCA 循环是指将质量管理分为四阶段，分别是 Plan（作出计划）、Do（计划实施）、Check（检查实施效果）和 Act（处理，即将成功的纳入标准，失败的进入下一循环解决）。

④ 张欣，卜龙. 高校教师绩效管理两级循环联动模式研究［J］. 北京行政学院学报，2015 (2): 94 – 98.

⑤ 彭满如. 现代大学完善财务内部治理结构的探索［J］. 现代大学教育，2017 (5): 87 – 94.

⑥ 蒙有华. 当前我国高校绩效工资管理存在的问题及应对策略［J］. 当代教育论坛，2018 (3): 80 – 85.

⑦ 刘长江，苟延杰. 高校实施绩效工资的问题调查与对策探究［J］. 当代教育论坛，2015 (4): 76 – 81.

3. 协议授权模式

协议授权模式分目标协议和规范授权两阶段。目标协议模式指管理者与员工共同协商、制定并达成一致的明确、可量化、可达成的工作目标和绩效标准，强调员工参与和自主性。目标协议一段时间内有效，在此期间内管理者应与员工定期跟进目标进展情况，提供必要的资源支持，同时调整和优化目标。规范授权模式是一种组织管理中的权限分配方式，旨在确保对员工和团队授予适当的权限与职责，以便拥有必要的自主性和决策权。该模式的核心是在明确每个职位和角色规定权限的同时，确保在组织中进行授权的标准化和合规性，包括制定明确的授权程序和要求，建立适当的审核和监督机制，定期进行授权政策的沟通等。

高职院校校院两级管理中协议授权分为三阶段。第一阶段是以校院机关为主，自上而下梳理责权清单，包含已下放给二级学院的责权（教师聘期考核等）、不宜下放给二级学院的责权（高级职称师资评聘）、可下放给二级学院的责权（教师津贴发放等）三种；第二阶段是校规划部门牵头与各学院协商中长期目标任务；第三阶段是二级学院根据自身目标任务自下而上提出需要授权的具体政策事项，力争与相关部门协商，可授权事项达成一致意见，签订协议明确权责[①]。

（三）学校管理结构原则

1. 权责统一原则

从直线式管理改为扁平化管理，实现管理重心下移，二级学院逐渐成为较为独立的办学主体。校级管理者拥有对学校整体运作的管理权力，而院级管理者则拥有对各学院内部事务的管理权力。在行使这些权力时，他们应当对相应的事务和决策负有责任，确保其决策和行为合理、有效。院级管理者在享有一定自主权的同时，也需要对其管理范围内的事务负责，

---

① 杨颉. 协同治理协议授权：探索校院二级管理改革新路径［J］. 中国高教研究，2017（3）：12–16.

同时需要确保决策符合学校整体战略和规划，不违背学校的决策和政策。根据权责统一原则，管理者的绩效评估应当与其权力范围和责任相匹配。管理者的绩效评估应该基于其管理范围内的绩效表现，对其工作成果和责任履行进行综合评估，并进行相应的激励和奖励。管理者在行使权力和决策时要保持信息透明并与相关方进行充分沟通，减少信息不对称和决策错误的可能性，实现权责利对等。

2. 学术自主原则

在高职院校管理体系中，学术事务应当依照学术规律和学术价值进行独立自主的决策与管理。学术自主原则保障了学术研究的独立性、学术评价的公正性以及学术创新的自由性。校院两级管理最根本的基准是二级学院的管理要突出学术权力而不是行政权力，为了提升管理体制运行效率，需要减少行政对学术的干预，强化学术体制机制建设，突出学术自治能力，增加学术自主权，营造宽松自由的学术环境。① 尊重教职员工在学术研究方面的自主权，在选择研究课题、进行学术探索和发表学术成果时应当拥有相对独立的权利和决策权；拥有探索新领域、提出新理论和开展创新研究的自由，不受外部力量的限制和干预；对教职员工的学术成果和研究贡献进行客观公正评价，确保学术事务的决策过程公正透明，不受非学术因素的影响；鼓励学术交流和合作，促进学术创新和知识共享，提升学术水平。

3. 目标管理原则

校院两级管理中由于高职院校的管理重心下移，二级学院在技术技能人才培养目标、专业（群）建设、人事管理、教学管理、学生管理、财务管理、后勤管理等方面均需构建较为完善的目标责任制。② 管理体系中，管理者和教职员工共同制定明确的目标和绩效指标，并以此为导向进行管理和决策。校院两级管理要确保各个层级的目标相互协调和相互支持，强

---

①② 万勇，等. 高校校院二级管理体制运行效率问题与对策研究［J］. 国家教育行政学院学报，2017（7）：9–14.

调根据目标进行绩效评估，了解进展和问题，并及时采取措施进行改进。管理者可以根据教职员工的目标实现情况给予相应的奖励和激励，鼓励积极进取和卓越表现。目标管理原则要求学校的目标管理制度应灵活应变，随着内外部环境的变化进行调整和改进。

4. 依法治理原则

众多高校提出了"强院兴校""放权强院""院办学"等策略，并在积极探索中强调提出制定"权力清单"，需坚持依法治理原则，即校院两级所有管理行为和决策都应当依据法律法规进行，以确保学校的管理合法、公正和规范。同时学校章程是办学总依据，是学校内部制定的政策、规则和措施，其对学校的政治权力（党委会、党政联席会等）、行政权力（校长、校级领导、学院院长）和学术权力（学术委员会、教学指导委员会等）以及民主管理权力（工会、教职工代表大会、学生代表大会）都作出了明确规定，有法可依且有章可循。[①] 校院两级管理要保障教育资源的公正分配和管理，确保各教育主体的权益得到平等对待，并接受上级教育行政部门和社会公众的监督。学校管理要尊重教职员工和学生的知情权与参与权，及时向他们传递重要决策和政策信息，听取他们的意见和建议，要保持透明度，确保管理行为公开可见。依法治理原则是现代社会管理的基本准则之一，对于高职院校而言尤为重要，因为教育事业涉及广泛的社会利益，必须遵循法律法规来保障学校的合法权益和教育质量。

二、政策形势

（一）持续推进高校治理体系和能力现代化

党的十八大以来，党中央、国务院着力推进国家治理体系和治理能力

---

① 汪全胜，杨娟. 强院兴校背景下校院两级权力清单的设置［J］. 高教探索，2021（2）：21－26.

现代化。《国家中长期教育改革和发展规划纲要（2010－2020年）》和《关于高等教育领域简政放权放管结合优化服务改革的若干意见》都提出要完善大学内部治理体系，加快大学治理能力现代化建设，实现大学高质量办学和高等教育内涵式发展。2013年11月，党的十八届三中全会提出"扩大学校办学自主权，完善高校内部治理结构"。2014年7月，国家教育体制改革领导小组《关于进一步落实和扩大高校办学自主权 完善高校内部治理结构的意见》主要从政府简政放权、高校优化治理、社会支持监督三方面系统部署内部治理体系建设。① 2017年1月，《国家教育事业发展"十三五"规划》中提出，"推动高等学校进一步向院系放权"；4月，教育部、财政部等五部门颁发《关于深化高等教育领域简政放权放管结合优化服务改革的若干意见》提出将一些由中央和地方政府所掌握的办学权下放到地方政府和高校，并提出学科专业设置机制、高校编制及岗位管理制度、进人用人环境、教师职称评审、薪酬分配制度等方面的改革；9月，中共中央办公厅、国务院办公厅印发《关于深化教育体制机制改革的意见》，进一步强调教育领域的"放管服"相结合改革。党的十九大报告提出要实现高等教育内涵式发展，强调通过高校内部的深入改革，结构优化、激发活力，提高竞争力，实现实质性的跨越式发展。② 由此，高校深化体制机制改革，建设现代化治理体系尤为关键。

（二）不断优化高职院校内部治理结构

国家启动"双高计划""提质培优计划"等重大建设项目，强化类型教育特征，稳步发展职业本科教育，为学校全面提升治理能力和治理水平，实现高质量发展明确了思路、指明了方向。2022年5月新修订施行的《中华人民共和国职业教育法》明确指出要建立健全适应经济社会发展，产教深度融合，服务全民终身学习的现代职业教育体系。职业教育现代化

---

① 褚金海. 高校内部治理路径创新与结构优化研究：基于委托代理理论的分析框架 [J]. 河南社会科学，2020（6）：118－124.

② 瞿振元. 高等教育内涵式发展：从"推动"到"实现" [J]. 评价与管理，2018，16（1）：71.

是基于治理能力和治理体系的现代化,高职院校需顶层设计,一体推进内部治理工作。"十四五"时期,宁波市围绕奋力打造"重要窗口"模范生、共同富裕先行市的要求,着力发展数字经济、智能成型装备、高端模具等产业链,深入推进先进制造业与现代服务业融合发展。新型业态发展、产业转型升级加速、科技创新能力提升需要职业院校供给大批高素质技术技能人才,为学校深耕宁波产业经济,深化产教融合,推进高水平专业群建设、双师双能队伍建设、科技服务能力提升等提供了广阔舞台和发展空间。2020年12月底学校成功获批省"双高校"建设单位后,迅速动员,快马加鞭,全力推进学校高质量发展和"双高校"建设,这就迫切需要全面提升内涵建设,全面谋划统筹发展,优化内部治理结构,使管制型高职院校向服务型高职院校转变,完善权力配置的制度体系建设;从依附型学院向自主型学院转变,不断完善学院内部治理结构。

(三) 实行校院两级管理改革放权强院

教育部等五部委联合发布的《关于深化高等教育领域简政放权放管结合优化服务改革的若干意见》提出"各高校要及时制定实施细则,向院系放权,向研发团队和领军人物放权,确保各项改革措施落到实处"。因此,一些高校开始进一步推动院校两级管理等层面的改革,其核心是向院系下放自主权,促进管理重心下移,实现从"校办院"向"院办校"转变。[①]与此相应的,还涉及高校内部的院系与职能部门间的关系、院系与院系间的关系等层面。这种"纵向授权式"的改革已经成为高校内部治理结构改革的重要方向。[②]

在此契机下,高职院校也尝试校院两级管理改革,究其原因,第一是学校功能的拓展,教学、科研、社会服务等多方开展迫使学校的管理重心下移,推动学院的实体化发展;第二是学校规模的迅速扩张,即专业

---

① 杨颉. 协同治理协议授权:探索校院二级管理改革新路径 [J]. 中国高教研究,2017 (3):12–16.

② 尚洪波. 高校内部治理结构改革:改革开放四十年来的回顾与展望 [J]. 国家教育行政学院学报,2018,251 (11):23–28,86.

（群）的增设和招生人数的迅猛增加，集中管理难度不断加大必然导致分权，尤其是在教学管理和学生管理方面；第三是筹资体制的改革，在市场经济体制下，允许事业单位创收，为了保障学院创收的积极性，学校同意学院的部分收入按比例分成和自主使用，用以提高学院经济主体地位，激发学院活力；第四是人事体制改革，为了有效配置学校的师资资源及提高教师个人待遇和福利，高职院校在岗位聘任和绩效工资分配等当中都实行了两级管理，为了学院未来学科专业发展，各分院在岗位设置、聘任、考核、绩效收入发放等方面均有自主权，由此采取分权或授权的校院两级管理方式势在必行。[①] 通过"放管服"改革将部分人、财、事权的决策下放到二级学院，学校实施校院两级权力配置，校院两级管理成效凸显。

三、学校办学实践

从本质上说，学校的治理体系就是一个制度系统，它包含人才培养、科学研究、社会服务等各个领域。因此，推进学校治理必须从总体上考虑与规划各个领域和各类群体的理性约束，实现职业院校各项事务治理制度化、规范化、程序化。学校以提升办学质量为导向，以扩大二级学院自主权为重点，以考核、拨款、收入分配改革为手段，深入推进实施两级管理。2019年，学校成立优化考核工作小组，牵头推进考核、拨款、收入分配等两级管理系列制度的改革，历经深入调研、专题研究、征求意见、二十余次易稿，出台了《编内人员收入分配指导意见》《教职工考核指导意见》《教学单位工作考核办法》《二级学院拨款办法》4项制度，二级学院也充分发挥主观能动性，自主制定了二级考核体系和收入分配方案，形成了分级分类、公平、公正、公开的二级考核制度；建立了以"规模、质量和效益"为主要依据的科学合理的二级拨款办法，并通过与考核结果相挂钩的方式，实现优绩优酬、多劳多得、定向激励的绩效分配机制。经过一年多的实践与总结，2021年学校又结合"双高校"建设需要，对教职工

---

① 刘亚荣，等. 高校校院两级管理模式研究 [J]. 教育与经济，2010（2）：12-15.

考核和收入分配实施方案进行了修改和完善,并指导二级学院完成了本分院教职工考核和收入分配实施细则的修订,完善二级考核、拨款、绩效分配机制,深化两级管理,有效激发了二级学院的积极性、主动性和创造性,重大业绩成果实现多点突破,标志性成果呈现井喷态势。

(一) 数字赋能提升学校治理能力水平

1. 加强党的全面领导,建立校院两级党组织

组织分权理论核心为权力分配和授权机制,其中之一体现在党建引领的两级党组织建设上,适当降低管理幅度,就会增强控制能力。结合党史学习教育,学校建立了校院两级党组织书记、校长(院长)领衔破难攻坚制度,共有书记"领办项目"、委员"攻关项目"和支部"创新项目"三类项目138项。

学校加强党的全面领导,强化条抓块统,通过各级党组织的层层指导、层层部署,推进党建工作层层督促、层层落实。党建工作在二级学院年度综合绩效考核中占比达到30%。试行二级学院党总支领导下的院长负责制,取得明显成效。层层签订《党建工作责任书》《意识形态工作责任书》《党风廉政建设责任书》,严格执行《党支部工作条例》等规定,以校院两级党组织为依托进一步理顺校院两级的责权利关系,提供组织保障。以"放权强院"为重点,持续推进校院两级管理体制改革,不断激发二级学院办学动能和活力。认真推行学校首创的"1+8+N""点线面"结合一体化推进党建工作机制和重要工作八项抓落实机制,有力有效推动学校各项工作。

2. 以数字化改革为牵引,完善现代治理体系

依据内部治理结构理论,学校不断完善"党委领导、校长负责、教授治学、民主管理"的内部治理机制,继续抓住"干部、人才、政策、机制"等关键环节,变革干部管理、考核分配、二级管理、产教融合和科研社会服务等机制,将部分权力下放至二级学院需要权力运行制约和监督体系,从而使决策、执行和监督三权制衡。学院一般都设有党政联席会制

度，事关学院发展建设方面的重大事项都会通过党政联席会议集体研究讨论决定。

学校以数字化治理体系改革为起点，以"完善体制机制—应用深度融合—聚焦数据治理—创新数据应用"的四段式发展思路，变传统经验驱动的"教育管理"为数据驱动的"教育治理"。按照"双高计划"建设方案，不断加大数字化工作力度，制定《"十四五"数字化建设专项规划》《数字化改革工作方案》《数字化改革年度工作要点》，构建了"1+4+1+1"的数字化工作框架，将先进信息技术作为创新治理体系和提升治理能力的重要动能与战略支撑，撬动学校内部治理体系改革，全面赋能学校治理体系创新发展。出台《"最多跑一次"改革实施方案》，深化校务服务"一张网""一窗通办"进程，完善"纵向业务集成、横向部门协同"的线上线下一站式服务工作机制；建成线下校务服务大厅，在线下业务推进中，积极探索"一窗通办"。构成线上"一站式"服务大厅，同时通过网上办事大厅、智慧微服务总线系统、教学过程管理系统、后勤管理系统、在线填报系统、人事系统、学工系统、财务报支系统等建设，推进相关业务在部门之间高效协同，有效地推进了各项工作的高效落实。

从利用数据提升治理能力和变革治理方式的角度初步实现"三层次"（学校、部门、个人）和"多主体"（管理者、教师、学生、家长、人才需求方等）的"数字画像"视图，打造一系列对内治理与对外服务的创新应用场景，形成了富有特色的高职院校大数据建设机制与应用模式（见图6-1）。截至2023年10月底，共有280项校务服务事项，实现零跑239项，零跑率达85.36%。

3. 推进依法依章治校，规范议事规则

基于校院两级管理应遵循的依法治理原则，将政治、行政、学术和民主管理权力做到有章可循，学校推进依法依章治校，组建专班修订完善学校《章程》，将党的领导和党的建设写入学校章程。出台省"双高校"建设管理办法、专项资金管理办法、标志性成果奖励办法等；社会培训方面，出台社会培训工作管理办法、培训经费管理办法等；财务管理方面，出台项目预算执行考核办法、项目支出预算管理办法、预算绩效运行管控

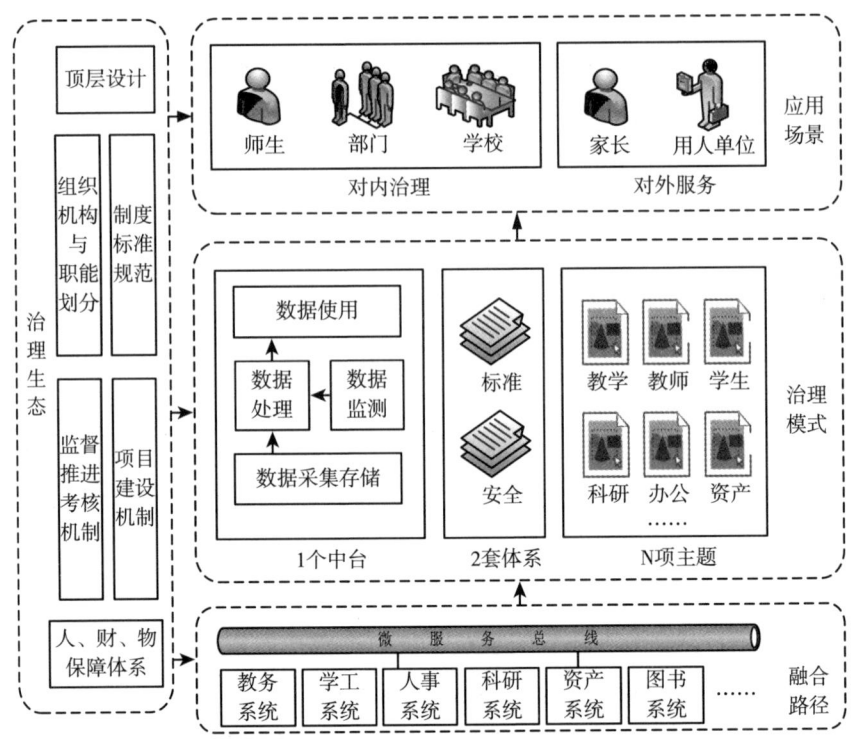

图6-1　学校大数据建设机制与应用模式

办法等；资产管理方面，出台固定资产管理办法、国有资产管理办法、采购管理办法等。编制完成《年度依法治校工作报告》《年度章程执行工作报告》，落实《重大决策社会风险评估实施办法》，完成全员聘任社会稳定风险评估。推进制度"废改立"，以数字化改革为牵引，系统推进内容重构、流程再造、制度重塑，共梳理制度420个（废止51项、新建78项、修订84项），调整优化各类议事协调机构，共设置党务系列常设机构18个、行政系列常设机构48个。坚持党委领导下的校长负责制，修订完善党委会、校长办公会议事规则，贯彻落实"三重一大"决策制度实施办法等制度，出台学术委员会议事规则。通过综合改革，形成了以章程为核心的制度体系和运行机制，提升了学校治理能力。

4. 实行重大决策通报制度，严格执行信息公开制度

内部治理结构理论中强调建立基于权力结构的决策机制和信息公开机

制，体现公平公正，减少知识传递成本。学校实行重大决策通报制度，通过发布会议纪要、校园网公示、教职工大会、教代会、党外人士座谈会等途径，及时通报重要决策事项。严格执行信息公开制度，认真落实党务、校务信息公开，将招生考试、财务资产及收费等9类、37项工作信息在校园网公开，对招标采购、选人用人、人才引进、职称评聘、项目评审等事项按规定进行公示，注重构建有效的监督机制，从而保障决策和行为遵循学校整体的价值观和利益。

5. 转变职能部门管理服务方式，理顺权责利关系

学校遵循权责统一和目标管理的原则，研究制定出台《学校校院两级管理办法》，明确管理机构、管理权限与责任、管理过程与监督等，科学制定行政工作、教学工作、学生工作、科研工作、人事工作、财务工作、安全管理工作等专项二级管理实施方案。同时，实行目标责任管理，制定《学校二级单位（部门）目标管理责任制实施办法》，学校与各二级单位签订《目标管理责任书》，将学校与二级学院间的委托—代理关系形成契约以明确双方的权利和义务，更规范代理行为。坚持简政放权、服务至上的原则，依据委托—代理理论中所倡导的尽量给二级学院放权松绑，部门以服务至上，调整优化职能部门的岗位设置，理顺部门、二级学院的权责利关系，主导二级学院独立自主地开展教学、管理工作。学校还开展了规章制度"废改立"工作，对部门职能进行微调，建立层层压实责任的工作机制、重大项目专班制和项目领办制，坚持目标管理和问题导向，确保任务层层分解至部门再至个人，实行挂图作战、定期跟踪，及时总结经验和解决实际困难，多路径减少代理问题和成本。

（二）扁平化管理提升二级学院自主权

1. 扩大二级学院办学自主权，实施差异化治理

学校减少管理层级，实施扁平化管理模式和绩效管理模式，赋予二级学院相对独立的人财物、教科研等资源配置和管理权。自主权主要包括资源型权力，如自主用人权（教师岗位设置、引进与解聘、年终绩效分配、行政人员聘用、职称评审等）、自主理财权、资源配置自主权等；业务型权力包括招生自主权、教学自主权、科研与社会服务自主权、专业设置自主权、国际交流合作自主权、机构设置权、师生管理权等。二级学院完善以党政联席会议为主，党总支委员会议、行政例会、专家（教授）委员会、教职工大会（或教代会）和学生代表大会为支撑的"一主体五支撑"的教学院系管理与运行机制，争取了更多的资源型和业务型权力。学校探索分类授权，将明显应由学院自主管理，却仍在校和职能部门手中的权力授予二级学院，再通过调查征询学院意见，以及根据各学院在学校发展大局中扮演的角色，将学院分成教学任务相对较重型和科研社会服务任务相对较重型等，研究下放权力，并赋予不同的考核目标和要求，构建二级学院自我发展、自我管理、自我约束的差异化治理模式。

2. 创新专业群管理方式，发展跨专业教学组织

创新专业群管理方式，实现协同发展。按照专业群建设特点和内在机理建设与之相匹配的教学管理模式，打破原有的"学校、学院、专业（教研室）"三级教学管理模式，以专业群为单位统筹组织协调，构建不同专业（纵向）和不同课程群（横向）的矩阵式教学管理结构，探索专业群的协同发展。开展教学诊断与改进，完善专业群建设发展的绩效考核评价体系，正确引导专业群适应区域经济发展需求和产业发展变化，找准专业群发展方向、明确发展目标、确定重点建设任务，增强专业群服务区域发展能力，形成有效的专业群建设管理运行保障机制。积极推进现代学徒制人才培养工作，建立"校—院—专业"三级实习管理体系，基于数字化技术，实时掌握学生实习状况。

学校聚焦应用电子和市场营销为龙头的两个专业群建设，加强制度、经费、人员等保障，建设一批跨专业、跨学科教学科研组织，建立1-2个柔性团队。改造经管学院现有的传统专业，联合建筑与艺术学院、国际交流学院、数字商务学院的相关专业资源，重点培养基层管理人才（如大学生"村官"、社区工作者等），以服务乡村振兴和"两个先行"，形成人才培养方案，并争取宁波市委组织部、市人社局等政府政策支持，跨专业教学组织建设初见成效。

3. 二级学院承担党建和思想政治工作主体责任

加强基层党组织建设，发挥好基层党组织的战斗堡垒作用和党员的先锋模范作用，在党建标准上打造品牌，在党建融合上创建标杆。按照"以生为本"理念，打造有学院特色的工作体系，推行"党建＋项目管理"，提升党建工作效能，统筹配置资源，实现项目化管理，承担党建与思政工作主体责任。党员学生化被动为主动，主导项目的策划、执行、总结，从而提高工作效率，培养学生的创新及实践能力。目前，党员仪式感教育、党员服务站、党建筑寓工作站等项目向纵深推进，形成了多个品牌。另外，电子信息学院"一二三四"工作法特色鲜明，即聚焦中心工作，抓牢党员队伍和党建品牌建设，加强支部与育人相结合，引领政治思想工作，促党建与专业建设融合共生；数字商务学院"三融三延"开辟"院社党建共同体"新路径，做到政治学习与业务前行相融合，主题活动与工作实践相融合；经济管理学院将党建引领与育人工作相结合，激发红色引擎新动力；国际交流学院搭建数字平台应用于党建工作，提升了师生党员学习的主动性。

（三）评价激励改革调动二级学院积极性

学校秉承"用实绩说话""以群建院""放权强院"的原则，将教职工年度考核、职称评聘同项目绩效和贡献挂钩，研究出台了"'双高校'建设标志性成果奖励办法"等激励政策，充分调动了二级学院办学的积极性、主动性和创造性。

1. 目标分类考核成为学院发展的有效保障

管理控制系统理论强调在组织管理中要强化目标设定、绩效评估和反馈机制。以此为据，学校加强制度保障，完善二级拨款和考核机制，实施分类考核、目标考核和底线考核。分类考核方面，根据各二级学院、党政管理机构、教辅部门等在学校发展格局中扮演的角色不同，制定不同的考核要求和目标，引导各学院坚持特色发展、错位发展；目标考核方面，设立教育教学、学科建设、科学研究、师资队伍等一级、二级指标构成的共性考核框架，对学院进行细化考核。其中，教师队伍建设的标志性成果与二级学院考核拨款挂钩，激发二级学院积极性。将教师考核权交给二级学院，学校考核二级学院，健全了教师年度工作和教学工作业绩考核办法、兼职教师队伍建设等5项制度，保障师资队伍建设，对教师、辅导员、中层管理人员、一般管理和服务人员实行分类考核。二级学院制定本学院考核细则考核教师，同时继续实施优课优酬、教师教学竞赛奖励等办法，将考核与绩效紧密结合，激活教师发展动力；底线考核方面，党纪国法是底线。在党风廉政建设、校园安全稳定和党的建设等方面，划定一条统一的"红线"，要求各学院不折不扣抓执行总体布局是底线。最后，改变考核重点，突出核心任务和标志性成果，即二级学院若能获得一项国家级标志性成果，则基本考核就是满分，常规教学是必抓重点，实行扣分制，未完成则予以减分。

2. 职称评聘机制成为教师教学能力发展的有效引领

基于组织分权理论和管理控制系统理论中都强调的对教师进行绩效评估与反馈，同时辅以适当的激励和惩罚，对学校教师成长和能力发展大有裨益。首要的是不断优化专业技术职务评聘工作，继续贯彻《2018－2020年教师专业技术职务评聘办法》等9项制度要求，实施成果对等性评价和综合业绩外审鉴定，把参加分级的教育教学能力培训并通过测评作为对应职级的专业技术职务申报的前置条件，积极探索申请专业技术职务直聘制度，对高层次和学校急需紧缺人才实行一事一议制，凸显专业技术职务评聘以用为本的导向。出台《2021－2023年专业技术职务评聘工作规划》《2021－2023年教师专业技术职务评聘办法》，实行综合业绩送审，单列思政理论课教师、学生思政教师专业技术职务评价指标与体系，将"双带头人""样板支部"等党建工作相关要求纳入专业技术职务评聘办法，促进教师专业技术水平和教学育人能力协同发展和提升。

3. 统筹二级学院领导班子的考核，促进公平公开

根据管理控制系统理论中层级控制、团队控制的方式方法，学校制订了年度计划和各部门（学院）年度目标与任务分解表，对二级学院领导班子进行考核，绩效由学校考核领导小组依据二级学院的建设情况、年度考核情况确定，报党委审定。学校按照《内部质量保证体系建设与运行实施方案（试行）》的相关要求，在决策指挥、质量生成、资源建设、支持服务、监督控制等不同系统间形成质量依存关系，构建全要素网络化的内部质量保证体系，对人才培养的各层次、教学过程的各环节、教学质量的各要素，实施全方位、全过程和多层次的监控和评估。

（四）优化教学科研管理机制提升科研实力

1. 完善专业建设管理机制

学校成立以主管院长为组长的专业建设领导小组，组建专业建设、教学改革、人才培养团队，落实人员，明确责任，确保建设任务的顺利完成。制定学校《教学建设与改革项目管理办法》，做到机构落实、人员落实、责任落实、方案落实、资金落实。按照分级管理、责任到人、全程监督、定期考核的原则，建立专业建设绩效考核制度和绩效激励机制。基于管理控制系统理论，加强财务预算管理控制，在预算收入中每年安排充裕的经费用于专业建设，保证专业建设质量，制定《专业建设资金使用管理办法》，统筹安排使用资金。建立专业考评指标体系，用实绩说话，用数据说话，用成果说话，多维审视专业，设计包含专业培养目标、核心课程及师资、教学资源、学生发展、内部评价、外部需求等方面的专业考评指标体系，来考评专业是淘汰还是加强，从专业与国家经济社会发展和产业需求的契合度来评估专业竞争力，有效激发专业办学活力，为改革留足资源，为新专业发展留出空间。

2. 创新科研管理制度

依据组织分权理论，学校改进和建立有利于科研创新的科研管理制度，积极探索与有组织科研范式变革相适应的科研管理方式，在加强宏观统筹协调的同时积极落实"放管服"改革。建立以质量为先导兼顾数量的科研综合评价体系；改革科研项目和资金管理制度，出台《浙江工商职业技术学院科研项目经费包干制管理办法》探索科研项目经费使用包干制。出台《浙江工商职业技术学院科研创新团队建设与管理办法》组建科研创新团队，建立健全重大项目培育机制。

出台《浙江工商职业技术学院科研创新平台管理办法》，结合专业建设与研究人员优势研究方向设置科研机构，针对不同科研群体，开展多维度科研能力提升计划。集聚优质资源，培育一批具有发展前景的研究课题，立足区域产业创新需求和企业技术研发需要，加强科研项目与企业联合攻关，谋求重大项目和奖项的突破，提升科研项目的数量和质量。强化政校行企深度合作，数字商务学院与行业企业合作设立数字商务研究中心等技术技能服务中心；立足服务区域，机电工程学院与其他研究机构和企业合作共同打造中小微企业模具技术研发和产品升级中心等技术研发中心，建设智能家电等科普点，打造技术技能创新服务载体。

出台《浙江工商职业技术学院科研岗设置指导性意见》《浙江工商职业技术学院科研成果奖奖励办法》《浙江工商职业技术学院科研成果奖评选办法》等激励制度，设立科研特聘岗位，增加高水平科研科技成果产出，健全校院两级学术委员会机构，完成学术委员会的调整工作。建设基层学术组织，主要是设置二级学院学术组织，包括实行学术带头人负责制，组建科研、服务组织，开设学术前沿课程。设立师生共研项目，实行学术组织形式多样化，并选拔优秀的管理者，创造宽松、学术自治的制度环境。①

3. 国际交流合作和社会服务部分权力下放二级学院

各二级学院成立国际交流与合作"十四五"建设工作小组，负责落实各项目建设任务。相关职能部门与各二级学院紧密配合，从人力、物力、财力对建设项目给予全力支持，协同推进"十四五"建设。强化项目实施管理，按照建设任务书细化项目建设方案，明确项目的发展目标、任务、进度和经费安排，制定路线图，排出时间表，实行事前、事中、事后全过

---

① 董宏志. 扁平化管理理论对我国高校组织结构改革的启示与借鉴[J]. 中国电化教育，2012（11）：130-134.

程管理，定期发布年度绩效报告。事前明确目标标准，落实到责任主体；事中实行监测预警，完善月度＋年度＋中期＋终期反馈制度；事后加强诊断与改进。建立绩效评价机制，将目标任务完成与部门、个人绩效挂钩。

二级学院以团队建设为基础，以制度建设、机制改革为动力，坚持"多层次、多形式、多渠道"的培训发展思路，做大做强各领域职业培训等社会服务工作。明智学院等鼓励创收，制定《学院创收发放办法》，专业或个人通过校企合作、社会培训、公开竞争方式或以市场委托方式取得的各项服务收入自行分配，分院组织的创收以及各类捐赠对应的收入纳入全院教职工分配，极大激励了教师社会服务的积极性。

（五）完善经费分配机制激发学校办学活力

1. 加大投入，加强学校经费保障力度

近年来，浙江省财政持续加大对高职院校的经费投入，生均拨款标准逐年提高，专项拨款也逐年增加，为学校进一步发展提供了经费保障。2023年度省财政继续拨入生均经费、高校绩效奖补资金和职业教育提升计划专项等经费。此外，学校被确定为浙江省高水平高职学校建设单位，每年获得1 200万元的专项支持经费。省教育厅、科技厅、宁波市教育局、科技局等相关部门每年也以不同形式对学校给予经费支持，2022全年收入4.2亿多元，有效保障了学校教师顺利开展各类教学科研工作（见图6-2）。

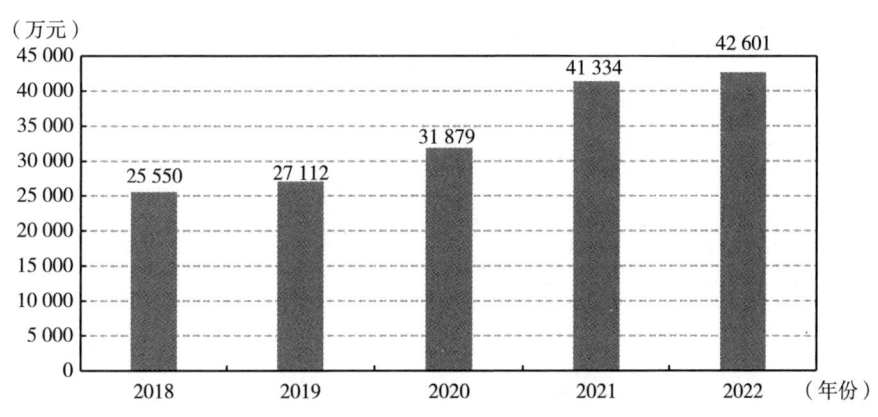

图6-2 近五年学校收入情况

学校始终以教学为中心，围绕教学工作不断加强经费保障力度。除加大对教学设施设备投入外，2022年用于图书资源投入、学生奖助学等方面的经费近1 500万元，其中图书资源投入较上年增长11.04%，学生奖助学投入近1 300万元，为学校实现高质量发展乃至跨越式发展提供坚实基础。

2. 学校二级拨款打破系数概念，呈现多元化多维度特点

虽然在2019年学校已经出台《二级学院拨款办法》，但在人员经费的常规拨款时仍采用拨款系数方式。例如，专任教师按照学校聘任文件和各类人员拨款系数由专任教师拨款系数定额、学生定额、课时定额和当年二级学院学生缴费率决定。专任教师拨款系数定额、学生定额、课时定额构成比例为6∶2∶2。基于目标管理原则，从2022年新的拨款办法出台后，二级拨款打破系数概念，采用多种方式，体现规模、效益和质量三个重要目标。二级学院在编人员经费由日常绩效和年度奖励性绩效两部分组成。各二级学院日常绩效拨款由系数拨款和人均补贴构成，按教职工年度实际在岗权重核拨；年度奖励性绩效拨款分为创收拨款、挂钩考核得分拨款、挂钩生师比拨款、人均拨款、系数拨款五部分。

学校拨款分配的持续性改革，完善了校院两级管理，保障了财权下放，使学院二级管理更为高效，为自主考核、创新项目、师资发展和人才培养等方面提供保障。

3. 持续推进绩效二级分配管理改革，各学院实施收入分配方案

管理控制系统理论认为适当的激励和奖惩制度是管理的有效手段，设置相应的绩效考核和激励机制，能鼓励学院和教师努力实现既定目标。从2018年开始，学校持续推进绩效二级分配管理。从拟定《编内人员收入分配方案（修订）》初稿，制定《二级学院拨款暂行办法》，到2022年完善拨款办法并发布"关于修订2022年教职工考核和收入分配实施细则的指导意见"的通知，各二级学院根据自身现状与发展方向制定年度《教职工考核和收入分配实施细则》，坚持公开、公正、公平原则、按劳分配原则、考核结果与绩效挂钩的原则和合理收入结构、灵活性原则，总体设计相当，除基础绩效奖励外，还设置其他基础绩效奖励（包括月度绩效奖励、

双高校建设津贴、零星绩效奖励等)、年终考核奖励绩效(包括科研成果奖励、专业团队奖励绩效、专业主任与实训室主任奖励绩效、个人奖励绩效和专业教师考核绩效等)。

各二级学院又不尽相同,电信等学院设立书记院长基金,个人奖励绩效中对出色完成毕业生跟踪调查工作奖励、班主任考核奖励、专业考核奖励、对在分院教学和管理等无法量化的工作中作出重要贡献的教职工等奖励都有所体现。国际交流学院个人年度考核结果与当年奖励性绩效挂钩,考核结果为基本合格和不合格的,按全部奖励性绩效的80%、60%发放年终奖励性绩效,与之类似的还有机电工程学院等。学院通过不断探索和改进实施方案,力图实现优绩优酬、多劳多得、定向激励,建立学校、二级学院、教师命运共同体式的绩效分配机制。以提升办学质量为导向,以扩大二级学院自主权为重点,通过分级分类考核、聚焦标志性成果、考核结果与绩效挂钩等方式,有效地激发了二级学院的办学积极性。

(六) 推进监督评估机制提升两级管理效能

1. 充分发挥纪检委员在校院两级管理中的监督作用

无论是内部治理结构理论、管理控制系统理论还是委托—代理理论都强调监督和评估的重要性,注重反馈和控制机制,提升管理效率。2019年,学校根据浙江省纪委省监委关于深化高校纪检监察体制改革部署,独立设置了纪委办公室,配备了4位专职纪检干部。同时,学校还根据构建大监督体系的需要,配齐建强了校纪委委员、党总支和党支部纪检委员、师生党风廉政建设特约监督员3支兼职纪检队伍,学校监督力量得到进一步加强。加强兼职纪检监察干部队伍建设,建立党总支纪检委员工作制度,制定《党总支纪检委员工作职责》,实行校纪委委员与党总支纪检委员联席会议制度,充分发挥纪检委员在校院两级管理中的监督作用。

2. 持续推进学校内部质量保证体系建设工作

学校按照《内部质量保证体系建设与运行实施方案》,以诊断与改进为手段，在学校、专业、课程、教师、学生五个层面建立起完整且相对独立的质量保障机制，任务明确、机构健全、责任到人。出台《教学秩序管理办法（试行）》，修订《教师课程教学工作规范》，组织对 23 个专业开展综合评价，优化了培养定位与课程体系；健全教师年度工作和教学工作业绩考核办法；修订《资助特色项目培育管理办法》《资助资金管理办法》等学生管理制度，进一步强化了学校各层级管理系统间的质量依存关系，形成全员、全方位、全过程、全要素网络化的内部质量保障体系。

学校目前已成立内部质量保证体系诊断与改进工作委员会，并设置了规划与计划执行、专业与课程建设、教师队伍建设、学生全面发展、质量文化建设及数据平台建设六个专项质量保证工作组，为推进学校教学诊改工作提供了组织保障。成立二级学院质量保证工作组，含专业（课程）质量保证小组。进一步完善学校内部质量保证体系诊改实施方案；组织编制规划与计划执行、专业与课程建设、教师队伍建设、学生全面发展、质量文化建设、数据平台建设等质量保证体系建设与运行方案；组织编制二级学院教学质量保证体系建设与运行方案，开展二级学院教学质量内部诊改工作；梳理六个专项组涉及的专项工作清单，组织相关部门完善专项工作标准。

3. 不断加强课堂监控与评价工作

开展常态化的校院两级督教、督学，实施了校内校外、线上线下双重质量监控。开展校外专家听课评课、领导干部听课、校院两级教学督导听课等多维度的教学评价，进一步营造全员参与和全员重视的质量氛围。疫情防控特殊时期，开展线上教学专项督导工作，通过督导在线听课、下寝室督查学生听课情况、发布督查通告、展示优质线上教学案例等形式，提升线上教学效果，保证教学有序进行。听课数量饱满、覆盖面大，如 2022 年下半年共计对 550 位教师进行听课，听课 2 415 课时，涉及 624 门课程，听课量较上年同期增长 60%。

完善督导工作机制。学校修订《二级学院督导工作考核办法》，进一步健全了教学质量监控体系。根据办法对二级学院督导工作开展考核，并将考核结果运用到二级学院年度工作考核中，促使二级学院提升教学督导工作水平和质量。加强学院二级教学督导工作，定期召开教学督导工作会议，有序推进教学督导工作的规范化，完善二级学院教学督导工作的月度报告制度，推进督导工作信息化，重点加强课堂教学质量的监控，提升督导工作效率，及时将督导听课情况反馈给任课教师及相关人员，促进教师课堂教学质量的改进和提高。

最后，构建多渠道教学信息反馈机制。除了督导听课后给被听课教师的即时口头反馈和督导系统的评价反馈外，每学期召开校级督导课堂教学质量研讨会，形成学校课堂教学质量分析报告，并组织二级学院召开课堂教学质量诊改会议，将教学督导过程中得到的信息反馈给教学部门，形成有效的教学质量监控闭环机制，真正达到提升课堂教学质量的目的。

> **经验启示**
>
> 以党建引领，以数字化改革为牵引，学校不断完善现代治理体系。"扁平化"的组织平台克服了制度的控制，"去中心化"现象显现，以组织愿景引领具有创造性创新性的二级学院，自我决策、自我推动、自我负责，成为真正的主体。实施校院两级管理模式是内部治理结构理论和管理控制系统理论等的经典阐释。学校推进依法依章治校，规范议事规划，实行重大决策通报制度，转变职能部门管理服务方式，理顺了权责利关系；学院有更多办学自主权，承担党建和思想政治工作主体责任，改革考核分配和职称评聘等激励机制，拥有更多国际交流和社会服务自主权，有助于调动二级学院办学积极性，鼓励创新和改革实验，采用新教学方法、研究方向和管理模式，推动高校发展。不同学院根据自身特点和优势发展，增强高校的多样性和特色，有助于吸引不同类型的学生和教职员工，提高学校的知名度和声誉。学院在此管理模式下需承担更多责任，这有助于提高问责制，促使学院自觉地履行使命和目标。当然，学院自我管理可能导致资源的不均衡利用，部分学院可能会浪费资源，而另一部分学院可能会资源不足，建立有效的资源管理和分配机制、监督及评估机制确保了学院的决策和行动与学校的整体目标保持一致。

学校收入分配改革实践表明，党建引领是收入分配制度改革的根本保证。学校领导和人事部门坚持调查研究，多次到各二级学院进行思想动员，统一思想认识，全校上下形成了关于收入分配改革的认同与共识，凝聚了全体师生员工干事创业的合力，这是改革取得成功的根源所在。实践又表明，向二级学院下放分配权力，有利于其实现信息更加对称的管理，极大调动了二级学院的主观能动性，这是改革取得成功的关键所在。学校建立年度奖励基金，对取得重大成果的团体或个人给予积极奖励，营造了鼓励干事创业的良好改革发展氛围，持续激发全校教职工的工作活力，这是改革取得成功的核心所在。

第七章

产教融合：校地合作、协同育人

一、理论依据

（一）共生理论

"共生"是一个生物学概念，最早由德国医生、著名的真菌学奠基人德巴里（de Bary）在1879年提出："共生是不同生物密切生活在一起。"为了生存需要，生物体之间按照某种方式相互依存、相互作用，形成共同生存、共同进化的共生关系。[①]

20世纪60年代以来，共生理论逐步拓展到人类学、社会学、管理学以及经济学等其他研究领域。在经济学领域，我国学者袁纯清（1998）提出了共生理论假说，创立了核心为共存和双赢的基于共生理论的基本逻辑框架。按照其基本逻辑框架，共生系统包括共生单元、共生环境和共生模式三大要素。[②]

共生单元也称共生主体，是物质生成和信息、能量交换的基本单位。职业院校产教融合受到多元主体共同影响，政府、高校、企业和行业组织

[①] Ahmadjian V. Symbiosis: an introduction to biological association [M]. New England: University Press of New England, 1986: 1-10.

[②] 袁纯清. 共生理论：兼并小型经济 [M]. 北京：经济科学出版社, 1998.

都是产教融合共生系统中重要的共生单元。在这个共生系统中，政府为产教融合提供法律、政策、制度和经费保障；高校为企业提供技能型人才和技术支持；企业则为高校人才培养提供设备和场地，通过市场收集知识和技术的发展动态。在高职院校产教融合共生系统中，学校和企业是联系最密切、受益最直接的中心共生单元。

共生环境是共生单元以外所有因素的总和。共生环境和共生主体间同样存在物质信息和能量交流，共生主体和共生环境在长期共生作用中相互改变并相互适应。共生环境包括外部环境和内部环境。外部共生环境是共生单元生存发展必不可少的条件，对共生单元有重要支撑作用。高职院校产教融合的外生环境包括各级政府的法律法规、经济现状、产教融合的历史沿革以及技术发展规律等。内部环境按其对共生效率的作用来看，分为正向环境、中性环境和反向环境。对于高职教育产教融合共生系统来说，共生理念、参与动力、组织结构决定了内部共生环境起促进或是抑制作用。

共生模式也称共生关系，指共生单元相互结合的方式和信息能量交换的特征。因共生单元之间物质、信息和能量的交流方式或者程度不同，共生关系也千差万别。按照组织模式可分为点共生、间歇共生、连续共生和一体化共生。职业教育产教融合的点共生模式主要表现为一次性的合作，如一次性的技术交流。间歇共生是多个点共生的集合，产教融合不同共生单位之间不定期的合作和交流为间歇共生。连续共生表现为一种长期稳定的合作关系，如高职院校的师生定期到企业参与实践或跟岗实习。一体化共生是指共生单元以一种长期的稳定的交互方式进行，如产教融合中的产业学院、技术创新中心等属于一体化共生模式。在职业教育产教融合中连续共生和一体化共生是比较好的共生模式，能维持产教融合长期稳定的共生关系。[①]

从共生理论视角看，职业教育产教融合协同育人契合了共生理论强调的多主体、协同共生的运行机制。产教融合打破了教育和产业之间的界

---

① 刘洋，丁云龙. 论产学研合作模式的进化：一个共生进化视角的透视 [J]. 北京理工大学学报（社会科学版），2011（1）：43-49.

限,实现了政府、学校、产业、企业以及行业协会等多主体的共同参与,实现了教育链、产业链和人才链的有机衔接,符合共生理论多元主体的基本特征。①

(二) 协同理论

德国赫尔曼·哈肯(Hermann Haken)教授是最早研究协同理论的学者,1969年他从系统论的角度出发,指出在任何系统中,如果各个子系统之间能够彼此密切沟通交流、协调、共同协作形成一个有效的集体效应,各子系统之间就能产生 $1+1>2$ 的整体协同效应,各系统的作用也能得到最大强度的发挥。② 协同理论认为,在协同作用下,组织系统的集成是指其各个要素、各个子系统之间均能够彼此配合互动,进而达到协同要素彼此耦合的状态,最终获得跨越式的整体放大效应。协同理论的主要内容包括以下几个方面。

支配原理是指序参量在整体系统中的支配作用,能够推动系统在发展中形成新的结构,能够反映出系统的宏观有序程度,进而支配着子系统的行为不断向有序方向发展。在产教融合系统中,政府起决定作用,直接影响各参与方(序参量)的融合程度。但随着产教融合的不断发展,政府所发挥的作用逐步减弱,职业院校、企业、产业、行业组织等作用逐步加强,直到各参与方的功能逐步均衡,最终形成稳定的协同系统。③

协同效应是指复杂系统中各子系统之间通过相互影响、相互制约、相互合作达成有序结构,进而产生 $1+1>2$ 的整体效应。这种相互关联、相互联系的有序状态使产教融合各参与方协同耦合、共同发展。

自组织指系统在没有外部环境控制的条件下,内部各子系统之间会受到某种规则的影响而自动形成相对稳定的结构或功能。自组织是系统有序

---

① 刘卫红. 新时代职业教育产学研共生态的模型构建与机理分析[J]. 职业技术教育,2019,40(1):36-40.
② [德]赫尔曼·哈肯. 高等协同学[M]. 郭治安,译. 北京:科学出版社,1989.
③ 魏亚鹏. 协同理论视角下网络学习共同体学习资源应用模型研究[D]. 长沙:湖南师范大学,2018:15.

运行的最佳状态,是各系统发展的最优状态和系统演化的最终目标,系统的自主运行可以强化各子系统的积极性和责任感。产教融合的运行同样如此,各参与方由最开始的相互磨合到最终的有效协同,成为不需要外力就能自主运行的自组织。①

协同理论强调通过各子系统的有序合作获得协同效应,进而推动整体系统的发展。高职教育产教融合是一个涉及多元主体、多方要素的复杂系统,具有一定的协同特征,其发展会受到内、外因素的共同影响。因而,协同理论对于解决高职教育产教融合问题具有重要的意义,协调外部影响环境有利于高职教育产教融合取长补短,获得最佳的发展机会;协同内部各子系统则有利于高职教育产教融合达到有序状态,获得协同效应。

(三)利益相关者理论

"利益相关者"概念起源于经济学。1963年,斯坦福研究院把"利益相关者"定义为在企业中有一些利益群体,若缺少了他们的支持,企业便无法生存,强调了利益相关者在企业经营中的地位,利益相关者的需求不可忽视。② 此后,"利益相关者"的研究越来越多,发展成一种理论,并经历了"利益相关者影响""利益相关者参与""利益相关者共同治理"三个发展阶段。③

利益相关者理论强调所有利益相关者都享有决策权和所有权,并共同承担风险;各类利益相关者的利益必须予以平衡,不仅仅是关注核心利益相关者的利益最大化,而要关注所有相关者的利益;组织要了解各类相关者的利益诉求与价值选择,激发其内在活力的基础。④

---

① 魏亚鹏. 协同理论视角下网络学习共同体学习资源应用模型研究 [D]. 长沙:湖南师范大学,2018:15.
② 邵坚钢. 基于利益相关者理论的职业教育产教融合路径探析 [J]. 教育与职业,2017 (2):43-47.
③ 王身余. 从"影响"、"参与"到"共同治理":利益相关者理论发展的历史跨越及其启示 [J]. 湘潭大学学报(哲学社会科学版),2008 (11):28-35.
④ Atkinson A A, Waterhouse J, Wells R B. A stakeholder approach to strategic performance measurement [J]. Sloan Management Review, 1997, 3 (38):25-37.

职业教育的产教融合包括不同的利益主体，这些主体皆属于典型的利益相关者组织，运用利益相关者理论对产教融合的相关问题展开研究具有较好的适切性。职业教育产教融合顺利实现的首要前提在于明晰不同利益相关者的角色定位，并在此基础上针对不同的利益相关者制定不同的战略。

在职业教育产教融合过程中，不同的利益相关者的地位、影响力、利益诉求各不相同。不同利益相关者对各自利益的追求伴随着复杂互动关系，并导致不同利益相关者之间产生冲突利益。职业教育产教融合的本质就是对各方的利益诉求进行调适，有效缓解不同利益相关者之间的利益冲突，求同存异、形成合力，推动和促进教育与产业联动发展。

二、政策形势

校企合作、产教融合是职业教育的内在要求和本质特征，是办好职业教育的关键。党的十八大以来，国家将产教融合、校企合作作为推动职业教育改革发展的着力点，出台一系列政策支持职业教育产教融合，深化职业教育人才培养模式改革，促进职业教育高质量发展。各地在国家政策的引领下，针对地方职业教育的发展特点，也出台了职业教育产教融合的相关政策，为更好地推动职业教育产教融合提供政策支撑。

（一）国家出台政策推进产教融合改革

2013年《中共中央关于全面深化改革若干重大问题的决定》确立了未来一段时期我国职业教育改革和发展的方向，即"加快现代职业教育体系建设，深化产教融合、校企合作，培养高素质劳动者和技能型人才"。产教融合第一次被正式作为职业教育的发展目标和发展方向提出。此后职业教育模式被高度凝练为"产教融合、校企合作"。为进一步推进职业教育产教融合、校企合作，国家出台了一系列创新性举措和具体措施（见表7-1）。

表7-1　党的十八大以来国家出台的有关产教融合的主要政策文件

发布时间	发布单位	文件名称	相关内容
2013年11月	中共中央	中共中央关于全面深化改革若干重大问题的决定	加快现代职业教育体系建设，深化产教融合、校企合作，培养高素质劳动者和技能型人才
2014年6月	国务院	关于加快发展现代职业教育的决定	以产教融合、特色办学为基本原则，研究制定促进校企合作办学有关法规和激励政策，深化产教融合，鼓励行业和企业举办或参与举办职业教育，发挥企业重要办学主体作用
2014年6月	教育部六部门	现代职业教育体系建设规划（2014—2020年）	到2020年，形成适应发展需求、产教深度融合……具有中国特色、世界水平的现代职业教育体系
2014年8月	教育部	关于开展现代学徒制试点工作的意见	现代学徒制是深化产教融合、校企合作，推进工学结合、知行合一的有效途径
2015年7月	教育部	关于深入推进职业教育集团化办学的意见	开展集团化办学是深化产教融合、校企合作，激发职业教育办学活力，促进优质资源开放共享的重大举措。要强化产教融合、校企合作，推动建设以相关各方"利益链"为纽带，集生产、教学和研发等功能于一体的生产性实训基地和技术创新平台，促进校企双赢发展
2017年12月	国务院办公厅	关于深化产教融合的若干意见	深化产教融合，促进教育链、人才链与产业链、创新链有机衔接，推进产教协同育人
2018年2月	教育部等六部委	职业学校校企合作促进办法	从合作形式和促进措施等方面明确校企合作的合作机制
2019年1月	国务院	国家职业教育改革实施方案	深化产教融合、校企合作，育训结合，健全多元化办学格局，推动企业深度参与协同育人，促进产教融合校企"双元"育人
2019年3月	国家发展改革委、教育部	建设产教融合型企业实施办法（试行）	多措并举，提升企业参与职教人才培养的积极性
2020年7月	教育部、工信部	现代产业学院建设指南（试行）	建设特色鲜明、与产业紧密联系的高校，建设若干与地方政府、行业企业等多主体共建共管共享的现代产业学院。坚持产教融合。将人才培养、教师专业化发展、实训实习实践、学生创新创业、企业服务科技创新功能有机结合，促进产教融合、科教融合，打造集产、学、研、转、创、用于一体，互补、互利、互动、多赢的实体性人才培养创新平台

续表

发布时间	发布单位	文件名称	相关内容
2021年10月	中共中央办公厅、国务院办公厅	关于推动现代职业教育高质量发展的意见	坚持产教融合、校企合作，推动形成产教良性互动、校企优势互补的发展格局。将产教融合列入经济社会发展规划；建设一批产教融合试点城市
2022年5月		中华人民共和国职业教育法	职业学校、职业培训机构实施职业教育应当注重产教融合，实行校企合作
2022年12月	中共中央办公厅、国务院办公厅	关于深化现代职业教育体系建设改革的意见	坚持以教促产、以产助教、产教融合、产学合作，延伸教育链、服务产业链、支撑供应链、打造人才链、提升价值链，推动形成同市场需求相适应、同产业结构相匹配的现代职业教育结构和区域布局

这一系列政策的出台，体现了党和国家对产教融合、校企合作的重视。产教融合理念成为职业教育的顶层战略设计，渗透到职业教育的各个方面。政府为促进职业教育发展，使用政策工具，通过引导、激励、监管等办法，构建政府、学校、企业、产业和行业等不同主体之间的利益、责任等，形成多元主体共同参与职业教育产教融合的治理体系，为高职院校发展指明了方向。

（二）省市积极谋划产教融合试点

在国家系列政策的引领下，浙江省和宁波市结合自身实际，也出台了一系列促进职业教育产教融合、校企合作的政策，并在国家政策指导下，积极进行产教融合试点。

浙江省人民政府于2021年出台了《浙江省深化产教融合推进职业教育高质量发展实施方案》，明确深化了产教融合的目标体系、政策体系、工作体系和项目体系，把深化产教融合作为实现浙江经济社会创新发展、转型升级的重要途径，作为深化教育综合改革、建设现代人力资源体系的重要制度，作为促进高等教育内涵提升、实施高等教育强省战略的重要举措。① 提出要"加强与产业行业对接，健全专业设置动态调整机制""全面推行现代学徒制和企业新型学徒制"，推进职业教育产教融合校企协同育人，同时提出要深入实施产教融合"五个一批"工程，促进人才培养供给侧与需求侧的全方位融合。

作为全国职业教育先进地区，宁波校企合作、产教融合一直走在全国前列，在全国率先出台了《职业教育校企合作促进条例》，并根据发展需要及时进行了修订。2021年宁波成为全国首批产教融合试点城市之一。为加快推动试点城市建设，宁波市出台了《关于深化产教融合的实施意见》，提出了宁波职业教育产教融合的发展目标和主要任务，为高职院校产教融合发展创造了更多的政策空间。

三、学校办学实践

产教融合是职业教育本质特征，校企合作是职业教育基本形式，"没有行业企业参与办不好职业教育"。产教融合要求职业学校主动面向产业需求、锚定服务领域、针对职业特点，采用共建产业学院、企业学院、职教集团、技术技能平台以及"引校进企""引企驻校""校企一体"等多种形式，建设校企命运共同体。

学校在产教融合过程中，以共生理论、协同理论和利益相关者理论等为基础，不断扩宽与行业的结合，与企业的合作，探索"一核、三轴、多元"的产教融合构架和"点线面"结合的协同育人模式，实现了政府、学校、产业、企业以及行业协会等多主体的共同参与，推动教育链、人才链与产业链、创新链的有机融合，走出了一条产教深度融合、聚力合作、协同发展、互利共赢的新路子，促进了学校的内生式发展。

同时，学校充分发挥党建引领的作用，深入探索校企党建联盟、校地党建联盟、校协党建联盟、区域党建联盟等联建共建载体，建设一批"党

---

① 《浙江省人民政府办公厅关于深化产教融合的实施意见》政策解读 [EB/OL]. (2018-11-19) [2023-08-20]. https://www.zj.gov.cn/art/2018/11/19/art_1229019366_65153.html.

建校企地共同体",通过党建引领、项目牵引、治理联动,赋能产教融合,助推学校高质量发展。2022年学校获批教育部产教融合校企合作典型案例1个、浙江省职业院校产教融合项目2个、省发改委等十部门产教融合"五个一批"项目5个。

(一)率先探索校地合作新模式

学校借鉴总部经济的思想,率先探索具有区域特色的"总部—基地"办学模式,先后与宁海、慈溪、海曙、江北等县市区合作,走出了一条政、产、学、研相结合的协同发展道路,成为深入地方产业聚集区办学、探索"校地合作"办学模式的先行者。学校主动对接浙江省县域先进制造业产业集群,以"中国模具之乡"宁海模具产业集群、"家电之都"慈溪家电产业集群为基础,先后与宁海县、慈溪市及相关企业(协会)共建宁海学院、慈溪学院,与海曙、江北开展多样化合作,形成"一体多翼"的发展格局,以点对面合作协同推进产教融合新生态。

1. 率先破局探索建立宁海学院

2004年,应宁海模具产业转型升级的需要,学校与宁海县政府合作共建宁海产学研基地,占地150亩,总投资约1.5亿元,2007年投入使用,校地合作正式起步。基于宁海模具产业集群,宁海学院开设了模具设计与制造、机电一体化技术、数控技术、材料成型与控制技术和工业设计等专业,目前有在校生1 400多名。经过近20年的发展,通过政、校、企(协)合作,宁海学院建立了1个高技能人才培训学院、1个现代服务业发展研究院,华宝模具、阳超模具等2个校内教学工厂和多个技术研发及学生实训平台,搭建了模具产业6大公共服务平台,建成了国家级模具协同创新中心和生产性实训基地,为企业解决技术难题180多项,为宁海县输送了900余名技术人才。

学校模具和工业设计专业成为中央财政支持重点建设和骨干专业;模具数控基地为"中国模具产学研合作创新示范基地""教育部生产性实训基地";模塑制品表面装饰与智能成型技术协同创新中心被认定为国家省

市级协同创新中心。国家家电模具工程应用研究中心宁波分中心、教育部重点实验室宁海研发中心也落户宁海学院。

宁海学院创造性地将产学研合作的内涵扩展到人才培养、技术升级、服务社会、文化引领，走出了一条政、产、学、研相结合的协同发展道路，实现了校、企、政、区的多方共赢。宁海学院成为宁波市试点特色学院，被专家和媒体评价为"中国高职教育的'宁海模式'"和"解读高职院校县校合作模式的范本"。

2. 深度合作建立慈溪学院

慈溪是全国三大家电生产基地之一，针对慈溪家电产业创新需求，学校于 2012 年成立慈溪产学研基地，2016 年依托学校的有形资产与无形资产和慈溪市政府合作共建慈溪学院，以"中高职一体化教育、产学研融合"为平台，融人才培养、科学研究、技术创新、企业服务、学生创业等功能于一体，为慈溪制造业转型升级提供人才和智力支撑。学校与慈溪行知职业高中合作开展中高职一体化培养，累计 11 个班级，实现三个"全覆盖"，即毕业班学生进慈溪企业"6+6"（6 个月现代学徒制、6 个月企业实习）培养全覆盖，学生暑期为慈溪企业及乡村振兴志愿服务全覆盖，学院教师深入慈溪企业开展技术服务全覆盖（每位教师至少 1 项技术服务）。办学以来，慈溪学院先后与 30 多家慈溪企业开办订单班，累计在校人数超过 3 000 人，涉及工业机器人技术、应用电子技术、电气自动化技术、计算机网络技术等专业，并构成浙江智能家电专业群主干或骨干的省级"双高"专业群。学院还通过 12 个合作共建教研组织，主动对接慈溪特色产业（群）实力型企业，共同开发制定技术标准、教学标准，通过构建"基础能力培养平台课程＋核心能力培养模块课程＋复合能力培养方向课程"课程体系，以及"定向招生、双主体育人、定岗培养"现代学徒制等，成为驱动地方发展的重要"引擎"。

慈溪学院创建以来，学校不断深入实践，探索出一条"特区式混合所有制办学"的职业教育新模式。借力政府的政策支持，构建"1+2+N"投入机制，形成以政府为主导，浙江工商职业技术学院、宁波行知中等职业学校全面参与，众多当地企业融入的多元投入机制。慈溪市政府除投入启动经费，用于土地投入、校舍改造、设备设施建设外，2016~2020年每年还补助300万元经费用于慈溪学院办学。学院实行理事会领导下的院长负责制，建立理事会、联席会议、院长负责制"三位一体"的多重化治理结构，由慈溪市政府、浙江工商职业技术学院、慈溪市相关职能部门、宁波行知中等职业学校、行业企业代表等组成的理事会为决策机构，建立决策权、执行权和监督权相对独立、相互协调和有效制衡的运行机制，形成了"产权混合、责任分担、利益分享、育人协同、服务共享、市域驱动"的"混合治校""慈溪模式"。为凝练慈溪学院混合所有制办学的"工商经验"，向全省高职教育多元化办学输出可复制、可借鉴、可推广的"工商方案"，2022年学校筹备成立混合所有制办学研究中心，研究中心以"研究探索混合所有制办学模式，激发职业教育办学活力，服务区域经济社会高质量发展"为宗旨。

3. 全面对接海曙乡村振兴

随着宁波行政区划的调整，2019年学校积极与海曙区对接，校地双方签订战略合作协议，积极推进"1+X"战略合作，目前已构建"一联盟、二中心、三院、五所"，与海曙区联合成立"乡村全域旅游"共富联盟、知识产权运营中心、共建共享文化中心、乡村振兴研究院、工程师（工匠）学院、浙东文化旅游研究院以及农业物联网研究所、农业无人机研究所、农业品牌研究所、乡村文化旅游研究所、农村电商研究所，促进校地校企深度合作，服务地方发展，推动共同富裕示范区建设。

学校还与海曙区古林镇、合一生活园等单位深度合作，建设"和美乡村""环校园经济带""合一商学院""美好生活园区"等平台载体，共同打造特色示范"共富村"和中国式现代化"乡村振兴美好生活园"。

4. 校地合作形成多方共赢

学校通过不断探索和实践，充分发挥政、校、企（协）多元办学主体的资源优势，在专业结构、人才培养模式、课程内容、师资队伍、产学研服务平台和管理体制机制建设等六个方面形成了融合发展，实现了专业结构优化、企业深度参与育人、课程内容校企共同开发、校内导师与企业工匠共育、技术创新和管理体制机制政校企协共建，深化了产教融合，有效提升了人才培养的企业适配度，为县域产业集群提质扩量、转型发展提供了人才、智力和技术支撑，实现了学校与县域的共赢。

人才培养供给和县域发展需求的匹配性明显提升。2016年以来，两大现代产业学院毕业生就业率保持在98%以上，专业对口率超过80%，近2 000名毕业生留在宁海和慈溪就业，缓解了县域产业集群发展的人才数量供给不足问题。学生解决真实生产能力明显提升，用人单位满意率超过93%，学生获"模具数字化设计与制造工艺"国赛一等奖等国家级奖项26项、省级奖项221项，人才培养质量获得社会各界广泛认可。

专业建设水平显著提高。模具设计与制造、应用电子技术专业成为浙江省高职首批通过悉尼协议国际认证的专业，并获批国家级、省级优势专业；智能家电专业群获批浙江省"高水平"专业群；宁海学院获批浙江省现代学徒制试点单位；模具数控基地获批国家级、省级生产性实训基地；智能制造工作室获批国家级技能大师工作室；智能制造产教融合实训中心获批浙江省发改委产教融合"五个一批"项目。

服务产业发展能力大幅增强。2016年以来，两大现代产业学院为宁海、慈溪相关企业提供技术服务330项，解决关键技术问题并授权发明专利132项，师生专利成果转化30项，培训在岗员工3万多人次，完成技能鉴定4 497人次；模塑制品表面装饰与智能成型协同创新中心原创模内装饰技术在产业集群内16家企业应用，产值2.2亿元，并于2019年获批教育部协同创新中心；主持制定机械行业标准1项，参与制定模具行业国际标准1项、国家标准2项。

产教融合标志性成果突出。学校先后六次荣获"中国产学研合作促进奖"、全国示范性职教集团、浙江省现代学徒制试点单位；26个相关研究项目获批全国教育科学规划课题等省部级立项；21篇相关论文在《教育研究》等核心期刊发表。

（二）聚力推进专产双链深度融合

学校落实"把专业建在产业链上"的产教融合新理念，通过不断调整优化专业结构，打造与产业集群发展相适应的高水平专业集群，通过产业与专业的融合驱动来提升服务地方经济发展的能力。

1. 紧贴产业发展动态调整专业

学校主动适应区域经济发展方式转变、产业结构调整和优化升级要求，紧紧围绕浙江省"八大万亿"产业、浙江省"数字经济"一号工程和宁波市产业集群的发展战略，服务宁波市、浙江省及长三角经济圈的区域战略性支柱产业、新兴产业和优势产业，面向国家智能制造和数字经济战略需求，全面推进专业设置与产业需求对接、课程内容与职业标准对接、教学过程与生产过程对接、毕业证书与职业资格证书对接、职业教育与终身学习对接的五个对接，不断调整优化专业结构，通过专业改造、合并、调整和新设等方式，调整和优化专业布局，形成工商并重、集群发展的区域服务型高职专业体系。

学校出台了《专业综合评价细则》《专业设置与动态调整管理办法》，健全"招生—培养—毕业—就业"全过程育人绩效评价的专业动态调整与预警机制，根据专业吸引力、专业服务力、专业竞争力、专业影响力、专业创新力等因素调整专业设置，逐步淘汰专业力量弱、难入群、评价低、不符合区域产业发展需求的专业，大力发展数字、智能、信息、创意、民生类专业，2021年学校新增"工业机器人"专业，2023年新增"材料成型与控制技术"和"社会工作"专业；提升应用电子技术、模具设计与制造、电子商务、市场营销等专业建设水平；改造数控技术、计算机应用技术、应用英语、大数据与会计、休闲服务与管理、国际经济与贸易、财富管理等传统专业。结合国家稳步推进职业本科教育的战略部署，对照职业本科设置导向和建设标准，做强模具设计与制造、应用电子技术、市场营销和电子商务等专业，加强资源集聚，积极开展职业本科人才培养。"十四五"期间，学校专业规模控制在35个左右，针对地方产业结构调整和对区域经济发展未来预期，整体推进智能制造类专业与现代服务业类专业的协调融合发展，实现专业结构从以商为主到工、商并重的转型，现有专业与省、市主导（重点）产业保持高度契合，专业对产业的支撑和引领作用明显加强。

2. 聚焦产业集群打造专业集群

学校坚持把专业群建设上升到质量发展、特色发展、品牌发展的战略高度，把专业群作为专业结构优化的重要抓手、产业创新及转化应用的核心引擎、内部治理重构的重要机遇，通过专业群建设，凝聚学校办学特色，打造具有辨识度和影响力的专业品牌。

学校围绕区域产业实现"四链"融合，紧紧围绕区域产业数字化、智能化、信息化转型升级需要，根据"跨界、互补、融合"的理念，按照教育链、人才链与产业链、创新链紧密对接，面向高端装备制造、信息技术、数字经济及文化创意产业，注重专业设置与产业对接、人才培养与岗位对接，以专业之间的专业基础相通、技术或服务领域相近、职业岗位相关、教学资源可共享作为整合专业资源、构建专业群的基本依据，构建智能家电、数字商务、数智财金、数字创意、工业互联网技术、现代建筑、民生服务类等"2+1+N"个专业群，通过"增、减、扩、并"等方式提升智能家电和数字商务专业群优势与特色，高质量推进省"双高校"专业群验收，并力争将智能家电专业群建成国家双高建设重点专业群；将数字创意专业群打造成市级及以上的文化创业类专业群。同时将工业互联网技术、现代建筑、数智财金、民生服务类等建设成为若干个校内特色专业群。

专业群内各专业形成人才培养目标"共识"，共建共享专业群教学资源体系与技术服务平台，助力专业群、产业升级、区域经济社会共同发展。在课程体系建设上，对接岗位，构建"基础能力培养的平台课程+核心能力培养的模块课程+复合能力培养的方向课程"的专业群课程体系，三类课程逐层推进，有效落实"厚基础、强能力、重融合"的人才培养要求。

通过专业群建设，学校形成了"分类管理"的专业建设发展机制，构建了"诊改理念"的专业群协同发展机制。同时，学校依据"工商并重、二三融合"专业布局原则，成立专业群发展决策咨询委员会，召开学校专业群建设专家咨询会，邀请国内著名专家为学校专业建设把脉问诊、建言献策，优化学校专业群建设。

（三）构建多元共融协同育人新机制

1. 校企融合点对点合作

学校通过订单培养、进厂建室、引厂入校等方式，与龙头企业开展合作，推进产教融合，形成产教融合核心框架中的三轴之一。学校已和均胜电子、吉利汽车、永新光学、卓力电器等数十家龙头和"专精特新"企业开展形式多样的校企合作。

如电子商务学院不断探索实施"入园办学引企驻园"、基于电子商务真实项目的工作学习一体化培养模式，依托校内外生产性实训基地，以"有课进课堂，没课进工厂"为理念践行做中学、学中做，提高人才培养的适应性。建筑与艺术学院各专业以"产教融合"的项目化教学为特色，探索实践工作室教学、工学交替、真题真做等多样化人才培养模式。影视动画专业依托行业协会平台，以市场需求和岗位为导向，确立以"影视后期制作技术"为核心技术的人才培养模式，实践"引企入校、引企入教"的影视人才培养模式改革。建筑工程专业深入实践基于 BIM 专业人才模式，紧密结合地方产业，以"校企合作"为平台，将企业项目引进教学课程。经济管理学院基于"引企入校"的产教融合模式要求，扎实做好人才培养方案修订工作的同时，发挥企业在人才培养中特有的作用，与兴业证券、中信证券、国泰君安证券等开展校企合作工程，为产教融合内涵延伸奠定扎实基础。

学校通过这些形式多样的校企"点对点"合作，在人才培养和社会服务等方面取得较好成效。截至 2022 年，学校为企业提供短期用工 1 万多人次，举办订单班 10 多个批次，紧密合作型企业达到 135 家，完成企业技术咨询近百次，年均社会服务到款额 1 000 多万元，年均社会培训近 2 万人次，年均申请各类专利近百项。

2. 校协协作开展点对线合作

学校通过引协会（学会）入校、校协深度合作等方式，与行业协会（学会）开展"点对线"合作，构建产教融合的第二轴。目前已有宁波市汽车零部件产业协会、宁波市影视产业协会、宁波市自动化学会等6家行业协会（学会）落户学校，宁波市物联网智能技术应用协会慈溪分会等行业组织也相继落户学校慈溪学院，为开展校企合作、提升服务能力搭建了平台、创造了条件。"点对线"的合作，焕发出蓬勃的活力。

2008年，学校在宁波市有关部门指导下，联合40多家影视企业发起成立了宁波市影视制作行业协会，学校担任常务副会长单位兼协会法人。依托这一行业协会平台，集聚了行业资源，为学校专业人才培养开辟了全新的天地。2015年，学校与宁波电视台合作将《地产风向标》栏目整体引进校园，把课堂搬进演播厅，进行"真题真做"的高标准实战教学。同时，还相继开办了"萤火虫影视特效班""思华年影视制作班"等现代学徒制试点班。2019年协会升级为宁波市影视产业协会，协会会员单位增至200多家，6个影视产业园、8所在甬高校也先后入会，成为宁波影视产业的核心组织和产学研合作平台。学校影视动画专业学生团队在各级各类专业比赛中获得多个奖项，如"我与中国"全球短视频大赛优秀奖、海峡两岸文化创意设计大赛金奖等。

2015年，宁波汽车零部件产业协会入驻学校，直接把办公地点设在学校实训楼内。依托协会平台和学校资源，双方围绕汽车后市场产业链的发展要求设置专业，培养汽车检测、维护、营销、金融、保险等技能人才已达400余名，还就宁波汽配O2O垂直系统、汽车零部件大数据和汽车检测技术的开发和应用等开展了广泛合作，共同构建、推进宁波汽车后市场的民生服务工程。

学校牵头成立的三江职业教育集团，由最初的9所职业学校、23家知名企事业单位扩展到目前的27所学校、102家企业、17个行业组织和3个政府部门，并实施实体化运作。职教集团积极搭建产教融合校企合作大平台，举办知识产权成果交易会，11项成果以305万元达成交易；召开理事大会，共话职教发展新蓝图；打造增进交流学习、互信互鉴的平台，策划聚焦职教热点的常设活动"工商三江讲坛"，扩大职教集团影响力；定期出刊集团简报，荟萃理事风采，激发内生动力，凝聚发展合力。2021年，三江职教集团获批全国示范性职业教育集团（联盟）。

3. 开展现代学徒制"双元育人"

现代学徒制是职业教育产教融合、校企合作的重要形式。教育部 2015 年正式启动国家级现代学徒制的试点工作，浙江也出台有关政策推进现代学徒制试点，学校是首批省级现代学徒制试点单位。

为保障现代学徒制工作科学、规范、高效管理，学校制定了《全面推进现代学徒制实施方案》，成立了现代学徒制工作领导小组，落实相关部门和人员的主体责任。为加强现代学徒制学生管理，学校制定了《浙江工商职业技术学院现代学徒制学生管理办法》。各二级学院制定了《学院现代学徒制实施细则》《学生日常管理制度》《现代学徒制学徒学习考核管理办法》《现代学徒制质量监控管理办法》《学生跟岗实习管理办法》《"基地项目实践教学模块"管理实施细则》《学生入园跟岗实习管理办法》以及企业班学员跟踪记录表、企业班学员工作室项目化教学模块教学记录表、给同学及家长的一封信等一系列规章和制度，对相关工作开展中的流程、相关人员的职责、校企合作的基本要求等形成了较为系统的机制。

为顺利推进现代学徒制工作，学校构建了"一融合、四对接"工作机制，推进"专业＋岗位＋文化"融合，推动校企合作"四对接"，即二级学院与企业对接、专业与部门对接、学习岗位与生产岗位对接、教学过程与生产过程对接；设计了"一调整、四环节"的培养模式，建立岗位匹配度评价体系，对学徒成长进行动态调整，以"精准对接、精准育人"为原则，设置岗前教育、岗位学习、专项培训、团建活动等四个环节；建立了"学校、学院、专业"三级协同的培养过程监护制度，专业教师下企业指导全覆盖、班主任学情掌握全覆盖、专业负责人企业巡查全覆盖，学院组织巡查合作企业，学校随机巡查培养成效。现代学徒制人才培养机制不断完善，人才培养质量不断提升，为企业服务的能力不断增强（见图 7-1）。

随着现代学徒制工作的推进，学校开展学徒制的专业和学生逐年增加，参与校企合作的企业也明显增加。2023 年学校有 30 个专业开展现代学徒制工作，比 2020 年增加 13 个，1 756 名学生参加学徒制培养，比 2020 年增长 51.1%，校企合作的企业数量也从 2020 年的 37 家增加到 2023 年的 64 家（见表 7-2）。同时，学校还聘请 173 位企业技术能手担任指导

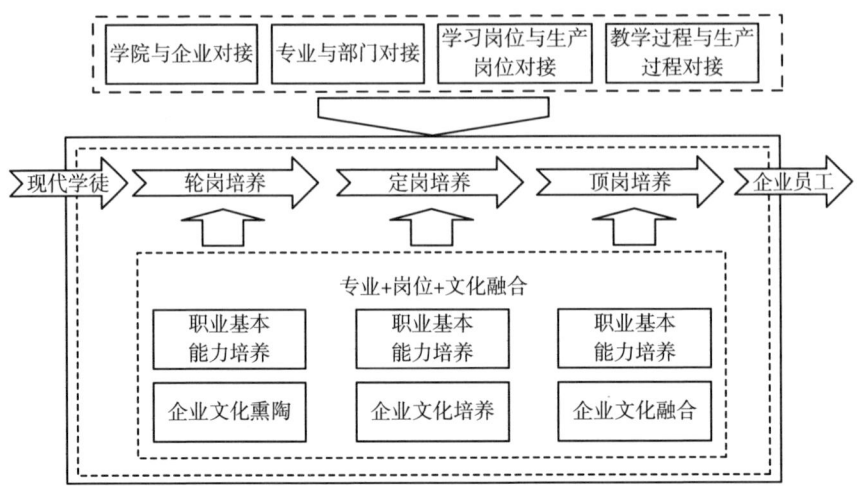

图 7-1 "一融合、四对接"工作机制

教师,与 77 家企业签订校企合作协议书,实现校企共同开发课程 26 门,校企共同编写教材 7 本。"现代学徒制的校本研究"列入学校重点领域研究课题。

表 7-2 学校现代学徒制情况

年份	学徒制人数(人)	涉及专业数(个)	涉及校企合作企业数(家)
2020	1 162	17	37
2021	1 063	19	43
2022	1 823	28	61
2023	1 756	30	64

产教融合、校地企协合作是推动现代职业教育高质量发展的有效途径和关键所在。学校以协同共生机制为基础,持续优化顶层设计,完善产教融合的办学体制,创新校企合作的办学机制,通过"一核、三轴、多元"的产教融合构架和"点线面"结合的协同育人模式,主动对接区域经济、产业发展、行业需求等,推进政校企协等利益相关方的共同参与,突出解决区域产业集群提质扩量、转型发展过程中的痛点、难点问

题。通过校企协同育人，精准定位人才培养目标，创新人才培养方式，优化学科专业结构，形成了基于产业集群的现代产业学院多元共融建设模式，促进了教育链、人才链与产业链、创新链的有机衔接，提高了人才培养的企业适配度，助推了区域产业转型升级，实现了学校与企业、行业、政府的多方共赢。

学校在产教融合方面的探索和实践证明，只有构建"制度+机制"的产教融合新格局、发挥"专业+产业"的产教融合新优势、搭建"平台+载体"的产教融合新模式，推动产教融合走深走实，整合优质资源要素，推动各类主体深度参与职业学校办学，打造产教同频共振、伴生成长的命运共同体，才能增强职业教育的社会适应性，优化人力资源供给结构，推动学校高质量发展，为全面建设社会主义现代化国家提供强大的人力资源支撑。

第八章

服务地方：社会培训、技术服务、助力共富

一、理论基础

（一）马克思主义科学技术观

马克思主义科学技术观是马克思主义关于科学技术的一套理论体系，旨在指导人们正确看待和运用科技。其核心观点是：把发展科技与维护人民利益结合起来，促进科技进步造福人民。19 世纪中后期，马克思、恩格斯深刻分析了科学技术对生产和社会变革的巨大推动与引领作用，透视了历史发展的深层动因，总结了科技进步的历史事实，提出"科学是历史杠杆"和"最高意义上的革命力量"，奠定了马克思主义科技观的理论基础。正如恩格斯所言，在马克思看来，"科学首先看成是历史的有力的杠杆，看成是最高意义上的革命力量"[1]。这既是恩格斯对马克思崇尚科学的客观评价，也是马克思和恩格斯对科学技术价值的最高评价：科学技术具有推动历史前进的价值。

在马克思看来，科学技术作为历史杠杆和革命力量，主要表现在科学

---

[1] 马克思恩格斯全集：第 19 卷 [M]. 北京：人民出版社，1980：372.

技术推动产业革命，而产业革命推动社会变革。马克思指出："机器表现为从资本主义生产方式出发的、使一般生产方式发生革命的起点。"① "随着一旦已经发生的、表现为工艺革命的生产力革命，还实现着生产关系的革命。"② 这是对科学技术力量认识的一个历史性飞跃。事实上，马克思是站在整个人类社会发展与历史进步的高度来看待科学技术的，他认为科学技术本身并不是一种消极的统治人的异己力量，而是一种伟大的革命力量，科学技术既增强了人类认识自然和改造自然的能力，成为人类从必然王国走向自由王国的保证，同时也为未来新社会创造必要的物质基础。

马克思把科学技术看作生产力，通过生产力的中介作用，把科学技术与生产关系和上层建筑联系起来，然后指出资本主义制度下科技与资本和劳动之间的对抗矛盾，揭示科学技术是埋葬资本主义和建设社会主义的物质技术力量，从而证明科学技术的历史杠杆作用。因此，从本质上来说，马克思的科学技术生产力理论是辩证唯物主义和历史唯物主义的有机统一，是革命性和科学性的高度统一。

（二）中国特色反贫困理论

习近平总书记关于扶贫脱贫的重要论述不断丰富、发展和深入，在反贫困的制度框架、政策体系、策略方法等方面形成了系统的理论体系，在实践中得到检验，又在指导实践中进一步升华，为中国全面消除绝对贫困提供了科学指南和行动纲领，也为新发展阶段乡村振兴的路径选择奠定了理论基础。

坚持党的领导，是脱贫攻坚的政治和组织保证。脱贫攻坚，加强党的领导是根本。对于我国这样的发展中大国来说，减贫脱贫是一项极为复杂的系统工程，只有坚持党的领导才能保证这项工作沿着正确方向发展。中国共产党具有无比坚强的领导力、组织力、执行力，是团结带领人民攻坚克难、开拓前进最可靠的领导力量，坚持党的领导为脱贫攻坚提供了战无

---

① 马克思. 机器、自然力和科学的应用 [M]. 北京：人民出版社，1978：200.
② 马克思. 机器、自然力和科学的应用 [M]. 北京：人民出版社，1978：111.

不胜的坚强战斗堡垒。

坚持以人民为中心的发展思想,是脱贫攻坚的价值目标。以人民为中心的发展就是"发展为了人民""发展依靠人民""发展成果由人民共享"。坚持人民主体地位,将共享发展理念落到实处,也是减贫脱贫取得成功的强大根基。

坚持发挥我国社会主义制度集中力量办大事的政治优势,是脱贫攻坚的制度保障。习近平总书记强调:"我们最大的优势是我国社会主义制度能够集中力量办大事。这是我们成就事业的重要法宝。"① 中国特色社会主义制度可以充分发挥政府的主导作用,并可以进行广泛的社会动员和资源整合,形成巨大的社会、思想、制度、政策和行动合力。

坚持精准扶贫方略,是脱贫攻坚的基本方法。在坚持了解真扶贫、扶真贫、脱真贫的实际情况基础上,设定扶贫对象、责任主体、脱贫时间表,因地因户因人施策,并对扶贫脱贫过程实施标准化评估、考核,实现由"输血式"扶贫向"造血式"帮扶转变,让发展成为消除贫困最有效的办法、创造幸福生活最稳定的途径。这是打赢脱贫攻坚战的制胜法宝,也是中国为世界范围内反贫困事业贡献的重要经验。坚持调动广大贫困群众积极性、主动性、创造性,是脱贫攻坚的内生动力。把人民群众对美好生活的向往转化成脱贫攻坚的强大动能,实行扶贫和扶志扶智相结合,培养贫困群众自力更生的意识和发展生产、务工经商的能力,用人民群众的内生动力实现脱贫攻坚。

坚持弘扬和衷共济、团结互助美德,是脱贫攻坚的社会环境。党推动全社会践行社会主义核心价值观,传承中华民族守望相助、和衷共济、扶贫济困的传统美德,充分发挥政府、市场、社会各方面的力量,心往一处想,劲往一处使,汇聚社会各界的力量攻克脱贫攻坚的难题。坚持求真务实、较真碰硬,是脱贫攻坚的工作准则。以切合实际的举措贯穿扶贫全过程,以最严格的考核评估落实扶贫成效,把一切工作都落实到为贫困群众解决实际问题上。

---

① 习近平. 为建设世界科技强国而奋斗:在全国科技创新大会、两院院士大会、中国科协第九次全国代表大会上的讲话[EB/OL]. (2015-03-10)[2023-10-19]. 人民网.

概言之，中国特色反贫困理论的要义是，在中国共产党的坚强领导下，以人民为中心，充分发挥中国特色社会主义的制度优越性，激发群众的内生力量并形成全社会的合力，以精准扶贫为方略，求真务实，做到"真扶贫、扶真贫、脱真贫"。

（三）三螺旋理论

20世纪50年代出现的三螺旋理论，是一种典型的"协同创新"理论。三螺旋是指大学、产业、政府三方在创新过程中密切合作、相互作用，同时每一方都保持自己独立身份的创新模式。① 这一模式强调大学、产业和政府在知识生产、应用和传播方面的协同性作用，认为大学、产业和政府同时作为创新的主体，通过相互间的作用形成知识空间、趋同空间和创新空间，创新活动在三方纵向自身发展的同时通过横向的相互作用，加快创新的速度和深度。三螺旋创新模式强调大学、产业和政府三位一体的协同创新，其内在的协同创新机制体现为：创新主体的自反机制、创新组织的集成机制和创新过程的非线性机制。

自反机制。在三螺旋模式中，大学、产业和政府作为创新的主体，在创新的过程中具有典型的选择配置特点。在三螺旋的架构下，大学、产业和政府的组织边界具有"开放性"、组织功能呈现"弹性化"，它们能够根据创新环境的变化及创新的阶段性需要，适时拓展自身边界、调整自身功能，通过主体间的功能调适，推进创新的协同。三螺旋所强调的边界开放性和功能调适性，被称之为"自反性"。三螺旋中所包含的所有主体都具有自反性，它们循环不断地根据机会和制度上的约束条件去调整自己的位置。这种自反机制在创新的过程中具体表现为，在一个三螺旋结构中，一根螺旋线可以代替另一根成为主驱动力，而此时原来起核心螺旋线作用的那个机构就变成了支撑机构，大学、产业、政府都可以成为创新的领导性机构范围，三者相互作用，实现动态平衡。

集成性机制。科学组织是知识创新活动赖以开展的载体。"为了理解

---

① 亨利·埃茨科威兹. 三螺旋 [M]. 周春彦，译. 北京：东方出版社，2005：2-5.

科学的动力学及其增长，必须同时探究它的内容和组织"。科学知识自身结构的变化，随之会带来科学组织结构的变化，二者之间存在协同演化的关系。以强调大学、产业和政府协同创新为理论要旨的三螺旋模式是伴随着多价知识观出现的。这一模式不同于传统的线性知识创新模型，它能够有机整合来自公共、市场以及学术层面中组织设置的多元重叠关系，从而在创新的过程中具有组织结构集成性的特征。这种结构的集成性集中体现在由大学、产业、政府三方相互交叉，在其重叠部分所产生的混合组织上，其具体表现包括技术转移办公室、联合研究中心、大学科技园、风险投资公司、技术极、孵化器等。

非线性机制。三螺旋把创新看作是涉及主要参与者内部和之间互动的一系列复杂与非线性的结果，亨利·埃茨科威兹（Henry Etzkowitz）给出了一个非线性网状创新模式，认为创新可以将科学、技术、生产和市场中任何一个活动作为起点。在三螺旋模式下，大学、产业和政府通过动态性的角色调整、资源组合，能够把创新过程中不同环节的功能要素有机的、动态地组合起来，能够更加敏捷地实现基础研究、应用研究和技术创新的整合与互动。

二、政策形势

（一）育训结合完善院校办学功能

《中华人民共和国职业教育法》第十四条明确提出，"国家建立健全适应经济社会发展需要，产教深度融合，职业学校教育和职业培训并重，职业教育与普通教育相互融通，不同层次职业教育有效贯通，服务全民终身学习的现代职业教育体系。"第十六条提出，"职业培训包括就业前培训、在职培训、再就业培训及其他职业性培训，可以根据实际情况分级分类实施。职业培训可以由相应的职业培训机构、职业学校实施。其他学校或者教育机构以及企业、社会组织可以根据办学能力、社会需求，依法开展面向社会的、多种形式的职业培训。"

2021年，中共中央办公厅、国务院办公厅印发了《关于推动现代职业教育高质量发展的意见》，明确提出"鼓励职业学校开展补贴性培训和市场化社会培训""推动职业学校在企业设立实习实训基地、企业在职业学校建设培养培训基地""职业学校通过校企合作、技术服务、社会培训、自办企业等所得收入，可按一定比例作为绩效工资来源"。2022年，《关于深化现代职业教育体系建设改革的意见》提出，"深化职业教育供给侧结构性改革，坚持以人为本、能力为重、质量为要、守正创新，建立健全多形式衔接、多通道成长、可持续发展的梯度职业教育和培训体系，推动职普协调发展、相互融通，让不同禀赋和需要的学生能够多次选择、多样化成才""依据产业链分工对人才类型、层次、结构的要求，实行校企联合招生，开展委托培养、订单培养和学徒制培养，面向行业企业员工开展岗前培训、岗位培训和继续教育，为行业提供稳定的人力资源""面向新业态、新职业、新岗位，广泛开展技术技能培训，服务全民终身学习和技能型社会建设"。建设开放型区域产教融合实践中心。对标产业发展前沿，建设集实践教学、社会培训、真实生产和技术服务功能为一体的开放型区域产教融合实践中心。以政府主导、多渠道筹措资金的方式，新建一批公共实践中心；通过政府购买服务、金融支持等方式，推动企业特别是中小企业、园区提高生产实践资源整合能力，支持一批企业实践中心；鼓励学校、企业以"校中厂""厂中校"的方式共建一批实践中心，服务职业学校学生实习实训，企业员工培训、产品中试、工艺改进、技术研发等。政府投入的保持公益属性，建在企业的按规定享受教育用地、公用事业费等优惠。

（二）多样化技术服务助力企业技术升级

《中华人民共和国职业教育法》第四十条提出，"国家鼓励职业学校在招生就业……科学研究、技术服务、科技成果转化以及技术技能创新平台、专业化技术转移机构、实习实训基地建设等方面，与相关行业组织、企业、事业单位等建立合作机制。"第六十一条提出，"国家鼓励和支持开展职业教育的科学技术研究、教材和教学资源开发，推进职业教育资源跨区域、跨行业、跨部门共建共享。"

2019年,《关于推动现代职业教育高质量发展的意见》明确提出,"职业学校要积极与优质企业开展双边多边技术协作,共建技术技能创新平台、专业化技术转移机构和大学科技园、科技企业孵化器、众创空间,服务地方中小微企业技术升级和产品研发""职业学校通过校企合作、技术服务、社会培训、自办企业等所得收入,可按一定比例作为绩效工资来源"。2021年,《关于深化现代职业教育体系建设改革的意见》提出,"建设共性技术服务平台,打通科研开发、技术创新、成果转移链条,为园区企业提供技术咨询与服务,促进中小企业技术创新、产品升级""建设技术创新中心,支撑高素质技术技能人才培养,服务行业企业技术改造、工艺改进、产品升级"。

(三)服务乡村振兴助力共同富裕

党中央多次强调,鼓励勤劳创新致富。幸福生活都是奋斗出来的,共同富裕要靠勤劳智慧来创造。要坚持在发展中保障和改善民生,把推动高质量发展放在首位,为人民提高受教育程度、增强发展能力创造更加普惠公平的条件,提升全社会人力资本和专业技能,提高就业创业能力,增强致富本领。技术工人也是中等收入群体的重要组成部分,要加大技能人才培养力度,提高技术工人工资待遇,吸引更多高素质人才加入技术工人队伍。[①]

2021年,教育部等四部门《关于实现巩固拓展教育脱贫攻坚成果同乡村振兴有效衔接的意见》提出,"推动职业院校发挥培训职能,与行业企业等开展合作,丰富培训资源和手段,广泛开展面向'三农'、面向乡村振兴的职业技能培训"。

2022年,中共浙江省委、浙江省人民政府印发《关于2022年高质量推进乡村全面振兴的实施意见》,明确提出"联动推进农业'双强'、乡村建设、农民共富三大行动""支持办好涉农高等院校和职业教育"。同时,

---

① 习近平. 扎实推动共同富裕[J]. 求是, 2021 (20).

提出"加大农业科技攻关力度、联动推进乡村风貌提升、大力推行乡村经营"等一系列举措。

2023年,中共中央、国务院《关于做好2023年全面推进乡村振兴重点工作的意见》提出,加强乡村人才队伍建设。实施乡村振兴人才支持计划,组织引导教育、卫生、科技、文化、社会工作、精神文明建设等领域人才到基层一线服务,支持培养本土急需紧缺人才。实施高素质农民培育计划,开展农村创业带头人培育行动,提高培训实效。大力发展面向乡村振兴的职业教育,深化产教融合和校企合作。

三、学校办学实践

(一)开展多样化培训提升办学效能

学校坚持马克思、恩格斯的人才观,秉持"要能动地改造客观世界和主观世界"基本理念,坚持教育培训要服务于生产劳动并与之相结合,才能更好地发挥培训学员的积极性和主动性,合理调配培训课程的理论与实践比例,强调在实践中促进人才的成长发展。依托行业指导组织,本着以培训提升职业技能、以培训推动创新创业、以培训深化人才培养质量的出发点,学校面向在校学生、企业职工、社会群体开展各类职业技能培训、文化公益培训、技术技能提升和学历提升等工作,取得了良好的社会效应。2022年学校成功获批"浙江省首批技能人才评价专家培育基地""浙江省示范性职工培训基地""浙江省示范性继续教育(社会培训)基地""浙江省社区教育示范基地"。2022-2023年,完成各类培训项目226个、开展职业培训33 678人次。

1. 健全工作机制,保障培训健康发展

成立学校培训工作领导小组,研究制订学校培训工作总体发展规划,处理培训工作中的重要问题和事项。各二学院明确一位领导分管培训工作,制定完善本学院培训工作指导意见或管理制度,指定专人负责培训相关材料报送、数据管理、档案资料管理等工作。制定《社会培训工作管理办法》《社会培训经费管理办法》等管理制度，落实培训管办分离，强化办学归口管理，继续完善社会服务校院两级管理，有效提高培训管理水平①。

2. 搭建服务平台，提供多样培训项目

学院充分利用高校的资源和优势，开展"技术工厂"服务：国家级智能制造技能大师工作室开展对外培训，宁波市重点实验室——智能家电实验室开展慈溪企业对接，国家级创新团队——大数据与云计算进行中高职一体化人才培养与创新实践，多家学会、协会的慈溪分支机构落户学院，为浙江力创等近30家企业提供了技术诊断等服务。6年来累计实现社会培训6 000人次，为区域经济升级提供了强大的支撑。

学校组织优势专业，与地方经济发展需求相结合开展多工种的职业技能培训。获批浙江省职业技能等级认定试点社会培训评价组织，取得了3个工种1~5级的培训评价资质；主动赴宁波市各区人社局、市场监督管理局、教育局、镇政府、社科院、总工会等联络、沟通开展职业培训事宜，积极争取各类培训项目。目前，可开展电工四级，智能楼宇管理师四级，汽车维修工三级、四级，数控车工三级、四级，数控铣工三级、四级，茶艺师中级，CAD等10个工种的鉴定工作。持续开展成人学历教育培训，成人学历教育在校生总数（含成考专科校外教学点）始终保持万人以上规模。

积极开展现代新型农民培育体系。围绕现代农业、数字农业发展，加快培养培训农业生产经营人才，农村第二、第三产业发展人才，公共服务人才，乡村治理人才和农业农村科技人才。持续加强对高素质农民、家庭农村经营者和农民专业合作社带头人的培训，构建学校乡村企业家培训体系，提升农民工、退役军人、高素质农民、基层农技人员、村两委干部的学历层次。每年面向退役军人、下岗失业人员、农民工、新型职业农民培训2 000余人次。

选任优秀骨干教师，开展内容丰富的公益培训。内容涵盖历史文化、

---

① 浙江工商职业技术学院高等职业教育质量年度报告（2022）。

职场文化、行业技能等多个方面。2021学年成功搭建浙江省中小学劳动实践基地、宁波市中小学生研学实践教育基地等培训服务平台，积极推进中小学生劳动实践与职业启蒙教育培训，共完成中小学生劳动实践与职业启蒙教育培训近万人次；建设了电影导演、导游2门优质职业体验课程；累计完成社会公益培训2万余人次。①

3. 健全激励机制，提高培训管理水平

制定完善《社会服务收入奖励分配实施办法（试行）》，创新培训激励措施，激发和调动二级学院（部门）的创造性和积极性，提升二级学院的社会服务能力，激发教职工开展社会培训工作的主动性和积极性，进一步提升培训的质量，产生更大的社会效益、经济效益，增强学校办学力和创收力。

（二）夯实科研基础拓展服务内容

学校始终将马克思、恩格斯科学技术观作为学校科技服务工作的重要指引，坚持把发展科技与维护人民利益结合起来，促进科技进步造福人民。高度认识到"科学是历史杠杆"、是"最高意义上的革命力量"，深刻领会"科学技术推动产业革命，而产业革命推动社会变革"的内涵。同时，借鉴三螺旋理论，在保持自己独立身份的同时，依托产业、政府资源开展协同创新，积极与优质企业开展双边多边技术协作，共建技术技能创新平台、专业化技术转移机构和大学科技园、科技企业孵化器、众创空间，服务地方中小微企业技术升级和产品研发。

1. 搭建"国省市校"四级平台，依托科研带动技术服务

学校借鉴三螺旋理论，整合来自公共、市场以及学术层面的组织，在大学、产业、政府三方相互交叉、重叠部分建立混合组织，形成多元重叠关系，以集成性机制发挥组织结构集成性的特征，先后打造了"国家、

---

① 浙江工商职业技术学院高等职业教育质量年度报告（2020）。

省、市、校"四级科研平台，与浙江工业大学、华宝智能科技等合作，共建国家级模塑制品表面装饰与智能成型技术协同创新中心、国家家电模具工程技术研究中心宁波分中心、宁波市智能家电重点实验室和企业"模具数控教授工作室"等平台，2019－2023 年新增"中韩精密模具制造技术协同创新中心"与"一带一路沿线人工智能行业应用研究所"2 个国际科研合作平台；与加拿大姚育东院士团队签约建设大院大所合作平台；成立"积极心育课程基地"等 3 个市局级共建基地；新增"数字商务研究中心""混合所有制办学研究中心""智造工匠"创新型人才培养研究中心等校级科研平台；与乌克兰国家科学院材料问题研究所中国研究中心共建"高速阻尼滑动轴承实验室建设项目"。帮助企业解决关键技术问题，研发具有应用和推广价值的新技术、新产品，服务县域产业集群内中小企业技术升级。

近年来，学校科研成果丰硕，2019 年获批教育部协同创新中心、2020 年获批省双创示范基地，2021 年获批 2 个宁波市社科基地，2023 年获批"宁波市金穗税收大数据研究基地""宁波非遗保护利用研究基地"等 3 个市级社科研究基地，为入选市社科研究基地最多的高职院校之一。2019－2023 年，获批省部级以上科研课题 31 项、市厅级 218 项，出版著作 48 部，发表论文 707 篇，授权专利 248 项，技术服务到款额 6 280 万元，取得历史性突破。先后主持制定机械行业标准 1 项，参与制定模具行业国际标准 1 项、国家标准 2 项。校企合作研发技术在产业集群内 16 家企业应用，产值 2.2 亿元。

2. 协作成立实体服务机构，有效提供优质技术服务

学校与宁波市汽车及零部件产业协会、和丰知识产权公司三方成立了宁波市汽车及零部件知识产权联盟，为培育高价值专利、促进知识产权成果的转化，搭建了公共服务平台。通过产学研服务平台的技术创新和成果转化，增强了县域产业集群的发展活力。2019－2023 年横向项目 1 209 项，到款 5 659.937 万元，授权专利 248 项，转让 31 项。

学校申请成立浙江省模塑制品表面装饰与智能成型技术协同创新中心，2019 年获得教育部认定，围绕精密模具制造技术、塑料制品表面装饰技术和模内装饰（IMD）智能控制技术领域开展研究，努力解决企业塑件质量提升、附加值提高和塑件环保装饰等"卡脖子技术"问题。针对模塑制品产业链中的关键技术问题，开展协同研究，并形成了"核心层、紧密层、服务层、支持层"四个层次的链式联合协同机制。

学校成立了会商委员会，形成重大事项的会商制度，探索形成了产学研基地"共建、共管、共享"的建设模式，保障基地可持续发展；与行业协会（学会）建立紧密合作关系，校企合作由点向面拓展，共建教授（专家）工作室、技能大师工作室，服务地方经济发展。学校制定了《协同创新中心建设管理办法》《协同创新中心建设实施细则》等文件，对中心人员的聘用、考核进行了规定，专职研究人员的薪酬待遇与中心建设考核相结合。

在家电产品、汽车内饰件等多个领域开展协同创新应用，其中大曲率高拉伸深度（43.5mm）产品与图案变形控制与补偿技术，领先于日本、韩国的12mm深度拉伸技术，达到国际先进水平。多项技术提高了产品档次与质量，降低了生产成本，减少了喷涂环节带来的污染，同时帮助企业节约成本超过200万元，利润率提高20%以上，产值近3亿元，技术突破已申报获批某企业创新奖。

3. 聚焦区域家电产业需求，多方协同开展技术创新

学校于2010年成立智能家电研发中心；2013年组建智能家电重点实验室，2016年被认定为宁波市智能家电重点实验室。其间，2014年协同华中科技大学、同济大学、宁波华宝海之创机器人科技有限公司培育校级智能家电视觉感知与交互技术协同创新中心；2015年与宁波华宝海之创机器人科技有限公司合作成立智能扫地机器人研发中心。依托学校已有的用户体验设计团队，牵头负责外观造型设计的研究与应用，提供核心技术支持；依托海之创机器人成熟的用户体验应用经验，牵头负责用户体验中心建设，提供测试样本；依托华中科技大学的视觉感知交互研发团队，牵头负责视觉交互设计的研究与应用，提供核心技术支持。三个方向之间相互协同，共同为服务机器人用户体验提升研究提供服务。

学院与华中科技大学2014年开始合作研究视觉感知技术，主要研究方

向"智能家电视觉感知技术"成员组已承担国家自然科学基金面上项目2项("动态场景深度场高效感知与计算61571204""动态光场多维数据高效编码61170194"),博士后特别资助与面上基金各1项("动态光场中的立体图像质量评价与交互性能分析20090460323""动态光场深度计算、编码与质量评价")。在国内外重要的期刊、会议上发表学术论文上百篇,其中SCI/EI论文19/51篇、CCF推荐的多媒体领域会议论文8篇,获国家发明专利授权14项,提交国际MPEG提案多项,且已获教育部高校科技成果技术发明一等奖("立体视频获取与重建技术及装置")。通过造型设计改良,提升了该产品的用户体验,增加了产品价值,截至2022年产品累计产值达3亿元。

依托宁波机器人协会和宁波工业设计学会以服务机器人体验提升为方向,协同多家服务机器人公司形成了"四个结合"(校内外、学期内外、学科间的有机结合;专业教育与职业素质教育的有机结合;技术应用能力与发展能力的有机结合;毕业证书与职业资格证书的有机结合)的交叉学科人才培养模式,在协会、高校、企业的联合协同机制下,应用电子专业与工业设计专业融合教学,培养了全国首个专利班,被中央电视台报道,并荣获了浙江省教学成果一等奖。

4. 优化科研管理激励机制,提升教师技术服务意识

落实三全育人要求,提升科研反哺教学能力,进一步优化科研管理工作,推进管理制度体系与服务支撑体系建设,提高科研服务能力与水平,激发科研创新活力。制定《浙江工商职业技术学院校级科研项目管理办法》,进一步规范科研管理工作,推动实施科研基本支出重大项目。制定《浙江工商职业技术学院科研成果奖励办法》《浙江工商职业技术学院科研成果奖评选办法》等,加大对高水平团队的资源和政策支持力度,培育高水平科研项目和成果。开展"优秀科研成果"等项目评选工作,工作理念从管理向管理服务并重转变,全面实施科研办事零跑。

同时,持续推进教师科研能力"提升工程"和"辐射工程",通过召开专题报告和系列学术会议,围绕总结性研究思路,将科研服务与教学等中心工作紧密结合,共享科研资源,提升了广大教师的科研能力。

（三）发挥专业优势挖掘共富项目

学校深入学习领会反贫困理论，将"反贫困的目的是实现所有人的富裕""在尽量少的劳动时间里创造出尽量丰富的物质财富"作为服务乡村振兴战略、服务共同富裕的基本理念，并不断探索学校实践模式，始终坚持党的领导，为脱贫攻坚提供了战无不胜的坚强战斗堡垒，坚持人民主体地位，深入了解真扶贫、扶真贫、脱真贫的实际情况，实行扶贫和扶志扶智相结合，培养贫困群众自力更生的意识和发展生产、务工经商的能力，用人民群众的内生动力实现脱贫攻坚。在农业农村领域，学校组织科技特派员和科技创新服务团队扎根乡村，服务乡村振兴，累计服务乡村 500 天/人次，新增就业岗位 350 个，培训人次 3 200 人，带动农民增收 5 000 多万元，推广电商和区块链技术 6 项，带动乡村企业 20 家，帮助农户 300 家，指导并获得浙江省金奖 1 个、浙江省级示范基地 1 个，相关成果得到了宁波市领导的采纳和批示。

1. 推进机制创新，强化统筹协同

强化党建统领共富工作。坚持党建融入和引领中心工作，调研校地双方需求，找准合作点和突破口，以服务乡村振兴发展为宗旨，探索构建"院村联建、支部结对、专业入驻、共谋富裕"的组织体系，并建立线上、线下定期沟通机制，进而加强组织联建，锻造"红色引擎"。学校党委负责人带头领办《党建引领发展服务共同富裕》项目，成立工作专班，统筹实施《学校助力共同富裕行动方案》，对"产业兴旺"助力、"乡村振兴"助推、"文明共富"助建、"扩中提低"助攻"四大行动"进行分解，建立学校助力"共同富裕"工作清单，明确部门工作分工，形成了清单化推进机制。党建联建、助力乡村振兴被中国新闻网及《浙江工人日报》等媒体广泛报道。学院党总支与鄞州区东钱湖镇韩岭村党支部开展党建联建，通过党员示范、阵地联建、专业入驻等多种途径，助力"韩岭村"旧貌换新颜、打造"共富村"。韩岭老街项目被省商务厅列为第三批省级高品质步行街，走出了一条党建"联建共荣"的振兴之路。

2. 聚焦乡村需求，搭建服务平台

坚持平台联创，共建影视拍摄基地、艺术创作基地、文创研发基地和教学实践基地，建好建强志愿服务、社会实践、实践教学、产教服务的"四融合"党建品牌，协力共进，共促乡村振兴，激活乡村"造血引擎"。

学校与海曙区联合成立乡村振兴研究院、浙东文化旅游研究院和工程师（工匠）学院，与宁海县合作开设金蓝领特训班，促进校地校企在党建融合、人才培养、教学科研、实习就业、产品开发、项目咨询与技术服务等方面深度合作；携手宁波大学等6所院校与海曙区文旅局、鄞江镇政府合作签订了六院共建共富先行的合作协议。共建影视拍摄基地、艺术创作基地、文创研发基地和教学实践基地，建好建强志愿服务、社会实践、实践教学、产教服务的"四融合"党建品牌，协力共进，共促乡村振兴。师生完成以东钱湖为主题的影视、绘画、创意作品40余项，入村开展志愿服务和实践活动600多人次，荣获10余个省级奖项。

3. 发挥智力支撑，赋能乡村潜能

2022－2023年，学校共立项有关共同富裕、乡村振兴相关课题15项，分别围绕养老服务体系、推进乡村旅游、农民学习参与度、大学生返乡创业、艺术节在乡村振兴发展中的联动机制、深化地域协作、乡村振兴产业学院等方面开展，运用实证、定量、定性、案例、文献等方法进行研究，如省教育厅重大人文社科攻关项目"语料库驱动下共同富裕话语体系构建与对外传播叙事模式研究"、省教育科学规划一般规划课题"共同富裕进程下高职乡村振兴产业学院建设模式及实施路径研究"、省教育科学规划共同富裕专项课题"共同富裕驱动下非遗融入高职双创教育的治理机制研究——以浙江山区12县畲服非遗为例"等。校内开展以"共同富裕""协同发展"等为主题的横向课题12项，涵盖城镇建设、乡村振兴、旅游开发、数字新媒体推广等内容，开展理论与实践研究，提供"技术＋人才"服务，为乡村振兴及地域发展赋能。

4. 引入致富项目，提高致富本领

开展党员挂帅，骨干先行，专业驻点，探索实施"真题真做"项目化

教学改革，党员师生主动认领项目任务，把教室课堂搬到田间村舍、湖光山色中，将课程实践、毕业设计与实际项目相结合。完成洋山村品牌LOGO、导视系统、产品包装等设计，提升当地品牌知名度，促进农特产品开发设计。承接"东钱湖韩岭千万工程二期"服务项目，共18个工作室、23名教师和132名学生完成金雅妹广场、良坊广场、"韩岭之窗"口袋公园等多个项目的设计，党员师生助力乡村跑出振兴"加速度"，既提升了专业能力，又促进了专业发展，社会服务到款额120多万元。

与古林镇人民政府合作，开展海曙区未来农场VR场景制作服务；与宁波未来农场、甬农鲜等本地农产品互联网平台达成战略合作，共同推广宁波特色农产品销售渠道，组建近20人的直播技术团队协助2022年海曙区特色农产品直播带货，其中虾稻米直播销售总额超过5万元。与古林镇政府、合一生活园区签订战略合作协议，政校企正合力共建"未来乡村""共富粮仓""合一商学院""校园经济带""美好生活区"五大载体，赋能乡村振兴，共富先行。市场营销专业4位大学生化身主播，参与2023海曙乡村旅游季暨"竹农下山·共富横街""竹乡共富我代言"直播活动，通过直播带货等方式，用青春力量助力乡村振兴，得到了央广网、学习强国、中国新闻网、中国教育在线等媒体的广泛报道。

5. 加强宣传报道，提升文化认同

加大"共富"宣传力度。完善融媒体一体化平台，利用学校"一报、一网、两微、三号"推送20余条新媒体作品，宣传好"全民共富""全面共富""渐进共富"等理念和知识，使共同富裕观念深入人心。广泛宣传工业建筑设计师叶伟昌、系统应用工程师许同等优秀校友和"行知征客"等暑期实践小分队的先进事迹，在各级各类媒体作系列报道共计67篇，其中国家级主要媒体17篇，形成投身建设共同富裕先行市新风尚。参与2023年宁波市新时代美丽乡村现场会大学生志愿者招募活动。

打造"共富"文化品牌。挖掘学校文化底蕴，新开设ZBTI校史馆微信公众号，在全校范围内开展2022年校园文化建设品牌的申报评比活动，打造7个具有"共同富裕"印记的校园文化品牌项目。组织学生参加由省委宣传部主办的"上新吧，'00后'talker"理论宣讲训练营活动，用青年视角和语汇宣传共富理念和知识,宣讲视频在天目新闻客户端进行展播,引起广泛关注。

引领"技能浙江"风尚。创建"三个课堂"联动的育人模式,做大做强"厚德讲坛""明智红学堂""笃行志愿服务月"等校训文化系列课外育人平台,形成"共富"精神符号。构建"三维三课""三全育人"综合改革模式的创新做法被《光明日报》《中国教育报》大篇幅报道。学校组织留学生前往宁波市海曙区的鄞江镇它山堰、龙观乡生物多样性友好体验馆等地,开展"感悟人与自然和谐共生,体验乡村振兴共富成果"的实践研学活动被中国新闻网、中国教育在线及浙江24小时新闻客户端报道。以培养"智造工匠"人才为目标,开展"匠心、匠技、匠行"的人才培养创新与实践,以实际行动助力乡村振兴战略实施,相关做法被《中国教育报》报道。学校联合海曙区委组织部、团区委联合区民政局、区卫生健康局等机关单位共同打造"甬爱未来学院",为快递员、外卖小哥等新就业群体量身定制培训课程的做法被浙江新闻客户端、《浙江工人日报》报道。与海曙区段塘街道新典社区开展校社共建,积极参与段塘街道"安居红帮"组织的老旧小区微景观改造活动,用自己的技能、知识助力老旧小区实现"逆生长",相关做法被浙江新闻客户端报道。

> **经验启示**
>
> 学校坚持马克思、恩格斯的科学技术观,中国特色反贫困理论和三螺旋理论,秉持"要能动地改造客观世界和主观世界"基本理念,推进社会培训、技术服务和共同富裕等工作,实践证明:首先,要发挥党委把握办学方向的"舵手"功能,坚持依法办学,立足教育与培训的并重地位,积极构建工作平台,深入行业企业和社区,才能合理设置类型丰富的培训项目,同时建立并不断优化激励机制,才能更好地发挥教师参与培训的积极性和主动性,才能取得良好的社会效应。其次,要深入了解当地行业企业的技术转型和研发需要,搭建并完善校内多层级、多类型服务平台和实体服务机构,引入行业组织入住学校,不断完善科研管理激励机制,依托科研带动技术服务,提升教师技术服务意识,进而为

本地行业企业提供优质技术服务，助力地方产业发展，获得产业认可。最后，要积极服务国家乡村振兴战略，了解乡村实际困境，发挥专业智力支撑作用，校村协同开展项目实践，共育新型职业农民，才能协力实现共同富裕。

第九章

学生发展：德技并修、就业创业

一、理论依据

（一）人的全面发展理论

马克思在《青年在选择职业时的考虑》《共产党宣言》《资本论》等著作中把自由而全面发展的个人确立为共产主义社会的基本原则和目标。"每个人自由而全面的发展"被马克思视为未来社会的基本特征。马克思认为，人的全面发展包含多重维度，包括人的需求、能力、个性、劳动活动以及社会关系的全面发展。他认为人的全面发展即"社会的每一个成员都能完全自由地发展和发挥他的全部才能和力量"，具体表现为在经济、政治、文化各方面的全面提高与协调发展，包括人的物质和精神生活的全面提高与协调发展，体力、智力、创造力以及人格的全面提高与协调发展，参与社会活动的能力、实现个人价值和社会价值的程度的全面提高与协调发展。①

对于如何实现人的全面发展这一问题，马克思认为，教育是实现人从

---

① 王昭，张俊. 基于人的全面发展理论的高校学生党建工作长效机制构建 [J]. 学校党建与思想教育，2011（8）：30-32.

自然人向社会人转变的决定性因素,"教育不仅是提高社会生产的一种方法,而且是造就全面发展的人的唯一方法"①。"教育将使年轻人能够很快熟悉整个生产系统,将使他们能够根据社会需要或者他们自己的爱好,轮流从一个生产部门转到另一个生产部门。因此,教育将使他们摆脱现在这种分工给每个人造成的片面性。这样一来,根据共产主义原则组织起来的社会,将使自己的成员能够全面发挥他们的得到全面发展的才能"②。马克思还指出,必须将教育和生产劳动相结合,在生产劳动过程中促进教育理论与实践的有机融合、共同发展,实现个体成熟经验与理论知识的同频共振、劳动能力和生产力的共同提升,在教育和劳动的相互促进中,促进人的全面发展。同时,马克思指出培养主体意识与能力是促进人的全面发展的重要内部条件。只有明确自身是人的发展的主体后,才能发挥主动性,利用好外部有利条件,提升自身能力、价值,培养自身个性,发展社会关系,实现全面发展。

当前职业教育功能定位由"谋业"转向"人本",学生的全面发展是高职院校育人的根本目标。为了促进学生的全面发展,一方面,高职院校要通过党建工作加强学生的理想信念教育,完善以中国特色社会主义理论体系为主的学习内容,做好学生党支部设置、创新学生党建工作队伍建设,强化组织的育人功能,抓好主题教育等学习载体,构建贯穿高职全阶段的学习教育机制,提升学生的主体意识,引导学生树立共产主义远大理想和正确的人生观、世界观、价值观,将自我的成长与发展融入家国事业、融入服务国家发展和民族复兴之中;另一方面,高职院校要着力变革人才培养模式,通过加强学校专业链、人才链与产业链、创新链的有机衔接及产教深度融合,实现人才培养过程中专业与产业的精准对接、教育与生产劳动的有机结合、理论与实践的一体化发展,切实加深学生对专业知识与理论的理解,提升专业实践技能,构筑促进学生全面发展的重要实现途径。

---

① 马克思,恩格斯. 马克思恩格斯文集:第9卷 [M]. 北京:人民出版社,2009:339,340.
② 马克思,恩格斯. 马克思恩格斯文集:第1卷 [M]. 北京:人民出版社,2009:689.

（二）发展情境理论

发展情境理论是美国心理学家勒纳（Lerner）在20世纪80年代提出的一种发展心理学理论。情境（context）是发展情境理论的核心概念，包括以下四个方面的内涵：物理环境，如家庭、学校、社区等；社会成员，如教师、同伴、家庭成员等；发展中的个体，这既是发展的目的，也是构成发展情境的重要组成部分；随着时间变化而发生改变的情境变量要素。发展情境理论认为，情境是社会性的个体与客观环境互动的结果，个体既是情境的一部分，又是情境的主动建构者。个体持续处于发展变化中，并且不断受到情境事件的影响，人具有可塑性是发展情境理论的一个重要假设。那么，如何实现人的良好发展呢？发展情境理论采取了拟合优度模型来进行解释，即个体的自身特质（人格、价值观、信念、技能、习惯等）和其所处的情境（物理和社会环境、同伴、重要他人、社团组织）等之间如果能够建立良好的拟合优度模型，那么不仅能促进个体的发展，也能促进个体所处情境的共同良好发展，反之则会影响二者的发展结果。[①]

基于发展情境理论的视角对高职院校的人才培养工作进行分析，可从构建拟合高职学生发展的学习情境对于促进学生个体发展的必要性及可行性这两大维度进行探讨。

一方面，与高职学生特质相拟合的学习情境是实现高职学生发展的良好实践平台。根据发展情境理论的观点，情境是影响个体发展的外部存在，在与具体情境的交互过程中，情境的影响与互动作用受到很多其他因素的影响。对于高职学生群体而言，对其开展的教育必须与其所处的社会、文化与历史情境相关联，与学生产生有意义的交互作用，才具有现实意义。因此，高职人才培养工作的开展需要依据学生自身的特点、发展规律来规划其发展目标。高职教育的教育教学实践活动需要提供丰

---

① 张文新，陈光辉. 发展情境论：一种新的发展系统理论［J］. 心理科学进展，2009，17（4）：736-744.

富的情境，包括到真实工作场所中的实习实训、基于真实岗位情境的虚拟仿真实验室、实训室等，为个体与情境的互动提供良好的条件，让学生在与具体情境的互动过程中建立与自身专业对应的职业认知乃至职业认同，进而自觉践行提升自身的理论知识与专业技能，实现个体和职业的共同进步。

另一方面，个体自身的可塑性，为职业教育塑造和引领个体成长、锻造职业精神、提升职业认同奠定了基础。人的可塑性是情境发展理论的一个重要前提假设，认为适当、科学的干预活动对个体的发展是有着积极作用的。如果职业教育创设的情境与学生个体的特质之间有良好的拟合，那么学生与职业教育均能获得良好的发展。这也给顺利开展人才培养工作、有效促进学生发展指明了方向。首先，开展人才培养、制订教育教学计划、创设有效情境的内容与方法应牢牢把握高职学生群体的认知、情感、行为等心理特征；其次，情境的创设、人才培养方案、教育教学工作计划的设计既要考虑时代要求、文化特征，将时代变迁、社会发展、科技进步等带来的产业升级、职业变革、岗位要求变化等带入到人才培养的情境中，又要与新生代的高职学生的兴趣、需要、愿望等相吻合。

（三）体验式学习理论

体验式学习理论是由大卫·库伯（David Kolb）在系统梳理和总结杜威（Dewey）、勒温（Lewin）、皮亚杰（Piaget）等人所隐含体验学习的教育思想基础上提出的，他认为学习应是由具体体验、反思观察、抽象概括与行动应用所组成的完整过程，这四个环节循环往复、螺旋上升，具体体验是反思观察的基础，学习是凭借知识活动的过程，而知识又是来源于获得经验与转换经验的结合。通过反思观察进行抽象概括，从而又为下一步的行动应用提供了指导；学习者又在新的行动应用中获得新的具体经验，而这个新的体验是不同于前一次的体验的，是更高级的体验。因此，学习是一个持续的过程，是知识和经验不断重新建构的持续过程。教师在实际教学中应当重点关注学生是否参与到学习过程中，而并非过分强调学习结果，这样才有利于最大限度改变学生的学习方式和习惯，提高学习质量。①

库伯认为，学习的关键在于处理好具体与抽象、反思和应用之间的对立统一关系。没有具体体验的领悟是空洞的，而没有理论指导的感知也是盲目的。学习者只有通过不同体验方式的转化才能达成感知和领悟的统一，从而获得真正的知识。因此，体验学习具有和传统学习方式不同的特点。

体验学习具有情境性。情境可以是真实或模拟的，教师应当根据学生的特点，结合学习内容和目标创设不同学习情境，让学生在这个情境中通过观察、反思、抽象和概括环节获得更多的学习体验，更好地掌握知识和技能。

体验学习具有反思性。体验学习是通过学习者自身的感受、体验来进行反思、抽象、概括和提炼升华，形成质的飞跃，从而不断掌握新知识、新技能，反思是体验学习的关键，在体验学习中占有不可或缺的重要地位。

体验学习具有行动性。学习者在教学目标的指引下融入具体的教学情境中，凭借个体知识和经验对所学内容进行观察、探究、实践与反思，从而获得新知识与技能，学习者在体验中行动、在行动中体验。

体验学习理论可以用来指导高职教育教学活动的开展。高职教育自身的性质和特点要求教育教学要以体验学习为主。高等职业教育肩负着为生产、管理等一线岗位培养高素质技术技能人才的重任，培养目标和定位在于学生的实践操作能力，因此，学校需要给学生创造良好的情境，让学生能够充分融入、参与和体验其中的环节，在体验的过程中牢固掌握相关的技能技术和实践能力。

积极创设体验学习情境。在高职教育中，教师在课程设置和教材选择上要与社会需求、专业和行业的需求相衔接。教师要努力创设一个让学生能够获得具体体验的学习情境，扮演好引导者的角色，把握好引导时机，充分调动学生的多种感官和个人经验来进行观察、总结和反思，让学生在

---

① 吴伶. 基于学习循环理论的高职混合式教学探析［J］. 教育与职业，2022（6）：100 - 103.

自主学习的过程中牢固掌握专业知识和技能。

运用体验学习模型来指导课堂教学。在具体的体验学习中，重点要通过学习者的反思和观察来形成丰富的结论，指导其具体的行动，从而再次产生新的体验。教师在课堂教学过程中，以某一具体的知识点为主线，结合学生已具备的具体体验和实际经验，进行适度的引导，在实现这一具体教学目标的过程中完成体验学习圈的四个阶段，让学生在已有的经验和具体感官基础上形成更丰富的体验。

根据学生不同的体验获得方式因材施教。在具体的教学过程中，学生会因人而异偏好于一种或几种学习方式来获取知识。这就需要教师了解学生，因材施教、扬长避短，通过有效的教学内容安排，使知识点的传授与学生获取知识的喜好方式相一致。这样，才能促进学生最大限度地掌握到新知识、新技能，更好地实现教学目标。

二、政策形势

（一）加强思政教育落实立德树人根本任务

党和国家高度重视高职院校立德树人相关工作，认为高职院校立德树人的根本任务是通过思想政治教育和专业知识技能教育，把学生培养成为德智体美劳全面发展的社会主义建设者和接班人。习近平总书记就加强学校党建及思政工作作出了一系列重要指示，党和国家也制定并出台了一系列制度文件。

其中，《普通高等学校学生党建工作标准》指出要推进高校学生党建工作组织化、制度化、具体化，并且对高校党建工作的组织领导、教育培养、发展党员、党员管理、作用发挥、条件保障等作出了明确的规定，为高职院校学生党建工作的开展提供了明确的标准和指引。[①] 教育部等八部

---

① 中共教育部党组. 中共教育部党组关于印发《普通高等学校学生党建工作标准》的通知 [EB/OL]. (2017-03-01) [2023-08-01]. http://www.moe.gov.cn/srcsite/A12/moe_1416/moe_1417/201703/t20170310_298978.html.

门《关于加快构建高校思想政治工作体系的意见》对高职院校构建思政工作体系的指导思想和目标任务作出了细致阐述，指出要"以习近平新时代中国特色社会主义思想为指导，全面贯彻党的教育方针，坚持和加强党的全面领导，坚持社会主义办学方向，以立德树人为根本，以理想信念教育为核心，以培育和践行社会主义核心价值观为主线，以建立完善全员、全程、全方位育人体制机制为关键，全面提升高校思想政治工作质量"，同时对思政工作体系的理论武装体系、学科教学体系、人才教育体系、管理服务体系、安全稳定体系、队伍建设体系、评估督导体系等作出了详细的规定。① 《教育部关于印发〈高等学校课程思政建设指导纲要〉的通知》指出全面推进课程思政建设是落实立德树人根本任务的战略举措，课程思政建设是全面提高人才培养质量的重要任务，"课程思政建设工作要围绕全面提高人才培养能力这个核心点，在全国所有高校、所有学科专业全面推进，促使课程思政的理念形成广泛共识，广大教师开展课程思政建设的意识和能力全面提升，协同推进课程思政建设的体制机制基本健全，高校立德树人成效进一步提高"，文件中还对课程思政教学体系设计、分类推进实施、教师课程思政意识和能力提升、课程思政建设质量评价体系和激励机制等方面提供了明确指导。② 教育部等十部门印发的《全面推进"大思政课"建设的工作方案》指出，全面推进"大思政课"建设，要坚持以习近平新时代中国特色社会主义思想为指导，聚焦立德树人根本任务，推动用党的创新理论铸魂育人，不断增强针对性、提高有效性，实现入脑入心。坚持开门办思政课，强化问题意识、突出实践导向，充分调动全社会力量和资源，建设"大课堂"、搭建"大平台"、建好"大师资"，建设全国高校思政课教研系统，设立一批实践教学基地，推出一批优质教学资源，做优一批品牌示范活动，支持建设综合改革试验区，推动思政小课堂与社会大课堂相结合，推动各类课程与思政课同向同行，教育引导学生坚

---

① 教育部等八部门. 教育部等八部门关于加快构建高校思想政治工作体系的意见［EB/OL］.（2020 - 04 - 22）［2023 - 08 - 01］. https://www.gov.cn/zhengce/zhengceku/2020 - 05/15/content_5511831.htm.

② 教育部. 教育部关于印发《高等学校课程思政建设指导纲要》的通知［EB/OL］.（2020 - 05 - 28）［2023 - 08 - 01］. https://www.gov.cn/zhengce/zhengceku/2020 - 06/06/content_5517606.htm.

定"四个自信",成为堪当民族复兴重任的时代新人。①

通过对已有政策文件的梳理可以发现,落实立德树人根本任务,必须坚持以习近平新时代中国特色社会主义思想为指导,认真学习贯彻习近平关于新时代高校党建的重要论述,坚持理论联系实际,不断推动我国高校思政和党建工作向着现代化、集成化和社会化方向发展。

(二)深化产教融合提高人才培养质量

近年来,经济结构转型加快、产业结构迅速调整升级,对高素质、复合型技术技能人才的需求大大增加。国家政策响应经济社会发展对技术技能人才的需求,先后发布一系列职业教育改革的政策文件,推动职业教育人才培养模式变革。

《国家职业教育改革实施方案》中指出,高等职业学校要培养服务区域发展的高素质技术技能人才,重点服务企业特别是中小微企业的技术研发和产品升级。②《教育部财政部关于实施中国特色高水平高职学校和专业建设计划的意见》指出要围绕办好新时代职业教育的新要求,集中力量建设50所左右高水平高职学校和150个左右高水平专业群,打造技术技能人才培养高地和技术技能创新服务平台,支撑国家重点产业、区域支柱产业发展,引领新时代职业教育实现高质量发展。③《职业教育提质培优行动计划(2020 - 2023年)》指出要"巩固专科高职教育的主体地位",把发展专科高职教育作为优化高等教育结构和培养大国工匠、能工巧匠的重要方式,输送区域发展急需的高素质技术技能人才。④《关于加强新时代高技

---

① 教育部等十部门. 教育部等十部门关于印发《全面推进"大思政课"建设的工作方案》的通知 [EB/OL]. (2022 - 08 - 10) [2023 - 08 - 01]. http://www.moe.gov.cn/srcsite/A13/moe_772/202208/t20220818_653672.html.

② 国务院. 国务院关于印发国家职业教育改革实施方案的通知 [EB/OL]. (2019 - 01 - 24) [2023 - 10 - 11]. https://www.gov.cn/zhengce/content/2019 - 02/13/content_5365341.htm.

③ 教育部 财政部. 关于实施中国特色高水平高职学校和专业建设计划的意见 [EB/OL]. (2019 - 03 - 29) [2023 - 10 - 11]. http://www.moe.gov.cn/srcsite/A07/moe_737/s3876_qt/201904/t20190402_376471.html.

④ 教育部等九部门. 职业教育提质培优行动计划(2020 - 2023年)[EB/OL]. (2020 - 09 - 23) [2023 - 10 - 11]. http://www.moe.gov.cn/srcsite/A07/zcs_zhgg/202009/t20200929_492299.html.

能人才队伍建设的意见》提出技能人才是支撑中国制造、中国创造的重要力量，要加大高技能人才培养力度，健全高技能人才培养体系，创新高技能人才培养模式，加大急需紧缺高技能人才培养力度，发挥职业学校培养高技能人才的基础作用，优化高技能人才培养资源和服务供给。①《关于深化现代职业教育体系建设改革的意见》指出要深化职业教育供给侧结构性改革，坚持以人为本、能力为重、质量为要、守正出新，建立健全多形式衔接、多渠道成长、可持续发展的梯度职业教育和培训体系，推动职普协调发展、相互融通，让不同禀赋和需要的学生能够多次选择、多样化成才；坚持以教促产、以产助教、产教融合、产学合作，延伸教育链、服务产业链、支撑供应链、打造人才链、提升价值链，推动形成同市场需求相适应、同产业结构相匹配的现代职业教育结构和区域布局。②

这一时期，我国关于高职人才培养的政策文件中对人才培养对接市场需求、专业建设对接产业需求的重视程度日益提升，不仅指出要加深专业建设与产业发展的对接程度，强调专业建设的服务能力，还指出要加强专业群建设，促进人才培养供给侧与产业需求侧达到真正融合，这不仅要增设以及调整相关专业，也要对专业的口径问题进行调整，使宽窄结合，更加适应产业结构调整的需要，这些要求也进一步推动高职的人才培养目标转向，既要面向社会和经济发展需要，也要注重学生的个体发展，增强学生的可持续发展能力，能够面向岗位的快速转换、能更快适应岗位的发展，实现人才培养的全面发展。

（三）加大高职创新创业人才培养力度

党中央、国务院高度重视高校创新创业教育工作。当前，我国经济发展进入新阶段，从"要素驱动""投资驱动"逐渐向"创新驱动"转型。经济社会发展对创新人才的需求日益强烈。自党的十八大以来，对加大高

---

① 中共中央办公厅 国务院办公厅. 关于加强新时代高技能人才队伍建设的意见 [EB/OL]. (2021-10-07) [2023-10-11]. https://www.gov.cn/zhengce/2022-10-07/content_5716030.htm.

② 中共中央办公厅 国务院办公厅. 关于深化职业教育体系建设改革的意见 [EB/OL]. (2021-12-21) [2023-10-11]. https://www.gov.cn/zhengce/2022-10/07/content_5716030.htm.

校创新创业人才培养力度的呼声日益高涨，提出要加大创新创业人才培养支持力度。习近平总书记多次作出重要指示，要求加快教育体制改革，注重培养学生创新精神，造就规模宏大、富有创新精神、勇于投身实践的创新创业人才队伍，为建设创新型国家、实现"两个一百年"奋斗目标和中华民族伟大复兴的中国梦提供强大的人才智力支撑。相关文件也相继出台，为创新创业教育的有序开展指明方向。

2015年5月，国务院颁行《关于深化高等学校创新创业教育改革的实施意见》，站在国家实施创新驱动发展战略、促进经济提质增效升级、推进高等教育综合改革、促进高校毕业生更高质量创业就业的高度，提出了完善人才培养质量标准、创新人才培养机制、健全创新创业教育课程体系、改革教学方法和考核方式、强化创新创业实践等一整套任务措施，明确了深化高等学校创新创业教育改革的指导思想、基本原则、总体目标，标志着全面深化高校创新创业教育改革的开始。①

2018年，国务院《关于推动创新创业高质量发展 打造"双创"升级版的意见》指出我国经济已由高速增长阶段转向高质量发展阶段，对推动大众创业万众创新提出了新的更高要求。文件中指出要持续推进创业带动就业能力升级，针对大学生群体，要强化大学生创新创业教育培训，在全国高校推广创业导师制，把创新创业教育和实践课程纳入高校必修课体系，允许大学生用创业成果申请学位论文答辩。支持高校、职业院校（含技工院校）深化产教融合，引入企业开展生产性实习实训。②

2021年，国务院办公厅《关于进一步支持大学生创新创业的指导意见》对提升大学生创新创业能力、增强创新活力，进一步支持大学生创新创业提出了新的意见，从提升大学生创新创业能力、优化大学生创新创业环境、加强大学生创新创业服务平台建设、推动落实大学生创新创业财税扶持政策、加强对大学生创新创业的金融政策支持、促进大学生创新创业

---

① 国务院. 关于深化高等学校创新创业教育改革的实施意见［EB/OL］.（2015－05－13）［2023－08－21］. https://www.gov.cn/zhengce/content/2015－05/13/content_9740.htm.

② 国务院. 国务院关于推动创新创业高质量发展打造"双创"升级版的意见［EB/OL］.（2018－09－26）［2023－08－21］. https://www.gov.cn/zhengce/content/2018－09/26/content_5325472.htm.

成果转化、加强大学生创新创业信息服务等方面提出相应举措，以支持在校大学生提升创新创业能力，支持高校毕业生创业就业，提升人力资源素质，促进大学生全面发展，实现大学生更加充分更高质量就业。

2022年，国务院办公厅发布《关于进一步做好高校毕业生等青年就业创业工作的通知》，提出通过多渠道开发就业岗位、强化不断线就业服务、简化优化求职就业手续、着力加强青年就业帮扶等举措，促进高校毕业生就业创业，引导毕业生将职业选择融入国家发展，实现毕业生的高质量就业。① 高等职业教育以就业为根本导向，是开展创新创业教育的重要阵地。在产业结构调整的新经济形势下，职业教育由外延发展向内涵发展转变，主动对标职场显得更加迫切，而寻求与创新创业教育的有效融合，是契合职场新需求、新趋势的重要"内生"渠道。高职院校中的创业教育，要尊重职业人才培育规律，按照经济社会发展趋势和人才需求趋势，及时检视教学环节，提高教学理念、教学载体、教学模式、教学手段与人才需求的匹配度。创业教育除了围绕创业项目开展理论传授、组建团队外，还应探求创业教育与专业教学相互融通的可能性，畅通创业教育根植于专业教学平台的路径，实现资源的互补。

三、学校办学实践

习近平总书记对职业教育育人工作作出重要指示强调，"要坚持党的领导，坚持正确办学方向，坚持立德树人，优化职业教育类型定位。"② 学校秉承习近平总书记的指示，以立德树人为旗帜，引领学校的办学方向，铸就人才培养之魂；坚持产教融合，深化"四个结合"，实施"四大工程"，推进复合型技术技能人才培养变革，保障人才培养质量；推动以赛代练、以赛促学，提升技能运动会的组织力度，鼓励学生、教师积极参加

---

① 国务院. 关于进一步做好高校毕业生等青年就业创业工作的通知［EB/OL］. （2022－05－13）［2023－08－21］. https://www.gov.cn/zhengce/content/2022－05/13/content_5690111.htm.

② 习近平对职业教育工作作出重要指示［EB/OL］. （2021－04－13）［2023－10－19］. http://jhsjk.people.cn/article/32076967.

技能运动会,提升学生职业能力;以党建带动社团发展,社团活动融合党建特色,充分释放社团文化育人活力;创新双创教育模式、推进双创实践平台建设,提升学生创新创业素养与实战能力,推动学生创新创业;健全就业工作保障机制,紧盯关键核心指标,精准施策、分类指导,提高毕业生就业质量。学校的人才培养质量持续提升,为地方经济社会发展和产业转型升级提供了重要的人才支撑。

(一)实施思政教育"铸魂育人"工程

学校坚持落实立德树人根本任务,深入推进习近平新时代中国特色社会主义思想进教材、进课堂、进头脑,大力开展社会主义核心价值观教育,构建全员、全过程、全方位育人工作格局,发挥思想政治教育"铸魂育人"工程,通过建好思想政治理论课、推进课程思政建设、实施"三全育人"综合改革传承与发扬百年商贸教育和宁波商帮的优良传统,弘扬百年"工商精神",实现人才培养职业技能和职业精神高度融合,培养德智体美劳全面发展的社会主义建设者和接班人。

1. 建好思想政治理论课

首先,学校以校党建与思政研究所为依托,形成习近平新时代中国特色社会主义思想研究团队、浙学思想和宁波商帮文化研究团队,打造学校理论学习和理论研究新高地。其次,以建设省级思政名师工作室为抓手,带动市级校级工作室人才梯队,培育在行业内有影响力的学科带头人和学术带头人,建成省内特色鲜明的思政名师工作室,为建好思想政治理论课储备优秀师资。再次,结合发展情境理论,积极开辟校内外实践基地,结合学生实际制订实践活动实施方案,在抽象理论具化上下功夫,努力使思政理论课"活"起来,联合地方共建思政课现场教学基地,打造宁波市领先的思政课实践教学改革品牌。最后,全面深化思政课现场教学改革,推动思政理论课"由内向外"转变。针对思政理论课程教学上的困难,学校积极倡导课程教学理念和教学方式的转变,鼓励教师在立足教学内容和教学要求不变的前提下开展多种形式的教学尝试,创新课程教学模式,盘活课程教学内容，激发学生学习兴趣，提升课堂教学成效。

2. 推进课程思政建设

学校高度重视思政与专业融合，挖掘各类专业课程的思想政治教育资源，以扎实的理论素养说服学生，将专业技能与职业素养相结合、与自身品德修养相结合、与德智体美劳相结合。根据专业和课程设置情况，分类推进课程思政建设，使之贯穿于人才培养各环节，全面打造融价值塑造、知识传授和能力培养于一体的课程思政教学宁波市样板。分别明确公共基础课、专业课、实践课等课程思政建设的重点，实现所有课程思政教育全覆盖。坚持课程思政建设"四结合"原则，做到课程思政与德育相结合、与教学方法改革相结合、与"优课"相结合、与教学业绩评价相结合，优化课程思政内容与教学体系，全面推进"思政课程"向"课程思政"转变。以省课程思政示范校建设为牵引，带动区域课程思政建设。学校牵头成立了宁波职业教育课程思政联盟，联盟内成员学校20所，被《浙江教育报》、人民资讯、《浙江工人日报》等媒体报道；组织承办2022年全国旅游大类课程思政集体备课活动，共有来自全国217所职业院校近3 000名旅游大类专业教师全程参加，并获《中国旅游报》《福建日报》等媒体广泛报道。《构建课程思政"价值链"探索育人新模式》入选宁波2021年度标志性成果、重大改革举措和惠民实事典型案例；《大学生活与经济学》课程思政探索被《中国教育报》专题报道。

3. 实施"三全育人"综合改革

基于体验式学习理论，学校出台了《全面推进"固基铸魂"深化"三全育人"综合改革实施方案》，全面落实十大育人项目，形成了具有工商特色、省市领先的"三全育人"新模式。建立健全党委统一领导、党政齐抓共管、多方协调互动的工作机制，汇聚全员育人力量；做强"厚德讲坛""明智红学堂""笃行志愿服务月"等课外育人平台，邀请奥运冠军、亲历长津湖战役的老战士等嘉宾走上讲台，创新思想教育载体，拓展育人维度；建强思政队伍，加大思政课专任教师和辅导员的配备力度与培养力度，实现专职思政课教师与辅导员师生比达标，组织落实了思政课教师

"1151"培养计划及思政课教师和辅导员专题轮训班；出台《课程思政教育元素挖掘指南》，带动专业教师将三全育人要求纳入教学工作中。坚守学校主阵地，从"点"到"面"构筑全方位育人的局面；学校成立了由党委主要负责人担任组长的思想政治工作领导小组、意识形态工作领导小组、网络安全与信息化领导小组等，全面开展思想政治和安全稳定工作；把"思政小课堂"和"社会大课堂"结合起来，让广阔社会成为生动课堂；疫情期间组织万名学生同上"疫情防控思政"大课，让疫情防控成为鲜活教材；把握好互联网这个"最大变量"，推动"最多跑一次"向"零跑"迈进，实现线上线下两个教育场的衔接整合，实现"三全育人"和学校事业发展的最大增量。

（二）聚焦产业需求推动人才培养模式变革

学校坚持对接产业需求，推进专业建设布局优化、结构调整，促进职业教育人才培养供给侧改革。深化四个结合，加强校企协同，推进1+X证书试点，探索专业建设国际范式，推动复合型技术技能人才培养变革；实施课程体系创新、教学方法创新、立体化教材建设、开放共享实习实训基地建设四大工程，保障人才培养质量；健全学分银行管理制度、中高职衔接与高本衔接制度、多元化人才评价制度等，完善分层分类人才培养。

1. 深化四个结合，推动复合型技术技能人才培养变革

学校依托校内大学生创新创业实践平台，构建"四创"课程体系，完善"四创"学分积累和转换制度，强化学生"四创"意识，培养学生勇于创意、善于创新、敢于创业、乐于创造，实现专创结合。依托教师的科研项目，组建师生结合的课题团队，培养学生的研发能力，做到教研结合。以真实项目为教学任务，采用项目教学、情景教学等方法，以生产、管理和营销作为过程考核，以产品（作品）为结果考核，实现教产结合。结合国赛、省赛、院赛等各级大赛，建立技能大赛长效机制，开展职业技能训练和技能竞赛相结合，强化学生的专业技能、匠心精神、劳动态度培养，实现教赛结合。通过深化专创结合、教研结合、教产结合、教赛结合这

"四个结合"推动人才培养模式变革,服务学生全面发展,落实立德树人根本任务。

在"四个结合"的基础上,加强校企协同培养未来的大国工匠。以组建产业学院为突破口,与宁波均胜、宁波建工建乐、宁波雅戈尔集团等知名企业合作,探索校企联合招生、联合培养、全程育人的长效机制。引进企业先进设备、能工巧匠、管理机制,组成校企合作工作室团队,将企业项目引入课程教学,使学生兼有"学习者"与"设计者(生产者)"的双重身份,按项目的流程完成学习与训练,实现学习过程与工作过程相融合的工作室制人才培养。推进特长生、"首席工人、技术能手"带徒工程、专题制作等人才培养项目,每年选拔400~500名学生参与该项目,聘请校内有实践经验的老师和行业企业技术技能人才共同担任导师,将专业技能竞赛项目、企业项目引入培养全过程,提升学生的专业实践能力和创新创业能力。

探索专业建设的国际范式。学校参照《悉尼协议》等国际专业认证标准加强专业建设,借鉴《悉尼协议》标准中的培养目标、学生发展、毕业要求、课程体系、教师队伍、支持条件、持续改进等7个标准项,探索依据国际范式开展专业建设的路径,形成工科专业的建设标准、操作规范和实务经验,培养具有国际视野的优质技术技能人才,提升技术技能积累水平,服务区域相关产业发展,龙头专业建设水平达到省内领先、国内知名。2020年完成应用电子技术和模具设计与制造技术两个专业的"悉尼协议"认证工作,2021年6月启动电气自动化技术和机电一体化技术两个专业的"悉尼协议"认证工作,2022年12月,完成电气自动化技术和机电一体化技术两个专业的"悉尼协议"认证远程访评工作。

2. 实施"四大工程",保障人才培养质量

学校通过深化课程体系创新、教学方法创新、立体化教材建设及开放共享实训基地建设四大工程,变革人才培养模式,激发教学活力,有力保障了人才培养质量。

对接1+X证书试点,实施课程体系创新工程。基于"底层共享、中层分立、顶层互选"的原则,重构"专业群平台课程模块+专业课程模块+

专业互选模块"的模块化课程体系，引入行业最新技术及规范，开发系列化、菜单式的课程资源，重点建设职业教育精品在线开放课程、虚拟仿真实训、立体化教材等信息化教学资源，实现课程结构化。对接"X"职业技能等级证书，开发基于职业标准、职业能力标准、专业教学标准以及考核评价标准的证书课程体系，建设了一批依次递进、有机衔接、科学合理的创新型课证融合课程。重点依托应用电子技术、模具设计与制造、市场营销等专业，应用现代信息技术和智能技术，通过引进和开发相结合，建设一批受益面广、开放共享度高、技术先进的虚拟仿真实训课程群，使实践课程教学更加系统化、形象化、智能化。

激发教学活力，实施教学方法创新工程。坚持立德树人，突出学生主体地位，构建起以学生为中心的双元教育场域。引导教师加大在线资源建设力度，积极利用在线资源和线下教学的合理组织，开展"线上"+"线下"的混合式教学，打造"混合课堂"；推进智慧教室建设，使课堂教学更具有情景化、智能化、互动化，真正实现个性化学习和因材施教，打造"智慧课堂"；创建学生充满活力、教师充满激情、师生合作教与学的高效多元课堂，打造"活力课堂"；围绕产教融合，坚持"五个对接"，加强课程标准认证，积极开展校企合作，打造"双元课堂"；通过开展优课优酬评选、课程建设合格认证和教师教学创新团队评选等举措，打造"优质课堂"。

深化校企合作，实施立体化教材建设工程。学校成立由党委书记担任主任的教材建设与选用委员会，制定学校《教材建设与管理办法》，在做好政治意识形态风险防控、规范各教学单位教材选用管理的基础上，积极推进课程、教材一体化建设，制定校本特色教材建设标准，通过课程改革带动教材资源开发。通过教材建设助推教学改革，对新型活页式、工作手册式教材、新形态教材等给予重点支持。要求教材的开发源于企业生产管理实际、岗位需求，在教材内容上保持较高的"技术跟随度"。

深化产教融合，推进开放共享实训基地建设工程。围绕制造业智能化、精准化发展需求和服务业数字化发展需要，将智能制造、数字商务、数字创意中各种新装备、新规范、新工艺、新技术等生产先进元素融入实践教学基地建设，改造升级原有实训中心（室）及生产性实训基地功能。

联合 ABB、宁波豪雅集团、宁波广电集团等龙头企业，新建智能制造实训中心、跨境电商智慧中心、宁波短视频创意产业基地等，提升改造华宝模具、直播电商、BIM 等生产性实训基地，持续拓展校外实训基地，完善校内外实践教学基地管理办法，确保岗位模块化课程中的实践教学项目高质量实施。

3. 健全学分银行、中高职一体化、多元评价等制度，完善分层分类人才培养

学校通过健全学分银行、中高职一体化、人才弹性培养和多元化评价的制度建设推进完善分层分类的人才培养体系，打造了"工商"品质的技术技能人才培养高地。

以基于个性化、多通道教育的"学分银行"改革为突破，遵循"学有所获、尊重差异、发挥特长"的理念，创建具有专业群特色的"学分银行"制度，出台学校《国家学分银行学习成果转换办法》，积极探索建设"学分银行"，对"1+X证书"所体现的学习成果进行认证、积累与转换。通过多元评价，兑换学分，免修相应课程或模块，完成学习成果的认定、积累和转换。鼓励学生通过社会实践、创新创业、"X"证书考核、技能大赛等个性化项目课程来替代课程学分。

完善中高职衔接教育制度，探索中高职贯通人才培养试点，畅通技术技能人才成长渠道。开展应用电子技术、模具设计与制造、市场营销等6个专业的中高职贯通培养，根据企业"职业岗位—工作任务—核心能力"的需求逐层推进分析，合理界定中高职阶段学生的学习水平，以学生核心职业能力提升为重点，共同建立分段教学标准，开发校本教材，构建中高职共享型教学资源库，推进课程体系互通，打破中高职泾渭分明的人才培养衔接体系，在专业上实现真正意义上的人才培养"一体化"。

基于国家学分银行，完善多元化人才评价体系，建设分层分类多元化的人才评价制度。现代学徒制班采用校企双方联评，通过课程模块、岗位实践等学分积累，获得学历证书和技能等级证书；校内应届学生依托"智慧云课堂"，通过过程性评价和终结性评价相结合的方式积累学习积分，获得学历证书和技能等级证书。

（三）以赛促学提升技能人才培养水平

学校全面落实《国家职业教育改革实施方案》和《职业教育提质培优行动计划（2020-2023年）》，将技能大赛与日常教学有机结合，推动学校专业、课程建设和人才培养模式改革创新。通过以赛代练、以赛促学，积极拓宽学校技能运动会参与面、提高技能运动会的组织力度和参与强度，提升学生的职业能力，提高人才培养质量。

1. 以赛代练，积极拓宽学校技能运动会参与面、提高技能运动会的组织力度

学校对标省、国家级竞赛项目，积极组织校园技能运动会，设置技能竞赛和文化体验两大类项目，其中技能竞赛项目分为学生公共技能竞赛、学生专业技能竞赛和教师技能竞赛三类子项目，文化体验项目旨在体现传统文化、体育竞技、体验交流等。作为省赛、国赛的练兵运动会，学校技能运动会参赛人数多、专业覆盖面全，营造了师生"学技能、练技能、比技能"的良好校园氛围。

2019年学校开展的第二十三届技能运动会暨"文源同根 技结匠心"第二届浙台高校技能文化周活动，除了本校师生，还邀请了台湾龙华科技大学、台湾修平科技大学、台湾朝阳科技大学、浙江商业职业技术学院、宁波城市职业技术学院、宁波教育学院和浙江越秀外国语学院等7所浙台高校110位学生与本校学生同台竞技，共有教师和学生2 600余人次参加。2020年虽然受疫情影响不能组织大型竞赛活动，学校还是积极组织线上线下结合的竞赛活动，开展了第二十四届技能运动会，共有教师和学生2 560余人次参加，在5月份学生正式报到前，完成了本次活动的各项网上竞赛部分，小型的技能操作竞赛，在5月报到后，分批次完成竞赛，确保在竞赛期间的防疫安全，取得了预期成效。2021年成功举办学校第二十五届技能运动会，参与学生数达到4 800人次，设立公共技能竞赛项目9项，专业技能竞赛项目46项，每个专业都有1个以上的技能竞赛项目。2022年组织开展学校第26届技能运动会，设置10项学生公共技能竞赛、40项学

生专业技能竞赛和 3 项教师教学技能竞赛三大类竞赛项目，共有教师和学生 5 800 余人次参加，其中 1 500 余人次获奖。

2. 以赛促学，提高学生职业能力

对于技术技能人才培养而言，日常教学就是最有效的训练。目前国赛、省赛赛项综合化趋势越来越明显，要求学校必须重视学生综合能力的提升。学校在日常教育教学过程中，既着力提升学生的理论知识和专业技能，还高度关注综合素养，拓宽学生的知识面和视野。引导师生参加校级比赛，吸引更多的学生参与其中，为每个学生提供机遇，同时借力比赛呈现出更高水平的参赛备赛经验，确保每一位学生在校期间都至少参加一次竞赛，做到人人参赛。学校利用技能大赛机制，有效地调动学生学习积极性，明确学习动机，技能大赛不仅能提高学生的心理素质，更能提升学生的职业素质，为他们终身学习、继续深造和走向岗位奠定良好的基础，也收获了丰硕的成果。

2020 年，全校学生共获省级以上大学生科技竞赛奖项 70 项。其中，获得全国特等奖 2 项、一等奖 7 项、二等奖 4 项、三等奖 17 项，省级特等奖 1 项、一等奖 4 项、二等奖 10 项、三等奖 27 项。2021 年全校学生各类竞赛共获省级以上 282 项，得奖学生 568 人次。其中，教育部、教育厅认定的 A 类竞赛（技能、学科竞赛）获省级以上奖项 192 项，获奖学生 354 人次；省级一等奖 10 项，国家级奖项 4 项，其中 2021 年全国职业院校技能大赛"英语口语"大赛、"模具数字化设计与制造工艺"、2021 年学科竞赛"大学生智能汽车竞赛"获全国一等奖。2022 年组织 567 个团队 1 625 名学生参加了 74 项各类竞赛项目，省级以上获奖 153 项。其中，国家级奖项 3 项，其中"模具设计与制造"获得国家一等奖、英语口语和智能汽车获得国家二等奖；A 类省级以上奖项 77 项，省级一等奖 13 项、二等奖 26 项、三等奖 38 项；省级创新创业大赛获奖 7 项、省级"互联网＋"大赛获奖 2 项。

（四）以党建带团建推动文化育人

学生社团是落实立德树人根本任务、推进素质教育的重要载体，在加强思想引领、活跃校园文化、实现文化育人等方面起到了重要作用。学校将学生社团建设作为培养学生综合素质的重要途径加以高度重视，鼓励学生社团特色多样化发展，坚持党建带动社团发展，通过加强对学生社团的科学化管理、严把意识关口、培育示范项目、打造品牌社团等举措，将校内学生社团打造为联系学生、服务学生的延伸手臂，推进学校党建及思政教育工作改革创新，完善"三全育人"新机制。目前，学校内共成立了体育竞技、文化艺术、公益服务、学术科技、文学素养、德育修养六大类社团，还针对社团发展建立了评价激励机制，加强对社团的引导和考核管理，通过评选先进、选树典型，促进了社团的发展。

1. 加强社团活动中党的领导，筑牢党对高校领导基石

学校全面落实团中央、教育部、全国学联《高校学生社团建设管理办法》文件精神，深化学校社团改革，完善各项管理制度。制定出台《学生社团管理实施细则》，进一步加强党对学生社团的领导，规范社团注册、导师聘任、活动组织、考核评价等各项社团管理制度。加强社团的"项目化申报、专业化实践、制度化管理"，定期开展社团年度注册、年度考核、星级社团评定、社长换届等工作，对全校社团进行统一考评。组织开展社团骨干培训班，每月召开学生社团负责人会议，强化责任意识，明确工作任务，深入了解社团活动开展情况，加强对学生社团的统一管理。严格活动审核，规范落实学生活动审批程序，严禁开展各类违法违规活动。

2. 严把意识形态关口，切实担当使命责任

学校高度重视学生社团意识形态工作，严把意识形态关口，定期通过召开会议、组织培训等方式深入了解社团近期活动开展情况，加强对学生社团的统一管理。以青年马列主义研究协会、反邪教协会为依托，加强理论型社团管理，组织开展青年马克思主义者培养工程暨新世纪人才学院、社团专题讲座、知识竞赛、反邪教宣传等活动，培育优秀学生社团骨干百余人，健全防范和抵御宗教向校园渗透的工作机制。学校定期摸排学生社团思想动态和活动开展情况，杜绝学生社团跨校跨地区组建、向社会拉赞助、为企业代言等现象发生，做好社团会费来源管理。严格活动审核，规范落实学生活动审批程序，严禁开展各类违法违规活动。学校团委采取包括问卷调查在内的多种形式，从社团组织架构、团组织建设、社员思想政治教育、社团活动开展等方面着手深入调研了学生社团意识形态工作情况。从整体上来看，社团组织架构完善、布局合理，能够经常性开展融大学生思想政治教育、校园文化建设等于一体的理论宣讲、文艺体育、科技创新等各类社团活动。社团内组织生活规范，通过定期召开的民主生活会来进一步加强思想引领，引导社员坚定理想信念。社员思想上积极上进，能够不断增强"四个意识"、坚定"四个自信"、做到"两个维护"，坚持社会主义核心价值观，对意识形态领域工作有较为清晰的认知。

3. 坚持党建带动社团发展，彰显社团党建特色

学校把思想引领作为党建带动社团建设工作的首要任务，坚持从政治上着眼、从思想上入手、从学生特点出发，依托"党建引领＋社团赋能"工作模式，用好党史学习、主题教育、民主生活会等活动，引导广大学生自觉听党话、感恩党、跟党走。通过组织开展社团大会等形式开展习近平总书记系列重要讲话精神等相关研讨、沙龙和微团课；注重思想政治教育融入，将社团活动与主题教育以及主题团日活动有机结合；注重爱国主义教育，在学生社团实践中融入爱国主义教育、理想信念教育内容，营造积极向上的社团文化氛围。突出主题学习，开展内容丰富的党史教育，以党的二十大召开、纪念建团 100 周年为契机，深入开展"不忘初心跟党走 青春奉献勇担当"等主题教育实践活动、"永远跟党走 奋进新征程"五四表彰大会等；通过主题团日、政策宣讲等形式，狠抓青年思想意识，开展宣传教育活动 80 余次、主题讲座 1 000 余场。以民主生活会为抓手，以理论型社团为阵地，以青马工程为载体，增强思想引领实效性。以学习习近平新时代中国特色社会主义思想为主线，推动团支部进社团工作，融合团日活动主题，线上线下联动，每月组织开展民主生活会，覆盖全校社团。组织开展"我与校长面对面"学生座谈会、学习热议党的二十大专题活动，争做"有理想、敢担当、能吃苦、肯奋斗"的新时代好青年。注重示范引领，每年评选优秀社团 10 个、优秀指导老师 10 名，宣传先进典型，发挥榜样作用。

4. 推动校园文化建设，践行文化自信

良好的校园氛围是实现文化育人的有力抓手，而学生社团是校园文化建设的重要主题，学校注重统筹校内外活动，创新方式方法，通过组织社团文化节、社团梦想秀、街舞专场、舞蹈比赛、大学生篮球赛、汉文化交流体验等各类活动，营造温暖的校园文化环境，鼓励学生践行文化自信。为活跃校园社团文化，弘扬社团风采，使全体师生了解社团、走进社团、融入社团，推动社团文化发展。2019年学校举办了以"青春·社彩缤纷"为主题的社团文化节，活动共分为"风华篇""尚德篇""健体篇"三大篇章，包含20余项活动，在一个月的时间里，通过非遗文化体验、浙台学子交流、技能竞赛、知识竞赛、体育竞技等活动，展现了自身特色，进一步促进了校园文化发展，营造出积极向上的校园文化氛围。

积极组织活动，以实践提升学生综合素养。学校开展"永远跟党走 奋进新征程"第二十二届社团文化节、"激扬青春，畅想未来"第二十届校园十佳歌手大赛、"青春之梦，工商之声"第六届校园金话筒主持人大赛、"学而慎思，明辨笃行"大学生辩论赛和第二十届科技文化节等活动，不断丰富校园文化，累计参与学生 7 000 余人。

加强中外交流，践行文化自信。以传统非遗文化类学生社团为依托，建设好雅韵戏曲协会、绮罗汉文化社、茶艺协会、书法协会、武术协会等10余个汉文化社团，组织开展非遗文化进校园、宁海平调赏析、留学生中药知识学习交流、戏曲曲艺展演等非遗文化活动，组织开展中外学生汉文化交流体验，并且与台湾龙华科技大学的学生共同举办了非遗文化体验、浙台学子联谊会等活动，通过汉文化体验、剪纸制作、舞龙舞狮、武术切磋、魔术表演、吉他弹唱等节目，促进了两岸文化交流，碰撞出了别样的火花。

5. 培育示范项目，打造品牌社团

学校通过社团"项目化"管理，实现社团建设"品牌化"，提升学生的"软实力"，培养学生的主体意识，进一步促进学生社团的发展、提高学生社团质量，推动社团健康发展，繁荣校园文化。学校建立的"社团梦

想秀"项目立项资助制,培育社团创新项目11项,覆盖学生数千人。学校以文化创意协会、书法协会、剪纸协会等创意文化社团为主题,以非遗文化为载体,完成宁波市"一带一路·汉文化驿站"重点项目建设,打造了"剪纸非遗特色文化驿站""国学文化长廊",培育了璀璨星空舞蹈团、绮罗汉文化社、书法协会、茶艺协会等10余个汉文化品牌社团,以图书馆、学生社区等为阵地,建设了印象1914文创馆等大学生创新创意实践基地,培养了一批学生创新创意团队,自主设计、集中展示校园文创作品30余件。

(五)多措并举提升学生双创能力

学校积极落实国家关于推进和支持大学生创新创业的指导意见,坚持创新创业教育与专业教育、思想教育、文化浸润相融合,深化创新创业教育改革,健全课堂教学、自主学习、结合实践、帮扶指导等为一体的创新创业教育体系,开展学生创业能力培养和创业人才培养,以创新引领创业、创业带动就业,多措并举提高学生创业能力、增强创新活力,推动学生创新创业,促进学生全面发展。

1. 创新双创教育模式,提升学生创新创业素养

学校构建"双创基础教育—专创融合—精英培养"三阶螺旋上升和逐层递进的结构化课程体系,推进双创教育与专业教育的深度融合。将创新创业意识、创业精神培养融入课程思政,激发和保持学生的创业激情,推进双创教育与思想教育的深度融合。

首先,面向全校一年级新生,开设3门必修"创新创业"类课程,同时开设4门双创选修课程,培养学生的创新创业基本知识、技能和素养。其次,各个专业根据专业特点,开设专创融合课程,促进专业知识与创新创业知识的融合,让有志于创新创业的学生得到更深度的学习与锻炼。学校还选拔表现突出的学生组建创业精英班,聘请校内外行业专家、优秀企业家为导师,开设8门创业类专业课程,对创业活动中必备的经营流程、文化素养等各方面进行系统培训。邀请优秀企业家、行业律师为学生开展营销法律系列讲座，组织创业班学员赴国家级创业孵化园参观交流，为学生进一步创业实践打下坚实基础。

同时，为锻炼学生的创新创业素养，学校实施大学生科技创新计划，完善科技创新项目管理相关制度，修订完成《大学生科技创新计划项目经费使用管理办法》，规范科创项目经费管理和使用；并且以浙江省新苗人才计划、挑战杯等科技创新竞赛为载体，鼓励学生参加各类竞赛，提升学生科技创新能力。2021年成功申报浙江省"新苗人才计划"项目4项；顺利完成2019年"新苗人才计划"项目结题5项。挑战杯竞赛参与学生1 100余名、指导老师100余名，校内55件作品参赛，最终遴选出12件作品角逐省赛，最终1件作品荣获省二等奖，5件作品荣获省三等奖。"振兴杯"荣获金奖1项、铜奖3项。2022年通过资助特长生培养工程、企业专家带徒工程等形式实施双创专项培训，聘请校内外专家导师201人，共计培养在校生397人。在机电学院、电信学院、建筑与艺术学院开展"专题制作"试点，2022年资助专题制作项目242个团队，共计培养958位学生，学生基于专题制作成果申报专利43项，有效提升了学生的双创意识和核心素养。

2. 推进双创实践平台建设，提升学生双创实战能力

学校通过打造创新创业数字传媒平台、创新创业电商服务平台、众创空间等双创实践平台，开展专业化孵化服务，提升学生创新创业实战能力。

其中，创新创业电商服务平台成立的"双十一"战队，在2020年"双十一"期间，助力宁波奥克斯集团，实现销售2.7亿元。8个电商经营工作室109名学生，在企业专家、校内导师的指导下，全年工作室营销额5 000万元左右，有力提升学生创业、就业技能，增强了学生自主创业的信心。在2022年"双十一"期间，助力宁波单项冠军企业吉德集团完成1亿元销售额。成立宁波智能家居云创基地，与亮剑互娱公司共同培养30余名创业主播，基地GMV 2 000余万元。组建青年乡镇创客联盟，引导学生深入乡村创业，为乡村振兴作贡献。

创新创业数字传媒平台充分利用政府、行业协会、合作企业等资源，由工作室教师带领学生参与政校企创新创意项目建设，合作完成宁波东钱湖韩岭老街品质提升改造策划、宁波市东钱湖韩岭千万工程二期墙绘原创设计与施工项目；完成"Ningbo Focus"电视节目研发制作等系列创新创意项目。

学校于 2020 学年修订《众创空间管理办法》，设立校友创业基地 170 万元，用于学生创业活动。2022 年完成众创空间扩建并投入使用，分为数字直播实践区、初创团队孵化区、产教融合创新创业区等，促进了更多学生进入众创空间进行创业教育和创业实践。每年举办校级"互联网+"大学生创新创业大赛暨众创空间入驻选拔赛，2022 年共有 14 支学生创业团队入驻众创空间进行创业实践，2 组成功入围 2022 年第八届浙江省国际"互联网+"大学生创新创业大赛并荣获银奖和铜奖各一项，有效提升了学生的技术创新能力和实践能力。

（六）精准施策促进学生高质量就业

学校高度重视学生就业工作，通过健全就业工作保障机制、精准施策提升就业指导成效、紧盯关键核心指标、积极补齐短板等举措全力推进学生高质量充分就业，收获良好成效。学校毕业生就业率稳定在 98% 以上，九成学生选择在浙江省内就业。其中，约 56% 的学生选择在宁波本地就业，人才培养服务地方经济社会发展成效突出；70% 以上的毕业生认为就职岗位与所学专业相关，所学专业知识和技能与实际工作的契合度较高，能够学以致用；93% 以上的毕业生对工作总体及各方面的满意度较高，对初入职场的岗位和工作内容等方面均比较认同。

1. 学校高度重视，健全就业工作保障机制

学校历来重视就业工作，专门成立学校就业工作领导小组，由校长任组长，分管就业工作的副书记任副组长。为积极落实中央和省关于"稳就业""保就业"的决策部署，推进就业工作，提高毕业生就业质量，学校实行就业工作院校二级管理模式，打造学校、学院、专业的三级运行模式，统筹推进就业工作。同时，制定完善《就业基金管理办法》《毕业生就业工作实施方案》《毕业生跟踪调查制度》《2022 年访企拓岗促就业专项行动实施方案》等制度文件，认真落实毕业生就业工作"一把手"工程，带动全员深度参与做好毕业生就业工作，实现就业工作的制度化和规范化，保障就业工作有序推进，全力促进毕业生更高质量、更加充分就业。

2. 精准施策分类指导，努力提升就业指导成效

学校坚持以市场为导向，全力开拓校内、社会和网上多形式的毕业生就业市场，通过校内与校外就业市场相结合、线上与线下相结合、大型综合活动和小型专业活动相结合来促进学生就业。学校通过招聘会、宣讲会、网络就业推荐等渠道和方式助力学生就业，其中网络就业推荐在疫情期间发挥重要作用，尤其是 2020 年疫情暴发后，学校学生处第一时间启动线上就业指导服务工作，联合海曙人社局、宁海人社局、北仑人社局和奉化人社局等部门，先后举办 6 场网络招聘会和 30 余场空中宣讲会，共计 200 余家企业参会，提供 4 000 多个岗位，取得了良好成效；通过学校"工商微就业"微信、就业 QQ 群、学校就业信息网等网络途径向学生发布用人单位及就业岗位信息。根据教育部和省教育厅要求，引导毕业生关注教育部"高校毕业生全国网络联合招聘——24365 校园招聘服务"活动，以及与岗位匹配度高的 5 大网站（前程无忧、智联招聘、BOSS 直聘、中华英才网、猎聘网），确保毕业生"好就业、就好业"。

突出成效导向，加强毕业生的就业指导。组织开展宁波市就业创业政策宣讲、生涯体验周、招聘会、就业指导讲座等系列活动，实现就业指导全方位、全覆盖，确保就业指导成效落到实处。组织学生参加"宏志助航"毕业生就业能力提升班，从理论到实践，全方位提升毕业生的软、硬实力，进一步提升就业能力。利用就业服务平台，联合相关部门、各二级学院，针对毕业生组织开展简历大赛、甬往职前比赛、生涯体验周、新生学情分析等活动，求职系列讲座 10 场。针对疫情防控形势，确保就业指导服务工作不断档，学生处和各二级学院着重将就业指导重心从线下向线上转移，为了提升毕业生的求职应聘能力，组织毕业生观看由教育部牵头推出的就业创业公益讲座 10 余场，同时开通"达职求职"能力提升系统平台，近1 000名毕业生参与系统学习。返校复学期间，学校组织毕业生就业工作专题研讨2次，各学院也分别召开毕业生就业工作专题研讨和主题班会，全方位积极推进毕业生就业工作。

突出困难群体导向，加强就业困难学生的帮扶指导。组织开展贫困学生、退伍士兵就业能力提升班，通过就业讲座、素质拓展、TQC测评、精准就业推荐等活动，为培训学员均推荐落实实习单位，实现贫困学生顺利升学、就业、自主创业，退伍士兵成功就业等良好成效。同时，从学校和学院层面多角度做好就业困难群体的帮扶工作，通过谈心谈话、线上就业咨询等多形式多途径做好就业困难群体的指导工作，确保其顺利就业。加强对困难群体的帮扶，组织开展毕业生求职创业补贴申领工作，为毕业生顺利就业添砖加瓦。

突出问题导向，重点做好"八个一"活动。通过组织一次毕业生就业情况摸底、组织一次就业工作专题会议、跟每位毕业生至少谈一次话、每周一次就业指导讲座、做好半月一次网络招聘会、每位校领导和教师联系一家以上可就业用人单位、各学院组织一次线下小型校园招聘会、每周公布一次毕业生就业情况等"八个一"活动，广泛发动全体教职员工，特别是党员、干部带头，发扬"四千精神"，千军万马齐动员，做好"盯关跟"，积极了解掌握学生的就业心态，精准摸排未就业学生的就业需求，以问题为导向，通过线上线下结合等多种形式，千方百计地实现毕业生充分就业。

3. 紧盯关键核心指标，提升毕业生就业质量

学校紧盯毕业生就业的关键指标，选择就业率、就业专业相关度、工资水平、社会保障水平、就业满意度、总体满意度、专业课程教学效果、实践教学效果、教学水平、就业求职服务、对母校的推荐度等核心指标进行追踪，坚持问题导向，积极补齐短板。在浙江省高校毕业生职业发展状况及人才培训质量调查工作要求的指导下，学校切实提高毕业工作人员的指导能力和水平，邀请浙江省教育考试院专家进行了毕业生跟踪调查专项培训会。同时，运用毕业生跟踪调查数据指导提升人才培养质量水平，学校修订《教学部门教学工作及业绩考核指标体系》中人才培养质量模块内

容,充分发挥毕业生跟踪调查工作的激励导向作用,完成年度毕业生跟踪调查平台数据采集填报工作和答题工作,为了解毕业生就业状况、诊断人才培养情况、指导人才培养工作改进奠定了重要基础。根据对毕业生的调查数据,学校定期组织召开校—院—专业三个层面组织专题研讨会,坚持问题导向,找准定位,发挥优势,弥补短板,提升学生就业竞争力。从调查结果显示,学校2022届(一年后)15项指标均高于全省高职平均水平。人才评价体系的关键指标中,薪资水平达到7 509.87元,超全省平均水平1 200元,用人单位对毕业生满意度和毕业生对学校满意度均达到90分以上。

> **经验启示**
>
> 以德技并修、就业创业为中心推进学生发展的工作实践证明:推进学生发展首先要注重思想引领。通过加强思政理论课建设、推进课程思政、实施"三全育人",多元途径、多管齐下,才能充分发挥思政教育"铸魂育人"功能,实现入脑入心。其次要重视文化育人。良好的校园文化是影响学生发展的重要因素,可通过打造多样化学生社团、举办丰富文化活动营造温暖的校园文化环境,这是实现培养学生兴趣爱好、发展学生特长、促进同辈关系发展、增进学生归属感与认同感的重要途径。最后要重视学生职业能力提升。职业技能大赛能够检验学生职业能力水平、检验学校教育教学效果,还能促进学生拓展人际关系、开阔视野、提升实践经验、增强自信心,以赛代练、以赛促学应成为强化教学效果、提升学生综合能力的重要手段。要强化双创教育。着力提升学生创新创业意识、锻炼学生创新创业实践能力,才能促进学生全面发展,进而实现人才培养更好地服务国家创新驱动战略的实施。要助力学生高质量就业。就业是衡量学校人才培养质量、折射学校办学实力的"镜子",促进学生高质量就业是学校人才培养的应有之义。要健全机制保障、找准关键问题、精准施策分类指导,全过程、全方位提升学生就业能力,切实提升学生就业质量。

第十章 结 语

2019年1月，学校第二次党代会提出把学校建成"特色鲜明、全省前列、国内知名"的高职院校，学校党委切实发挥"总揽全局、协调各方"的政治引领力，加强统筹协调，聚焦组织变革和系统重塑，以高质量党建激发动能、破解难题、整体智治、跨越式发展，交出了新时代职业教育改革发展的亮丽答卷。学校党委紧抓职业教育高质量发展机遇，着眼当下、放眼长远，锚定蓝图，实施"扩区、强校、升本"战略，持续增强学校办学实力，力争到"十五五"建成国内外有影响力的职教名校。

党的二十大对"实施科教兴国战略，强化现代化建设人才支撑"作出重大战略部署，强调教育、科技、人才是全面建设社会主义现代化国家的基础性、战略性支撑，提出了一系列新观点、新论断、新思想、新战略、新要求。党的二十大报告同时指出"统筹职业教育、高等教育、继续教育协同创新，推进职普融通、产教融合、科教融汇，优化职业教育类型定位"，为新时代职业教育发展指明了方向。

深刻领悟党的二十大重要思想、重要观点、重大战略和重大举措，是高职教育跟上时代步伐的必由之路。首先要深刻领会科教兴国战略对高职教育提出的最新要求。高等职业教育必须要全面贯彻党的方针政策，落实立德树人的根本任务，加快普职通融步伐，深入推进产教融合，办人民满意的职业教育。其次要深刻领会人才强国战略对高职教育提出的最新要求。高等职业教育要进一步优化类型定位，明晰自身在人才战略中的战略性地位和作用，统筹推进中职、高职、职教本科协调发展，培养更多的能工巧匠、大国工匠和高技能人才。最后要深刻领会中国式现代化对高职教育的新要求。职业教育要发挥脱贫致富功能，通过教育培训和技术服务，阻断贫困代际传递，全面推进乡村振兴。

新时代赋予新使命，新使命肩负新担当。学校作为一所具有百年办学历史、扎根地方办学的高职院校，将以"刀刃"向内的勇气，不断推进自我革命，主动扛起职教服务"中国式现代化"的工商担当。学校党委将继续落实"党建强则学校强"的理念，不断深化"1+8+N"一体化、"点线面"结合抓党建的工作机制，从"跳出职教看职教""跳出工商发展工商"的战略高度，把学校高质量发展与服务国家重大战略部署结合起来，与省"双高校"建设结合起来，以"数字化改革"和"人才引育"为驱动，传承弘扬百年工商精神，加快建设"特色鲜明、全省前列、国内领先"的"双高"名校，在奋力谱写学校高质量特色发展征途中实现弯道超车，向着本科层次职业院校勇毅前行，为新时代社会主义现代化强国建设贡献更多的职教力量。

附录：
重要媒体报道

报道1　浙江工商职院树立"发展从内推动"意识 高质量党建引领办学内生式发展

来源：中国教育报　日期：2023-11-21

职业教育作为与经济社会发展联系最为紧密的教育类型，新时代新阶段的发展必须贯彻新发展理念，实现高质量发展。将"内生发展"理念和要求引入职业教育办学领域，既是社会各界对职业教育办学的外在要求，也是职业教育优化类型特征自我发展的现实需要。浙江工商职业技术学院坚守为党育人、为国育才初心使命，落实立德树人根本任务，树立"发展从内推动"的意识，认真履行把方向、管大局、作决策、抓班子、带队伍、保落实的职责，谋划并全力推动学校重大战略、重大发展思路和重要政策举措，走出党建引领职业教育办学内生式发展的"工商"路径。

党建统领　组织赋权是内生式发展的关键

内生发展是一种自下而上、源自内部的发展模式，建立一个有力的基层组织是内生发展的重要前提。《国家职业教育改革实施方案》明确指出，要充分发挥党组织在职业院校的领导核心和政治核心作用。中国共产党作为最高政治领导力量，代表广大人民的根本利益，不局限于局部和眼前利益，以职业教育党建为核心和龙头，增强党的凝聚力、战斗力和领导力、号召力，引领职业教育治理创新发展，既平衡各治理主体力量，又主导各治理主体力量，既纠正"市场失灵"，又避免"政府失灵"。浙江工商职院通过党建统领、支部建设，构建"1+8+N"一体化推进党建工作机制，即1个党委为党建龙头、8个二级党总支为党建中坚、28个党支部和全体党员为党建基本单元，充分发挥党委、党总支、党支部、党员"四位一体"组织体系的凝聚功能，加强基层党组织的战斗力，实现党建工作横向到边、纵向贯通，解决党建层层递减问题，推进党建与学校发展、党建与师生成长、党建与专业建设、党建与地方发展深度融合，真正将党建融入中心、融入专业、融入育人，解决党建与业务融合不深的问题。此外，以守好"红色根脉"的政治自觉和政治担当，始终坚持"党建强则学校强"理念，加强党对学校的全面领导，党委书记扎实履行党建工作第一责任人的责任，树立"书记抓、抓书记"鲜明导向，大胆解放思想，聚焦自我革命，推动基层党建机制创新，为学校发展保驾护航。

思想护航　主体认同是内生式发展的前提

主体认同是社会成员平均具有的信仰和情感的总和，是主体在实践活动中产生的对对象的承认、认可和赞同，并内化为主体的价值体系和实践行为的过程，为学校内生发展注入精神动力。浙江工商职院通过战略谋划、凝聚人心，加强学校主体的价值认同、文化认同和身份认同。学校理性认知职业教育的类型特征和发展规律，根据新时代新阶段对职业教育发展的新要求，立足学校发展实际，强化顶层设计、科学谋划，制定切实可行的发展目标，强化师生价值认同，激发学校发展的内生动力。通过总结百余年来的办学实践和经验，凝练并通过各种形式传承和践行"工商精神"，落实"八心八问"，倡导"四个改变"，深入开展"三争创高、五年跨越"为主题的思想大解放、三风大转变的专项活动，以"大兴思想解放之风、勇当时代探路先锋"为题的"解放思想"专项活动以及"爱党爱国爱校爱生"教育专项活动，一系列振精神、提信心政策和聚人心、暖人心举措，使全体教职员工对学校产生了价值认同、文化认同乃至目标认同和任务认同，并内化为自身的价值体系和实践行为，以思想"大破冰"引领行动"大突围"，统一思想、革新理念、点燃激情，形成干事创业、积极进取的良好氛围，促进了学校的内生式发展。

合作聚力　合作参与是内生式发展的基础

内生发展是一个参与的过程，各参与主体通过参与表达自己的利益诉求,并对决策过程产生影响。职业教育的跨界类型特征,使其由学校一元治理主体结构走向政府、行业、企业、学校等多元治理主体协同育人形式。合作参与在系统内部所要解决的问题就是组织与协调职业教育结构要素,实现多元主体本着提升职业教育的公共质量"平等相待、协商对话"。浙江工商职院通过人才强校、学生发展、产教融合,整合教师、学生以及政行企等其他利益相关者的力量,共同参与学校发展建设。搭建教师发展服务平台,建立"金字塔形"名师培育架构,构建教师教学能力标准体系,突出"代表性成果"评价,拓宽评价内容、评价领域及送审评价覆盖面,不断健全分类评价体系、完善业绩直评及对等性业绩评价。将学生视为学校内生发展的重要利益相关者,充分考虑学生发展的利益诉求,坚持以人为本、能力为重、质量为要的原则,通过实施思政教育"铸魂育人"工程,实现学生职业技能与职业精神融合发展。不断深化与政府、行业、企业、协会等利益相关者的合作,探索新的产教融合发展模式,打造产教融合共同体,推进产业学院建设,实现政府、学校、产业、企业以及行业协会等多主体的共同参与、协同育人,推动了教育链、人才链与产业链、创新链的有机融合。

机制赋能　资源创新是内生式发展的核心

内生发展注重培养自身发展能力,发掘本土内部潜力,合理有效利用外部经济、技术和智力资源等。浙江工商职院通过放权强院、分配激励,进行制度创新,优化内部资源有效配置,通过社会服务实现内外部资源的有效协调。学校切实发挥"总揽全局、协调各方"的政治引领力,不断完善"党委领导、校长负责、教授治学、民主管理"的内部治理机制,加强统筹协调,动员全校师生进行全方位改革,遵循权责统一、学术自主、目标管理和依法治理等原则,从直线式管理改为扁平化管理,实现管理重心下移,优化学校内部资源有效配置。推进管理重心下移,调动全校教职工的积极性、主动性和创造性,激发各二级学院、各部门办学活力和教职工发展活力,建立"按劳分配、科学考核、绩效挂钩、兼顾公平"的收入分配机制。通过深化收入分配、教师考核评价改革,注重绩效、兼顾公平,稳步推进绩效工资改革,激发和调动一线教师、专业带头人和骨干管理人员的积极性与主动性。以"围绕中心,服务大局,优势互补,共同发展"

为原则，搭建"国省市校"四级平台，依托科研带动技术服务，通过多种渠道引领校地共建，构建现代新型农民培育体系，积极整合外部资源，实现校地互联互动、共兴共荣。近年来，学校以慈溪市家电产业集群为基础，与地方政府和公牛集团等头部企业共建慈溪学院，地方政府投入资金超过2亿元和400余亩土地，促进学校与区域协同发展。

职业教育与经济社会发展联系紧密，在构建技能型社会、推动中国式现代化中前途广阔、大有可为。浙江工商职院遵循职业教育类型特征以及办学内生式发展内涵，坚持问题导向，从组织、认同、参与和资源四大要素出发，从体制机制自我革命寻求突破，通过组织变革和系统重塑，以高质量党建激发动能、破解难题、整体智治、跨越式发展。近年来，学校形成"风正、气顺、心齐、劲足"干事创业的良好氛围，"景气度"不断提升，核心成果"立项数"呈现井喷，"影响力"显著扩大，办学适应性不断提升，为党建引领职业教育办学内生式发展提供了"工商示范"。

（作者系浙江工商职业技术学院党委书记　陈仕俊）

报道2　浙江工商职业技术学院：系列变革按下"双高"建设"快进键"

来源：浙江日报　　日期：2021-8-12

日前，教育部公布了第二批国家级职业教育教师教学创新团队遴选结果，浙江工商职业技术学院数字媒体技术专业团队位列培育建设名单，至此，该校国家级职业教育教师教学创新团队数量增至2个。事实上，这也是该校今年以来获得的第6个国家级项目（成果）。

在浙江工商职院党委书记陈仕俊看来，作为浙江省高水平职业院校和专业群（以下简称省"双高"）建设单位，学校的标志性成果之所以能在短时间内呈井喷态势，主要源于学校立足实际，抓住机遇，从理念、方法、行动等层面加快建设变革型组织的结果。

推动理念革新　点燃创业激情

时间回溯到2020年末，当学校获评省"双高"建设单位的消息传来，浙江工商职院上下无不为之振奋。然而，工商人清醒地认识到，"双高"申报成功不是终点，而是学校高质量发展的一个崭新开端。

"学校有着百余年的办学历史，又是省人民政府首批批准成立的四所全日制公办普通高职院校之一，可以说基础较好，但近年来位次不断下移、标志性成果少、政策机制不活等问题日益凸显，只有拿出自我革命的勇气，主动求变，才是生存发展之道。"陈仕俊坦言。

正是基于对学校现阶段短板不足的充分认识，浙江工商职院党委经过充分调研、广泛论证，谋划并提出了"补课、追赶、跨越""'争时间、争任务、争贡献'，通过3年创建'双高'，力争5年学校名次在省内位次前移，实现跨越发展"（以下简称"三争五跨"）的战略目标和发展路径。

前往多所兄弟院校"取经"，召开高质量发展大会省"双高校"建设动员会，开展以"三争五跨"为主题的思想大解放、"三风"大转变专项活动……一场覆盖面、触及程度均为建院以来之最的思想风暴开展得如火如荼。600 余名教职员工把自己摆进去，查问题、找差距、列清单、作表态，学校全体领导班子成员多次深入基层参与调研和讨论。全校上下对学校发展的历史和现状、与兄弟院校的差距等有了清晰的认知，树立起危机意识、忧患意识、创新意识、干事意识，达成了目标认同、任务认同和价值认同，为打响"双高"建设攻坚战打下了良好的思想基础。

认领任务、分解目标、细化方案，跑企业、走园区、谈合作、做项目……2021年寒暑假期间，浙江工商职院校园里呈现出一派"假期不打烊、'双高'建设忙"的景象。11 项任务、44 个工程、167 个项目、707 个子项目和若干活动得以迅速分解、落实到人、有序推进。

"正是全体工商人统一思想、转变观念，全面'紧起来'，迅速'动起来'，才为落实'双高'任务争取了时间，打开了良好局面。"陈仕俊说。

推行超常举措 破除发展桎梏

面对"双高"建设这一系统工程，浙江工商职院党委以党建引领变革型组织建设，抓住"人、政策、机制"等关键环节，加强系统设计和整体谋划，推行超常举措，建立特殊机制，从而破除发展桎梏，释放发展新动能。

浙江工商职院坚持人岗相适、人尽其才的选人用人理念，紧紧围绕"双高校"建设，实施干部能上能下的动态调整机制，于 2021 年 4 月制定出台了相关实施办法，实行干部任期制、考核制、末位淘汰制、适龄退出制、问责制、研判制等制度，尤其加大了调整不适宜担任现职干部的工作力度；突出专业、实绩和基层导向，实行后备干部选拔制，把政治品德过硬和敢担当、能干事、干成事的年轻干部选拔提任到重要岗位，2020 年以来共退出干部 8 位，新提任干部 10 位。一系列实招、硬招的落地实行，对多年习惯"等政策、谈条件、慢作为"的某些干部，起到了警醒和督促的作用，干部队伍整体的精神面貌焕然一新。

积极引进高层次人才、遴选培养专业（群）带头人，修订或出台博士培养工程实施办法、教师教学创新团队建设办法等相关文件，发布学校师德专题教育实施方案并开展 3 期专题教育活动，涌现出 2 个国家级教师教学创新团队、2个校级"黄大年式教师团队",开展"名师""名匠"结对共研活动……自获评省"双高"建设单位以来,浙江工商职院在教师队伍建设方面打出了一套组合拳,有效激发了人才发展活力,服务学校改革创新。

学校秉承"用实绩说话""以群建院""放权强院"的原则,将教职工年度考核、职称评聘同项目绩效和贡献挂钩,研究出台了"'双高校'建设标志性成果奖励办法"等激励政策,对相关专业进行跨学院调整,实施二级拨款打破系数概念、修订完善教学单位考核制度、建立专业动态调整机制等一系列举措,充分调动了二级学院办学的积极性、主动性和创造性。节假日办公楼下停的车多了,楼内亮着的灯多了,教工餐厅用餐的人多了……教职员工比学赶超的热情也空前高涨。

学校还开展了规章制度"废改立"工作,对部门职能进行微调,建立层层压实责任的工作机制、重大项目专班制和项目领办制,坚持目标管理和问题导向,确保任务分解到部门到人,实行挂图作战、定期跟踪,及时总结经验和解决实际困难。

寻求知行合一　成果呈现井喷

在行动层面,浙江工商职院结合党史学习教育,建立了校院两级党组织书记、校长(院长)领衔破难攻坚制度,共有书记"领办项目"、委员"攻关项目"和支部"创新项目"三类项目138项。同时建立了重点项目的长期培育和校领导领办的推动机制,校领导班子成员带头领办涉及多个领域的"双高校"建设重点项目达39项。

学校还开展了"强干部担当作为　强干部素质能力"专项活动,着力强化干部政治担当、履职担当和改革担当,提升战略思维能力、调查研究能力、抓工作落实能力、科学管理能力和风险防控能力5种能力。为了提升各个层级谋划全局、狠抓落实的能力,还组织开展了书记院长论坛和职能部门负责人论坛。干部们纷纷表示受益匪浅,学会了"算大账、长远账",今后将把部门工作进一步融入全校乃至职业教育发展的全局中考量。

2门课程获评教育部"课程思政示范课程",2个教学团队同时入选"课程思政教学名师和团队",学校作为主要牵头单位的浙江三江职业教育集团获评全国示范性职业教育集团,48个团队、132名学生在浙江省及全国职业院校技能大赛斩获佳绩（含 2 个国赛一等奖）……经过全校师生的共同努力，浙江工商职院交出了半年度推进"双高"建设的高分答卷，用实际行动向建党 100 周年献礼。

"只有知行合一方能更好地建设变革型组织，推动'双高'任务落到实处。"陈仕俊说，"捷报频传让我们欢欣鼓舞，也更加坚定了继往开来、改革创新的信心和决心"。他表示，浙江工商职院将在上级主管单位省交通集团党委的领导下，进一步扎实推进"双高校"建设，大力提升高职院校服务国家战略和社会主义现代化先行省、共同富裕示范区建设的能力和水平，全力用好新时代改革发展的"工商奋进之笔"。

报道3 变革创新发展 浙江这所百年老校爆发力惊人

来源:浙江新闻客户端 日期:2021-12-27

日前,2021年全国大学生电子设计竞赛落下帷幕,浙江工商职业技术学院(以下简称"浙江工商职院")应用电子技术专业学子再创佳绩,1个团队荣获高职组全国一等奖,此外,还有8个团队分获浙江赛区二、三等奖。这已是浙江工商职院学子今年以来摘得的第5个国赛一等奖,也是对该校办学质量的充分肯定。

百年栉风沐雨,百年风华正茂。从最初的宁波公立甲种商业学校到现在,浙江工商职院已经走过了107年。1999年,学校成功从中专升为高职,成为省人民政府首批批准成立的四所全日制公办普通高职院校之一。其扎实演进诠释着这所具有悠久历史的学校所积淀的厚重潜力。

2020年末，当学校获评省"双高"建设单位的消息传来，浙江工商职院上下无不为之振奋。面对学校的实际和新阶段的发展特征，如何办出特色，实现新跨越？新一届党政班子经过充分调研、广泛论证，谋划并提出了全新的战略目标和发展路径——"补课、追赶、跨越""'争时间、争任务、争贡献'，通过3年创建'双高'，力争5年学校名次在省内位次前移，实现跨越发展"。

产教融合　培养应用人才

浙江工商职院现有全日制在校生1.2万余人。学校坚持产教"真融"，推动新时期人才培养模式变革，建立开放立体式实践育人体系，全力培养一大批符合经济社会发展需求、创新创业意愿和实践能力强，"下得去、留得住、用得上、干得好"的技术技能应用型人才。

2021年11月11日，在浙江工商职院思齐楼的电商实训基地，同学们紧盯屏幕，双手飞速敲打着键盘，忙着回答客户提出的各类问题。企业导师来回巡视，随时提供指导和帮助。

原来，2021年"双十一"，浙江工商职院通过校企合作把奥克斯电商"搬"进校园。从11月初开始，企业就对学生进行了产品知识、平台规则以及岗位实务、操作流程等培训，并于"双十一"当天正式进入实战操作，负责奥克天猫、京东等多家旗舰店的销售咨询和售后服务工作。"通过这次实战，我充分感受到了行业氛围，提升了与客户沟通的能力以及解决问题的能力，这些都是课本上学不到的。"营销2011班武丽菲告诉记者。

2020年底学校被列入浙江省高水平高职学校建设单位，市场营销（数字商务）专业群为同时获评的省高水平专业群之一。"与企业尤其是龙头企业开展深度合作，将有力提高人才培养质量和针对性，助推学校'双高'建设；同时充分发挥学校专业和人才优势，为行业企业转型升级提供智力支持和技术服务。"浙江工商职院校长周志春说。

2021年3月，浙江工商职院与宁波（国际）电子商务产业园管理中心签订《宁波数字经济产业园合作框架协议》。双方将在数字经济产业核心技术研发攻关、园区企业员工培训、推进现代学徒制建设等方面开展合作，共育新型电商人才。同时，校、园双方还签订了现代学徒制班合作协议。50 名学生成为第一期现代学徒制班级学员，分赴浙江综讯数码产品有限公司和宁波小吉电子商务有限公司，以工学结合的方式，在专业教师和企业师傅的共同指导下完成为期一年的学习。

目前，浙江工商职院紧密合作的企业累计达 670 多家，已覆盖到学校几乎所有专业。近日，浙江省教育厅公布了 2021 年度职业院校产教融合项目遴选认定结果，校推荐申报的 7 个项目全部获得立项。

学生在各类比赛中屡创佳绩，就是专业建设和人才培养成果的生动体现。在第七届 OCALE 全国跨境电商创新创业能力大赛中，该校数字商务学院选派的 8 支代表队夺得了 1 个团体特等奖、3 个团体一等奖、3 个团体二等奖和 1 个团体三等奖的骄人赛绩。

捷报频传的还有该校另一个浙江省高水平专业群，应用电子技术（智能家电）专业群。除了应用电子技术专业在 2021 年全国大学生电子设计竞赛中夺得一等奖，由该校模具设计与制造专业学生丁民慧、王国民组成的浙江省队，在 2021 年全国职业院校技能大赛（高职组）"模具数字化设计与制造工艺"赛项中，从全国 26 支省级代表队中脱颖而出，获得大赛一等奖第一名的好成绩；在 2021 年全国机械工业设计创新大赛中，该校工业设计专业学生的两项设计作品荣获职教组一等奖，三位老师荣获优秀指导教师奖。

值得一提的是，浙江工商职院每年毕业生初次就业率超过 98%，学校还被省人民政府授予全省高校就业先进工作单位。

区域合作 促进协同发展

"立足地方、融入地方、服务地方"是浙江工商职院遵循始终的办学宗旨和努力方向。眼下，该校正从县（区）校合作为地方经济提质、服务地方产业发展等多个方面求突破，探索地方高职院校的发展出路。

近年来，慈溪市的传统制造业、家电行业面临着转型升级的压力，这与浙江工商职院在学生培养、教师素质提高、与企业合作等方面的迫切需要不谋而合。2016 年 10 月 18 日，浙江工商职院与慈溪市政府合作共建的"浙江工商职业技术学院慈溪学院"（以下简称"慈溪学院"）揭牌成立。

充分考虑慈溪特色和优势产业及相应人才需求，慈溪学院设置以智能电子和智能制造为主体的、与先进制造业对接的专业群,目前共有应用电子技术、电气自动化技术、计算机网络技术和工业机器人技术四个专业,在校生规模为700余人。近几年,慈溪学院积极探索现代学徒制试点班等创新人才培养模式,开设包括卓力电器班、芯健半导体班、甬矽电子班、祈禧智能班、宁波均普班等现代学徒制订单班10余个,深入推进产学研融合,不断提高人才培养质量和服务慈溪经济发展能力,为慈溪经济社会发展培养高素质劳动者和技术技能人才。值得一提的是,应用电子技术专业还获得省"双高"专业、宁波市品牌专业。

作为宁波市海曙区内唯一的高职院校,浙江工商职院区位优势显著。建成海曙区古林镇文化中心,共建优淘电子商务园区,开展校地图书馆共建和文化"三下乡"结对服务……近年来,浙江工商职院与海曙区的合作由点及面,不断深入。据不完全统计,学校在办学过程中前后有3万多名学生在海曙区工作,毕业生创办企业约1 000家,为当地吸纳了近10万名社会人员就业,培养了一大批对产业具有支撑作用的高素质技能型复合人才。当前,一个校地共建"海曙工程师(工匠)学院"的方案正在酝酿并即将落地实施,未来将充分发挥政府主导作用及企业、职业院校主体作用,深化产教学融合、政校企合作,探索完善现代职业技能培训机制,不断增强技能人才培养能力，提升高技能人才培育水平，优化技能人才队伍结构，建设全国领先的"工匠"培育基地，为海曙区"工程师友好区"打造，高质量建设国内一流强区、高质量发展建设共同富裕样板区提供强有力的技能人才支撑。

作为最早实践"县（区）校合作"办学模式的特色产业学院，宁海学院近年来构建起以模具设计与制造和工业设计专业为核心的专业群，还建设了学生实训平台、技术研发平台和两个教学工厂，打造出"真产品、真环境、真考核"的"专题制作"实践教学模式。如今，该院不仅承担了多项基层教学改革项目，每年还要为宁海县80多家企业提供技术服务，并在企业员工培训、技能鉴定以及中高职一体化办学等领域展开校地合作。

为了更好地与区域的产业链对接，浙江工商职院不断优化专业布局，以是否与区域经济发展趋势相符合为原则，停招、新设、重组了部分专业，以产业学院和专业链对接区域经济的产业链，从而更好地为区域经济发展提供人才支撑。

2021年学校还积极开展社会培训，专门成立社会培训中心，社会培训迎来井喷式增长。截至2021年11月30日，全校社会培训工作已超额完成年度任务，共完成培训项目194个，培训学员30 388人，完成了年度计划的126.6%，比去年同期增长379.52%。此外，学校成功搭建了浙江省教师专业发展培训基地、宁波市中小学生研学实践教育基地等培训服务平台；获批浙江省职业技能等级认定试点社会培训评价组织，3个职业工种获评价资质；共参与3项国家职业技能标准制定工作。

创新机制 增添发展活力

面对"双高"建设这一系统工程，浙江工商职院党委以党建引领变革型组织建设，抓住"人、政策、机制"等关键环节，加强系统设计和整体谋划，推行超常举措，建立特殊机制，从而破除发展桎梏，释放发展新动能。

浙江工商职院坚持人岗相适、人尽其才的选人用人理念，紧紧围绕"双高校"建设，实施干部能上能下的动态调整机制，于2021年4月制定出台了相关实施办法，实行干部任期制、考核制、末位淘汰制、适龄退出制、问责制、研判制等制度，尤其加大了调整不适宜担任现职干部的工作力度；突出专业、实绩和基层导向，实行后备干部选拔制，把政治品德过硬和敢担当、能干事、干成事的年轻干部选拔提任到重要岗位，2021年，退出中层干部岗位7位，平级转任中层干部10位，新提任中层干部8位。一系列实招、硬招的落地实行，对多年习惯"等政策、谈条件、慢作为"的某些干部，起到了警醒和督促的作用，干部队伍整体的精神面貌焕然一新。

学校秉承"用实绩说话""以群建院""放权强院"的原则，将教职工年度考核、职称评聘同项目绩效和贡献挂钩，研究出台了"'双高校'建设标志性成果奖励办法"等激励政策，对相关专业进行跨学院调整，实施二级拨款打破系数概念、修订完善教学单位考核制度、建立专业动态调整机制等一系列举措，充分调动了二级学院办学的积极性、主动性和创造性。

学校还首次召开了依法治校工作委员会会议，全面推进依法治教、依法办学、依法治校，提升治理体系和治理能力现代化水平。此外，扎实推进规章制度"废改立"工作，对部门职能进行微调，建立层层压实责任的工作机制、重大项目专班制和项目领办制，坚持目标管理和问题导向，确保任务分解到部门到人，实行挂图作战、定期跟踪，及时总结经验和解决实际困难。

改革创新激活"一池春水"。如今，在校园里，节假日办公楼下停的车多了，楼内亮着的灯多了，教工餐厅用餐的人多了……教职员工比学赶超的热情也空前高涨。

经过全校师生的共同努力，浙江工商职院交出了推进"双高"建设一年来的高分答卷：学校1个专业团队入围第二批国家级职业教育教师教学创新团队立项建设单位，2门课程获评教育部"课程思政示范项目"，2个教学团队同时入选"课程思政教学名师和团队"，学校作为主要牵头单位的浙江三江职业教育集团获全国示范性职业教育集团立项，2个专业通过悉尼协议专业国际论证，2个学生团队在全国职业院校技能大赛斩获一等奖，此外，在全国学科竞赛中获一等奖3项、二等奖1项。

新的蓝图已徐徐展开，新的征程已经开启。展望未来，浙江工商职院党委书记陈仕俊表示，学校将弘扬百年工商精神，抢抓机遇、直面挑战、主动作为，以立德树人为根本，以高质量发展战略为导向，将自身发展融入国家崛起、区域转型和企业发展，携手各方唱好产教"融"字诀，打造合作共同体，为全面开启建设社会主义现代化国家新征程贡献更多职教力量。

报道4　浙江工商职院：点燃"红色引擎"为学校治理赋能

来源：中国教育报　　日期：2020-9-21

浙江工商职业技术学院作为浙江省首批获批成立的4所全日制公办普通高等职业院校之一，距今有着106年的办学历史。百余年来，学校秉承"厚德、进业、明智、笃行"的校训，传承和发扬百年商贸教育和宁波商帮的优良传统，逐步形成了积淀深厚、内涵丰富的百年"工商精神"。学校坚持以适应区域经济社会发展为导向，适时调整和优化专业结构，成为一所"工、商"并重，对接地方经济和产业发展需求的现代化高等职业技术学院，被誉为"宁波商帮文化的摇篮"。近年来，学校深入贯彻落实党的十九届四中全会精神，不断推进主题教育常态化、长效化、制度化，持续做深做实"党建+治理现代化"，以高质量党建凝聚发展动能，把中国特色社会主义的制度优势转化为办学治校的实际成果，推动各项事业实现多点突破。

强化党的领导，以学校党委为"龙头"，逐步完善治理体系

对照"抢抓机遇、加快发展、办出水平、办出特色"的希望和要求，对照高职院校优质校和"双高"校建设的目标，学校实现高质量发展还存在一些难点堵点。

面对问题，只有加强党的领导，充分体现党组织把方向、管大局、作决策、抓班子、带队伍、保落实的能力，把牢意识形态，以党建引领学校治理体系顶层布局创新，加强方向引领、发展定位、内部统筹等方面的系统设计，才能将党的组织优势转化为治理优势，从而破题解难，释放发展新动能。

（一）坚持政治引领，铸强党委领导核心

学校党委始终把政治建设摆在首位，坚持党委领导下的校长负责制，近两年来，更是着眼于更好发挥党委的领导核心作用，聚焦"强化政治责任、强化团结协作、强化规矩意识、强化学习观念、强化创新精神、强化廉洁自律"目标锻造"六强党委"，进一步健全党委会和校长办公会议事规则，规范决策程序，积极履行管党治党、办学治校主体责任，把好社会主义办学方向，推动学校改革发展。先后建立了8个抓落实机制，并引导党员干部践行"4个改变"，坚持联系基层"11个1"制度，推动各级党组织书记扛起主责主业，切实增强党委管党治党的意识和水平。

（二）确立发展目标，优化内部治理结构

2019年1月，学校第二次党代会召开，提出了把学校建成"特色鲜明、全省前列、国内知名"的高职院校的目标，为未来5年的发展明确了方向。本着"等不得"的紧迫感、"歇不得"的危机感和"慢不得"的使命感，学校党委发挥政治领导力，在广泛调研和充分听取各方面意见的基础上，紧锣密鼓地开展了机构调整、职能整合、中层换届、全员聘任等一系列工作，通过整合资源、优化机构、完善职能、理顺关系、建好队伍，合理配置各类资源，推进管理重心下移，扩大二级学院自主权，强化服务监督职能，形成放管结合、良性互动的格局，进一步完善内部治理结构，建立了与学校事业发展相适应的管理系统和运行机制。

（三）加强统筹协调，实现跨界整合共赢

职业教育的跨界类型特征，使其由学校一元治理主体结构走向学校、行业、企业、社区等多元治理主体协同育人模式。学校党委切实发挥"总揽全局、协调各方"的政治引领力，加强统筹协调，努力构建多方主体力量共治共建共享的治理体系。与海曙区签署了"1+X"全面合作框架协议，并开展实质性合作；与慈溪市政府部门达成第二阶段合作协议，投入1.58亿元扩建慈溪学院；与宁海县政府部门协商推进10多年未解决的宁海学院办学条件、人才公寓产权等历史遗留问题……立足"一体两翼"的办学格局，主动利用各方优势，积极争取政府支持，依靠社会力量拓展学校的办学空间，实现政府、行业企业、科研院所与学校的跨界联动、资源整合、多方共赢。2019年11月，在全国高职院校率先举办规模较大的产教融合大会，参与企业276家，现场签订26个产教合作协议，捐赠600多万元，产生广泛而深远的社会影响。

聚焦固本强基，以基层组织为"基石"，不断提升治理能力

党的十九大报告强调，要以提升组织力为重点，突出政治功能，把企业、农村、机关、学校、科研院所、街道社区、社会组织等基层党组织建设成为宣传党的主张、贯彻党的决定、领导基层治理、团结动员群众、推动改革发展的坚强战斗堡垒。学校以组织建设上水平为牵引，发挥党组织的协同效应，借助组织功能、组织优势和组织力量，有效激发红色细胞活力，结合学校发展目标，推进简政放权放管结合，助推二级学院特色发展，提升治理能力，破解事业发展瓶颈。

（一）激发党建活力，深化关键领域改革

学校立足现状求突破，将开展"不忘初心、牢记使命"主题教育与推动改革发展稳定紧密结合，在充分调研的基础上研究确立了扩大二级学院办学自主权、分级分类考核、业绩目标导向、以考核促质量提升的综合改革方案，有力释放和激发了教职工干事创业的活力，充分调动了二级学院的积极性、主动性和创造性，推动学校发展动力机制从"火车头模式"向"动车组模式"的切实转变。固本强基凝聚强大力量，改革创新激活"一池春水"。在去年的全员聘任中下定决心，全面配强配齐各条线的党务人员，设置党总支书记、副书记等岗位，配齐专职组织员，实现党务人员占教职工比例超1%，只有党建工作人员到位，党建基础才可以真正称得上"夯实"。全面推行"支部建在专业上"，实现"双带头人"教师党支部书记全覆盖，以"头雁效应"凝聚师生骨干力量创新发展；通过党建责任制考核等激励机制，构建以党建带动各项工作深度融合的"党建＋"新模式，推进支部标准化建设。2019年至今，学校先后获评浙江省高校党建工作标杆院系、样板支部和全国高校党建样板支部；学校党委和两个党总支、5个党支部被宁波市委组织部门评为"五星级党组织"，多项事业协同并举获丰硕成果。

（二）坚持党管人才，实施人才强校战略

坚持"党管人才"这一原则，把人才工作纳入学校发展大局统筹谋划推进，健全完善了党管人才工作领导体制、运行机制和常抓机制。借势主题教育，开展师资和人才队伍建设专项调研，抓住评价制度改革和创新平台搭建这"两个重点"，依托教师教学竞赛、人才培养培训项目、加强科研指导服务这"三个载体",有效激发人才发展活力,服务学校改革创新。自2019年以来,以博士工程、名师工程、国际访学交流等为平台建立"金字塔形"名师培育体系,形成大师领航、架构明晰、梯级攀升的人才梯队;以"双师"基地、技能大师工作室、教师工作室等为依托,提升教师"双师"创新素养;以"双导师"培养模式、青年教师成长资助等为载体推动青年教师成才。学校人才涵育工作取得了丰硕的成果,计算机网络技术专业团队获批首批国家级别职业教育教师教学创新团队立项建设单位,影视动画"双师"培养基地成功获批国家级别"双师"培养基地,王柏华老师领衔的"智能制造技能大师工作室"获批国家级别技能大师工作室。得益于"双导师"培养模式,一位入职刚满一年的青年教师荣获2020年度浙江省高校思政微课大赛特等奖。

(三)强化廉政建设,发挥制度规范作用

从本质上说,学校的治理体系就是一个制度系统,它包含人才培养、科学研究、社会服务等各个领域。因此,推进学校治理必须从总体上考虑与规划各个领域和各类群体的理性约束,实现职业院校各项事务治理制度化、规范化、程序化。学校各级组织切实把"党要管党、从严治党"的责任扛在肩上,认真落实党风廉政建设"一岗双责",积极履行监督执纪问责,扎实推进清廉校园建设,举办制度学习会、警示教育专题讲座和参观反面典型案例展,开展干部任前集体廉政谈话。全面落实纪检监察体制改革,对职能部门的业务工作流程、岗位职责风险、防控措施等进行梳理再造,逐一制定防控措施;对选人用人、基建工程等易发腐败的重点领域进行监督,提升规范性。重点关注"三公管理"规范程度,着力整治形式主义、官僚主义问题。加强基建工程、物资设备等易产生腐败的重点部位和环节的监督检查,全面落实中央"八项规定"等制度,稳步推进党风廉政建设,强化了发展的规范性,有力地稳定了教育事业发展预期。

传承红色基因,以师生党员为"先锋",持续涵育治理文化

文化自信是一个国家、一个民族发展中更基本、更深沉、更持久的力量。高职院校长久有效的治理同样需要文化支撑。职业教育跨界合作协同育人的结构形式,决定了治理手段上需要从单一的制度性治理方式向强调观念和价值的文化治理相结合的综合治理方式转化。

（一）凝练"工商精神"，为高质量发展铸魂

学校创立于兴学图强的时代背景，奋斗于国家与民族的危难之时，兴荣于改革开放搏击潮流之际，数代"工商人"为国为校为教育呕心沥血，形成了独特的工商基因，沉淀了独特的工商文化，凝聚了独特的工商精神。学校第二次党代会报告首次系统总结提炼出"工商精神"的内涵："爱国爱校、矢志不渝的教育情怀""艰苦创业、开拓创新的精神追求""尊师重教、师生为本的办学宗旨"。不仅如此，学校还通过打造"工商精神"为核心的主景观，组织开展"厚德讲坛"、"重走工商路"、校史报告会、"与工商精神对话"等多种主题党团日活动，引导全校师生党员感悟与传承"工商精神"，努力营造出一种坚守教育初心、艰苦创业、开拓创新、尊师重教的校园文化氛围，使这种实干兴校、以校为家、与学校同呼吸共命运的校园文化理念深入到每一个人心中，成为全体"工商人"的共识和行动指南，从而站在新的时代坐标中，登高望远，凝心聚力，全面推动学校创新前行。

（二）凝结党建思路，推动发展见成效

"不忘初心、牢记使命"主题教育开展以来，学校党委聚焦主题主线、紧扣目标任务、围绕四项措施，突出"书记抓、抓书记"，谋划在前，研究确立了"1+8+N"的主题教育一体化推进工作思路，"1"指党委，党委班子成员作为主题教育的主角和重点，做到"党委带头学"；"8"指学校的8个二级党总支，党总支是学校主题教育的基层单位，做到"总支跟进学"；"N"指学校的28个支部、474名党员、若干个学习载体，做到"支部积极学""党员自觉学"。结合国家高职教育改革发展的风口和学校高质量发展关键期的背景，坚持将主题教育与服务学校中心工作、推动改革发展稳定紧密结合，在省委五方面目标要求的基础上，增加了"推动发展见成效"的目标任务，团结引导师生党员创新创造、担当作为、岗位建功，将主题教育焕发出的组织力、创造力转化为学校事业发展的推动力。学校主题教育洗礼了思想，凝聚了人心，促进了发展，得到了省委第二巡回指导组的充分肯定。

（三）凝聚红色力量，交出抗疫满意答卷

2020年初，当新冠疫情来袭，全校上下闻令而动，第一时间吹响集结

号,迅速成立疫情防控领导小组,设立教师线、学生线、后勤员工线、外籍师生线"四线"和综合组、后勤保卫组、信息宣传组、纪律监查组、教学组"五组",建立起"纵向到底、横向到边"的联防联控机制。学校党委明确发出"每位老师都是战士、每个学生都是士兵"的号令,号召全校上下"同心抗疫"。"四线""五组"协同作战,加强管理、守好校门,严格落实上级疫情防控要求。健康信息排查、防控物资筹集储备、防疫知识宣传……一项项措施有效落实,实现了校园疫情的"零发生、零扩散、零输入"。28个党支部党员争相报名,用一天时间完成1.2万个健康防疫包的分装打包工作;所有教工党员参与返校复学模拟演练,500多人次教职工担当志愿者,化身"接待引导员""行李运输员""秩序维护员""防疫宣传员"……在这场考验学校综合治理能力的大考中,"工商人"发扬"工商精神",凝聚红色力量,用自己的实际行动交出了一份满意的答卷!

职业教育治理是一个系统工程,党建引领高职院校治理任重道远。未来,学校将继续积极探索,笃力躬行,进一步加强党委领导班子自身建设、基层党组织建设、干部队伍建设和党风廉政建设,充分发挥党员的先进性,广泛凝聚各方面的智慧和力量,推进学校高质量发展,努力为高职治理体系和治理能力现代化提供"工商方案"。

报道5 浙江工商职业技术学院"三化四领"党建统领整体"智治"

来源：中国教育报 日期：2022-10-27

近日，一场聚焦高质量党建的"学·思·行"党建沙龙在浙江工商职业技术学院举行，学校经济管理学院团学党支部作为全国高校党建工作样板支部，进行了建设经验分享和示范成果展示，17个各级党建"双创"项目负责人和专家，围绕党建"双创"项目建设的理论思考、实现路径、案例分析、经验启示等进行深入研讨。类似这样的党建沙龙研讨活动已连续举办12期，是浙江工商职院"1+8+N""点线面"结合一体化推进党建工作机制的有效载体，也是学校打造高质量党建统领整体"智治"工作体系的有效手段。

近年来，学校以省"双高校"建设为契机，通过实施"红色根脉强基工程"，积极打造高质量党建统领整体"智治"工作体系，以"强核凝心""铸魂育人""固基聚力"三大工程为载体，一体化、立体化、同步化推动党建工作创新思路、丰富内涵、强化抓手，党对学校工作的全面领导得到进一步加强，党建的政治统领、组织率领、思想引领、党员锋领作用得到进一步发挥，高质量党建引领学校事业高水平发展得到进一步彰显，探索形成了内容完善、标准健全、运行科学、保障有力、成效显著的"三化四领"党建统领整体"智治"工作体系。

"1+8+N"一体化 "三级联动"强机制

——理思路。在推进学校党建工作时，注重巩固深化学校在"不忘初心、牢记使命"主题教育中形成的"1+8+N"一体化抓党建总体思路，即坚持1个党委统筹示范，发挥党委"管总"把方向作用，8个总支紧紧跟进，发挥党总支关键枢纽功能，28个支部坚决落实和N个载体齐抓共管,建立党委、党总支、党支部和党员"四位一体"组织体系,基本形成了党的领导"纵向到底、横向到边、全面覆盖"的工作格局和"一级带一级、一级抓一级"层层推进的工作模式。

——强主体。强化各级党组织的主体责任,学校党委自我加压、率先示范,以打造"政治强、学习强、决策强、创新强、作风强、廉政强""六强"党委为目标,严格做到"把方向、管大局、作决策、抓班子、带队伍、保落实"六个过硬;以发挥政治核心和政治保障作用为目标,狠抓党总支全面做到"党组织领导和运行机制、政治把关作用、思想政治工作、基层组织制度执行、推动改革发展"五个到位;以建强堡垒根基和增强战斗力为目标,推动党支部普遍做到"教育党员、管理党员、监督党员、组织师生、宣传师生、凝聚师生、服务师生"七个有力。

——建机制。出台《落实基层党建工作责任制实施办法》等10多项制度,建立层层压实责任的工作机制、项目专班和项目领办制,实行挂图作战、定期跟踪,出台《关于建立抓落实工作机制的若干规定》等制度,建立了重要工作部署即时反应制等8项抓落实机制和联系基层"N个1"机制,强化党建与业务融合发展的条抓块统,形成融合发展的强大合力。

"点线面"立体化 "三维结合"重举措

——聚焦关键"点",发挥榜样示范力量。学校党委积极履行管党治党、办学治校主体责任,打造"先进典型、先进案例、先进组织、先进个人"矩阵,率先示范和引领推动学校改革发展。抓"关键人"。始终把政治建设摆在首位,发挥党组织书记"关键少数"头雁作用,细化明确党委书记、党总支书记、党支部书记三张责任清单,强化领导班子成员发挥"关键人"作用,推动各级党组织书记和负责人扛起主责主业。落实党员干部"破难攻坚项目"领办制度,开展党员"亮身份、作承诺、争贡献"活动,一级带着一级干,创建教师党员"五建功"岗28个、学生党员"五先锋"岗29个。抓"关键事"。有力有序组织新冠疫情防控,学校主要领导靠前指挥、带头值守,启动"四线""五组"全面排查,实施"分单元、网格化、不聚集、少流动"工作思路,全面做好返校复学工作,党员累计参与疫情防控网格化管理、核酸检测等志愿服务7万余人次,实现了"两手硬、两战赢"目标。抓"关键领域"。聚焦实现学校第二次党代会提出的"特色鲜明、全省前列、国内知名"发展目标，抓住"人、政策、机制"关键要素，深入调研分析，深查短板弱项，精心谋划改革，在干部能上能下动态调整与退出、教师职称评聘与考核评价、二级学院（部门）政策激励、科研与社会培训、重难点任务重大项目专班与领办机制五个方面实现突破，有力激发了教职工干事创业的活力。

——突出纵向"线"，压实协同联动责任。强化条抓块统，通过各级党组织的层层指导、层层部署，推进党建工作层层督促、层层落实。强化"党委引领"抓示范。把政治建设摆在首位，坚持党委领导下的校长负责制，建立并严格执行党委会、校长办公会议事规则，将党的建设与学校事业发展同规划、同部署、同落实、同考评，将加强党的领导、党建与业务发展融合等内容列为述职重点。党建工作在二级学院年度综合绩效考核中占比达到30%。强化"总支统筹"抓落地。修订并执行二级学院党政联席会议、党总支会议议事规则，实施党政共同负责制的二级学院，推行党政"一把手"重要工作双签、双向交叉任职，培育创建各类党建工作标杆学院6个和样板支部11个。试行二级学院党总支领导下的院长负责制，取得明显成效。强化"支部落地"抓执行。层层签订《党建工作责任书》《意识形态工作责任书》《党风廉政建设责任书》，严格执行《党支部工作条例》等规定，开展党务工作推磨式检查，强化"三会一课"等制度规范执行，不断提升支部战斗力。

——打造共强"面"，形成整校建强合力。在制度流程上，坚持标准为先，建立完善党建工作和党务工作标准；在制度落实上，重视执行落地，强化工作标准的规范化执行；在实绩成效上，注重特色品牌，坚持以融促建，推动党建与业务大融合，将党建工作融入疫情防控、教育教学、"双高校"建设等中心工作，着力解决党建与业务工作"两张皮"的问题，实现党建和业务发展融合互促，使党建优势转化为发展优势。

融合理念。强化精神和价值引领，凝练并宣贯"工商精神"，广泛深入开展以"三争创高、五年跨越"为主题的思想大解放、"三风"大转变和干部"强素质能力、强担当作为"专项活动，举办"书记院长论坛"和"职能部门负责人论坛"，推进党建与学校发展、师生成长、专业建设、地方发展"四个融合"，进一步推动理念革新和凝聚融合发展的思想共识，切实在思想深处把党建工作作为促进各项工作的"助推器",形成党建引领发展的红色动能。

融合路径。以融合力提升为重点,坚持将党建融入中心、融入专业、融入育人,以党建促发展。把党建和思想政治工作主动融入人才培养和管理服务全过程。深化思政课程改革创新,出台《思想政治工作质量提升工程建设实施方案》,强化思政课程主渠道,思政课现场教学"融"模式成为宁波市教改范例。将专业教学与思想教育深度融合,形成具有工商特色的课程思政体系,牵头发起成立宁波职业教育课程思政联盟。坚持党建工作与加强学校内部治理相结合,与干部人才队伍建设相结合,与群团统战工作相结合,与文明校园、清廉校园、智慧校园建设相结合,充分发挥党建在引领和推动发展、服务师生、凝聚人心、促进和谐等方面的作用。

融合载体。实施"党建+治理现代化",抓住"人、政策、机制"等关键环节,在干部能上能下、教师职称评聘、二级单位综合考核、科研社会培训、收入分配激励等方面,推行超常举措,激发党建活力,破除发展桎梏。实施"双带头人"培育工程,选优配强"双带头人"教师党支部书记,举办"支部书记论坛",以"头雁效应"凝聚师生骨干力量创新发展,推动党建与业务工作同向同行。建立"党建+产教融合""党建+教学科研""党建+人才培养"的"三融合"工作体系,深入推进产教融合、校地合作、校企合作,在全国率先举办规模较大的产教融合大会;全面推行"支部建在专业上",建立党建品牌"三级联创"机制;建设"红星驿站"党员教育基地暨"学习强国"线下体验空间;实施"三全育人"综合改革,以项目化形式全面落实十大育人31项任务,初步构建了具有工商特色的"三全育人"体系,实现了党建与教育事业双融互促。

"四引领"同步化 "四级联创"出成效

在"1+8+N"一体化、"点线面"立体化推进党建工作机制的推动引领下,学校高质量党建统领整体"智治"工作体系得到有效构建,党对学校的领导和学校党的建设得到全面加强,党建的政治统领、组织率领、思想引领、党员锋领作用得到有效发挥,特别是在"双高校"建设中构建的"四级联创、稳步升级"党建示范品牌培育创建模式成效不断显现,学校党的领导、党的建设和党建引领工作取得丰硕成果。

——教育事业发展呈现复苏向荣之势。据统计，省"双高校"建设以来，学校发展取得各类市级以上标志性成果35项，包括国家骨干专业、职业教育教师教学创新团队、职业教育集团、生产性实训基地、师资培训基地、精品在线开放课程、课程思政示范课程、协同创新中心、产学研合作促进奖、全国国防教育特色学校和浙江省"课程思政示范校""课堂教学创新校""大众创业万众创新"示范基地、5A级平安校园等标志性成果。

——党建工作成果展现争先进位之态。立项国家党建"双创"项目1个、省级党建"双创"项目4个、市级党建"双创"项目4个、市级党建精品案例2个；各级党组织获浙江省高校先进基层党组织、宁波市五星级党组织等市级以上荣誉16项，学校党员获浙江省高校优秀党务工作者、优秀共产党员等市级以上各类荣誉70项、各类竞赛奖项31项。

——学校特色品牌形成示范引领之景。学校在党建引领、治理变革、文化建设等方面的改革举措，受到业界同行的普遍认可，《点燃"红色引擎"为学校治理赋能》《系列变革按下"双高"建设"快进键"》《"1333"特色校园文化体系建设》《百年老校如何焕发新生机？》被《浙江日报》等媒体广泛报道，学校的影响力进一步扩大。

构建党建统领整体"智治"工作体系，关键在于"1+8+N"一体化联动，重点在于"点线面"立体化，"只要以'先进典型、先进案例、先进组织、先进个人'培育选树为'点'，以'层层指导、层层部署、层层督促、层层落实'纵向贯通为'线'，以'标准化、规范化、品牌化、特色化'整校建强为'面'，多措并举、协同共进，就能不断丰富和完善党建工作内容和内涵实质。"学校党委书记陈仕俊说。

报道6　淬炼商帮基因　根植区域经济

——透视新使命下的浙江工商职院"高质量"发展战略

来源：浙江日报　日期：2019-3-22

"书藏古今，港通天下"，七千多年的河姆渡文化赋予宁波这座东方商埠独具一格的文化气质。

从1914年"宁波公立甲种商业学校"伊始，到如今的浙江工商职业技术学院，沉淀了独特的工商精神——爱国爱校、矢志不渝的教育情怀，艰苦创业、开拓创新的精神追求，尊师重教、师生为本的办学宗旨。

近年来，学校建立以"县校合作"为引领的产教融合、产学研结合、校企合作机制，主动服务浙江及宁波的区域经济发展和产业结构调整，深化内涵发展，提升办学水平，向世人彰显了"宁波商帮"得天独厚的文化基因。

"实现'特色鲜明、全省前列、国内知名'的目标，必须在'质量'上下功夫。"学校党委书记陈仕俊表示，下一步，浙江工商职院将以质提升，以质取胜，实施高质量发展战略，即：以精准的办学定位为前提，以高水平的专业建设为重点，以高素质的教师队伍为基础，以高质量的社会服务为途径，全面凸显办学特色、全面提升办学水平。

产教融合，让每一次"练兵"都有意义

2019年初，从第十二届中国产学研合作创新大会上传来佳音，浙江工商职院再次获得中国校企合作好案例奖项。

"这是我校多年来致力于探索实践'产教融合、校企合作'的成果。"据陈仕俊介绍，近年来，该校加强与国内外企业、学校和政府的合作交流，人才培养质量和服务地方经济社会发展的能力稳步提升，此次获奖的《首创校企"制播分离"电视栏目合作，搭建高水准产教融合实践平台》就是其中的典型案例之一。

在这种模式下，栏目组成员由电视台栏目人员、学校专业教师工作室团队、影视专业学生共同组成。在 2 年多的合作期间，《地产风向标》栏目共计完成 460 多期日播节目，参与学生达 100 多名。

从 2011 年与宁波罗蒙电子商务有限公司开展第一次"双十一"支持活动开始，每年 11 月 10 日晚上，浙江工商职业技术学院的学生们纷纷守在客服、售后、理货、分拣、打包等各个岗位上，投入到全球电商大战。

据统计，学校已连续 8 年安排学生，赴在甬各大知名企业以及校内实训基地，开展网店客服、仓储发货等岗位实践，累计为相关企业提供了近 7 000 人次的支持服务。"双十一"让这所百年商贸老校有了与时俱进的"练兵"好时机。

据悉，近年来，学校创造性地将产学研合作的内涵扩展到了人才培养、技术升级、社会服务、文化引领，牵头组建了宁波电子商务、影视动画和模具职业教育行指委，引进宁波市汽车配件产业协会等 6 家协会入校，与均胜电子、德国大众等龙头和骨干企业开展"学徒制"培养，走出了一条政、产、学、研相结合的产教融合的道路，实现了多方共赢。

此外，学校一直践行尊师重教、师生为本的办学宗旨，不仅重视教师队伍建设，还关心教师的发展。校长周志春坦言，校企合作的首要目的不是为毕业生找岗位工作，而是要了解到企业的用人标准。"产教融合除了可以培养适应产业需求的学生，还可以推动我们的教师走进企业，提升专业能力。对此，学校也非常关注教师深入企业的实践情况，设立了考核指标。"

经世致用，全校盛行"宁波商帮"之风

创业、务实、诚信、协作，是宁波商帮的精神内涵。为了把宁波商帮文化融入办学模式和教学体系，学校不断探索创新，先后开展了创业教育、现代商帮论坛、宁波商帮文化学习会、全国劳模厚德讲坛等四大教育项目，搭建市场竞技、素质拓展、技能比赛等平台，践行"经世致用"的思想。

周志春介绍，多年来，学校以职业能力为核心，形成了具有商帮特色和职业特征的校园文化氛围，打造了一批具有工商特点的校园文化品牌项目。

为了夯实在校生的实践动手能力和专业技术能力，浙江工商职业技术学院的"技能运动会"一办就是22届，从1996年开始，一年一"会"，从未间断。比拼建筑CA技能、实践跨境电商、撰写海峡两岸学生创业计划书……这项经久不衰的校园活动，把学生们的职业素质教育和专业实践有机结合起来，有效地培养了学生的团队合作意识，提升了就业竞争力和综合素质。

对浙江工商职业技术学院的师生们来说，每年冬季如期而至的校园商品展销会是一件令人期待和为之振奋的校园"盛事"。

周志春介绍，与一般的商品展销会不同，这是一个由学生自行组建团队，自行寻找货源、售卖、营销、自负盈亏的大型校园活动。每个学生在展销会上的表现还将被计入年末第二课堂成绩。"这既是一个教学实训活动平台，有利于锻炼和展示学生商贸应用才能和创业实战才能，也是一个有活力的学生活动的载体，是融校园创新创业文化活动与专业实践教学的一种大胆创新。"

从"立足地方"到"融入地方""服务地方"

通过"宁波商帮文化"的渗透和浸润，浙江工商职院育人百年，不仅打造了具有宁波商帮文化特征与"工商"个性的特色校园文化，建立了根植区域经济的高职教育办学模式，将工学的研究与实践结合，走出了一条独具个性的特色道路。

早在2004年，浙江工商职院就与宁海县政府、中国（宁海）模具城合作创建宁海产学研基地，围绕模具塑料产品的设计、制造及生产过程的配套产业，建成了以模具设计制造和工业设计专业为核心的专业群，打造出了一个人才培养、科学研究、社会服务融合，并形成一定生产能力的特色教育平台。

据不完全统计，自2007年以来，学校累计为宁海县培训企业员工和开展技能鉴定超过1.2万人次，为宁海1 000多家企业提供了信息和技术服务。2009年以来，学校累计有数百名毕业生留在宁海县工作，提升了宁海县域模具产业从业人员素质，满足了相关产业的人才需求，促进了县域经济发展。

时间一晃，如今的宁海产学研基地已经是走在行业前列的"中国模具产学研合作创新示范基地"。尝到区域经济发展甜头的宁海县人大、人民政府，再次来到浙江工商职院，与校方谋划"县校合作"新篇章。对此，陈仕俊表示，学校将始终把社会效益放在合作的首要位置，坚持为地方服务，积极助力地方经济发展。

今年6月，浙江工商职院另一个扎根地方办学的学院——慈溪学院，将迎来首批毕业生。"校企合作、校地合作是高校推进办学模式和人才培养模式改革、增强为地方经济建设服务能力的有效途径。"慈溪市教育局相关负责人表示，慈溪学院从2016年首批学生入驻，到即将迎来首届毕业生，高等职业教育跨越发展正结出硕果，为慈溪经济社会发展培养更多高素质劳动者和技术技能人才。

多年来，学校积极探索实践"总部—基地"办学的县校合作模式、"点、线、面"结合的校企合作模式和"四个结合"的人才培养模式。先后与宁海、慈溪、鄞州、海曙等地开展"县（市区）校合作"，建成了宁海和慈溪两个产学研基地，与本部形成"一体两翼"的办学格局，开展政、校、企三方联动的产学研合作。

据统计，目前，全校81%的专业与浙江（宁波）先进制造业和现代服务业发展的重点产业对接，毕业生留甬率超50%。

报道7 浙江工商职业技术学院唱好产教"融"字诀

来源：中国青年报　日期：2019-11-4

宁海学院教学工厂内景

位于宁波东钱湖旅游度假区的千年"古市"韩岭，近日以全新的面貌亮相，其中一家名为"吾拾文创"的文创用品展陈店也同时开门迎客。

这并不是一家普通的店铺。它是由浙江工商职业技术学院（以下简称"浙江工商职院"）与东钱湖管委员合作共建的文创基地，其中展示售卖的文创产品均来自在校学生的创意和设计。

不仅如此，从产品设计、影视制作到电子商务，浙江工商职院还将全程参与文创产品研发销售的全产业链，"学校、企业、地方政府，多方合作、产教融合，打通旅游文创产品的产业链。"浙江工商职院校长周志春说。

精准对接，为企业量身定制人才

浙江工商职业技术学院前身是创建于1914年的"宁波公立甲种商业学校"，为浙江省人民政府首批批准成立的四所全日制公办普通高等职业院校之一，是浙江省示范性高等职业院校、浙江省优质高等职业院校建设单位。现有在校学生超万人。

多年来，学校以产学研合作教育为突破口，不断推进多层次、多渠道合作办学，创建了"点、线、面"结合，多元共融、协同并举的产教融合机制。

早在2000年，浙江工商职院就与当地知名企业雅戈尔集团公司合作创办"雅戈尔营销管理学院"（以下简称"雅戈尔学院"）。

当时，经过多年奋斗逐渐壮大的雅戈尔公司提出了"建跨国企业""创国际品牌"的战略目标，"先进设备可以引进，生产不是大问题，关键在人才。"公司相关负责人说，企业急需更新知识、引进人才，全面提升原有骨干和一线员工素质。

面对企业迫切需求，作为有着悠久商贸教育历史的地方高职院校，浙江工商职院全过程参与，与雅戈尔公司进行多方面的合作。2000年至2005年，雅戈尔学院连续定向招生，培养的三届市场营销专业学生，毕业后就有60多人充实到雅戈尔公司一线，成为一支生力军，对改善企业骨干队伍结构起到不可低估的作用。

与此同时，学校还与雅戈尔服饰公司联合举办在职员工培训班35期，培训员工1 200多人次。雅戈尔当时全国各地的区域主管、分公司经理、专卖店长及业务员普遍轮训了一遍，还把每年新员工的职前培训也纳入其中。

如今，这家中国服装行业的领军企业，绝大多数一线的营销骨干人员曾是雅戈尔学院培训班学生。雅戈尔学院也被雅戈尔集团公司总裁、董事长李如成称为雅戈尔的"黄埔军校"。

除了雅戈尔学院，近年来，浙江工商职院还以订单培养、进厂建室、引厂入校等方式，先后与众多龙头和骨干企业联合，开办校企合作人才培养项目。目前，紧密合作的企业还有150多家，覆盖到学校不同类别、多个专业，为企业量身定制人才。

2018年5月，一张照片刷爆了浙江工商职院师生的朋友圈，毕业不到一年的三名应用电子技术专业学生被派往德国参加在职培训，完成了西门子电机装配线项目的后期生产装配调试，德国同行为他们竖起大拇指点赞。

原来，这几位获"硬核"点赞的学生，大三时已是订单班的学员，是校企试点现代学徒制人才培养模式的亲历者、受益者。

浙江工商职院于2016年开始，与宁波均普工业自动化有限公司以订单班的方式开展校企合作，从对口专业选拔大三学生，学校派出高水平实训指导教师、企业投入专项资金，以企业用人需求与岗位资格标准为导向进行定点特殊培养，对于按要求完成学习任务、符合招聘要求的学生直接安排就业。

在与均普公司的合作中，校企双方重点强化了双方的主体地位和责任，还建立了企业在学徒培养中的职责清单以及学徒学习跟踪单。双方共同构建了"初级学徒→中级学徒→高级学徒"的三级学徒途径，让学生从"学生（准员工）→毕业生（员工）"身份进行递进转换。截至目前，55位参与订单班培养的学生，经双向选择，有近半数学生留在企业，并成为企业的技术骨干。"工学结合、知行合一的人才培养模式，练就了学生技能，也大大缩短了企业对骨干人才的培养周期。"

校企合作还锻炼了学校师资队伍。如今，浙江工商职院"双师"素质教师的占比达83.2%。2019年学校获评国家级"双师型"教师培养培训基地，拥有国家级技能大师团队、入选浙江省"百千万"高技能领军人才培养工程。

近三年来，浙江工商职院科技社会服务到款额3 180余万元，申请专利294项。还为社会培训人员3.95万人次，技能鉴定5 100多人次。

引协会入校，人才培养与行业发展共兴共荣

今年年初，从第十二届中国产学研合作创新大会传来佳音，浙江工商职院《首创校企"制播分离"电视栏目合作，搭建高水准产教融合实践平台》获评中国校企合作好案例奖项。

从 2002 年开始，浙江工商职院启动"引协会（学会）入校"等形式，通过与行业协会、学会搭建专业与企业合作平台，开展"点对线"的合作。宁波市影视制作行业协会就是其中的典型一例。

2008 年，浙江工商职院在宁波市有关部门指导下，联合 40 多家影视企业发起、成立了宁波市影视制作行业协会。学校担任常务副会长单位兼协会法人。

"依托这一行业协会平台，集聚了行业资源，为学校专业人才培养开辟了全新的天地。"周志春说。

2015 年，浙江工商职院又与宁波电视台 4 套达成协议，将《地产风向标》栏目整体引进校园，把课堂搬进演播厅，进行"真题真做"的高标准实战教学。

在此模式中，栏目组成员由电视台专业人员、学校专业教师工作室团队、影视专业学生共同组成，学校负责策划、拍摄、剪辑等全部制作内容，电视台负责审片和播出。在此后的 2 年多合作期内，完成了 460 多期日播节目，参与学生达 100 多名。

这种与行业零距离的人才培养模式受到企业、行业的欢迎。"萤火虫影视特效班""思华年影视制作班"等现代学徒制试点班相继开办。

随着频繁的互动和交流，协会凝聚力也逐年增强。目前，宁波市影视制作行业协会会员单位增至 200 多家，6 个影视产业园、8 所在甬高校也先后入会，成为宁波影视产业的核心组织和产学研合作平台。

"引企入校、引企入教"。在人才培养、实习实践、设施共享、技术支持、项目合作等方面，浙江工商职院如今已与多家协会企业形成了紧密合作。

聚力而行、深度融合，也让学校师生收获满满。在众多大型赛事中，在与专业团队的同台竞技中屡创佳绩，先后获得"我与中国"全球短视频大赛优秀奖、海峡两岸文化创意设计大赛金奖、宁波国际微电影大赛最佳影片"银螺奖"等众多含金量高的奖项，确立了影视动画专业在宁波的领先品牌优势。

周志春说，经过多年的探索和实践，浙江工商职院上下达成共识，产教融合要真正落到实处，必须整合多方资源和力量，下活一盘棋。

从 2002 年至今，浙江工商职院先后发起并成立了中国建筑学会室内设计学会宁波专委会、宁波市工业设计学会等 6 个协会、学会，以及宁波市电子商务职业教育行业指导委员会、宁波市模具教育指导委员会等 3 个行业指导委员会。"点对线"的合作，焕发出蓬勃的活力。

值得一提的是，2015 年 6 月，宁波汽车零部件产业协会入驻学校，直接把办公地点设在实训楼内。如今，依托协会平台和学校资源，双方围绕汽车后市场产业链的发展要求设置专业，培养汽车检测、维护、营销、金融、保险等技能人才已达 400 余名，还就宁波汽配 O2O 垂直系统、汽车零部件大数据和汽车检测技术的开发和应用等开展了广泛合作，共同构建、推进宁波汽车后市场的民生服务工程。

"除此，为提升宁波汽车万亿级产业实用人才，协会、学校和企业还计划开展三方合作，开设退役军人职业技能培训试点班。后续还将大力开展汽车零部件技术及应用行业人员培训，为行业发展输送更多实用人才。"对此，协会秘书长充满期待。

校地合作，与区域经济发展相融相生

一直以来，"立足地方、融入地方、服务地方"是浙江工商职院遵循始终的办学宗旨和努力方向。

依托区域块状经济，多年来，浙江工商职院先后与宁海、慈溪、海曙等地合作，创造性地将产学研合作的内涵扩展到人才培养、技术升级、服务社会、文化引领，走出了一条政、产、学、研相结合的协同发展道路，成为高职院校深入地方产业聚集区办学，探索"县校合作"办学模式的先行者。

早在 2004 年，为解决宁海县产业转型升级中高技能人才匮乏问题，浙江工商职院就与宁海县政府、中国（宁海）模具城合作创建宁海产学研基地。2007 年，宁海学院整体入驻宁海模具城，以"总部—基地""县校合作"办学模式，打造出一个人才培养、科学研究、社会服务融合，并形成一定生产能力的特色教育平台。

十多年来，对接塑料模具制造产业链各个环节，宁海学院建成了以模具设计与制造和工业设计专业为核心的专业群，还建起了学生实训平台、技术研发平台和 2 个教学工厂，培养出了一批服务县域经济发展的应用型

高技能人才，提升了宁海县域模具产业从业人员素质，为产业转型升级注入科技动能，成为高等职业教育产学研结合的典型范例。

走进今天宁海学院 8 000 平方米的教学工厂，各种模具加工设备一应俱全，身着工作服的学生熟练地操作着机器，在这种"厂中校""校中厂"的模式下，实现了学校、企业双主体教学运行管理机制，构建了以模具产品为主线的递进式实践课程体系，"真产品、真环境、真考核"的"学徒式"实践教学模式，"首席工人"、技术能手带徒工程，承担了多项基层教学改革项目，在教学改革、专业建设方面取得了丰硕的成果。

与中国（宁海）模具城共同搭建的面向宁海及周边模具产业的六大公共服务平台，每年为宁海 1 000 多家企业提供服务；面向宁海经济社会发展，形成在岗员工培训、技能鉴定以及中高职一体化办学等多种形式教育与培训。校地还共建宁海现代服务业发展研究院、宁海高技能人才培训学院，实现产学研的无缝对接。

如今，宁海学院的"模具设计与制造""工业设计"均成为中央财政支持重点建设专业。"模具设计与制造"还同时是教育部骨干专业；"模具数控基地"成为"中国模具产学研合作创新示范基地""教育部生产性实训基地"；"模塑制品表面装饰与智能成型技术协同创新中心"先后被认定为宁波市高校协同创新中心、浙江省首批应用技术协同创新中心和教育部应用技术协同创新中心。国家家电模具工程应用研究中心宁波分中心、教育部重点实验室宁海研发中心也同时落户宁海学院。

自 2016 年以来，学院团队服务宁海县科技创新企业 40 余家，协助申报国家高新技术企业 27 家，与企业联合开发项目 55 个，合同总额达到 800 余万元，横向课题到款达 500 余万元。相关项目为合作企业带来新增利润超过亿元，"真正实现了'创建一个特色学院，服务一个产业集群'的目标"。

借鉴宁海学院经验，另一个由浙江工商职院与慈溪市人民政府合作共建的产业学院——慈溪学院，也于 2016 年 10 月正式揭牌成立。

作为"县校合作"办学模式的再实践、再深化，慈溪学院对接余慈地区经济发展和社会需求，以"中高职一体化教育、产学研融合"为平台，推动着慈溪职业教育发展，为慈溪制造业转型升级提供人才支撑和智力保障。

运行三年来，慈溪学院办学规模不断扩大，实训实验场所改造投入达1 083万元，办学成效日益凸显。学院先后与几十家区域内企业开办订单班、技术咨询、技术人才培养等方面的合作，为产业转型升级提供技术人才储备与支撑。

与此同时，专业教师团队也跨出校园、走进企业，为企业培训在职员工、组织开展职业技能大赛。前不久，校企联创的宁波市物联网智能技术应用协会慈溪分会、市电工电气行业协会人工智能分会、市自动化学会智能控制专委会也相继落户慈溪学院。

"实践证明，校地合作是推进办学模式和人才培养模式改革、增强服务地方经济社会发展能力的有效途径。"欣喜之余，浙江工商职院另一幅校地合作蓝图已绘就：与海曙区人民政府达成战略合作，将"发挥区域产业、政策优势和学校人才、科研、社会服务优势，开展紧缺型技能人才培养培训、应用性技术研发和决策咨询等多元服务"，实现多方共赢。

点线面互动，唱好产教"融"字诀

近年来，跨境电子商务作为一个新业态逐渐渗透到生产、流通、服务等关键环节领域，成为带领众多中小微企业走出去，推动中国品牌出海与"一带一路"共建国家共享数字贸易的助推器。面对越来越大的人才供需缺口，浙江工商职院协同政府、企业和院校积极探索跨境电商人才的培养途径。

凭借宁波外贸传统优势和电子商务创新服务，浙江工商职院成立以电子商务专业为龙头，包括国际贸易实务、国际商务、报关与国际货运、物流、计算机应用技术和应用英语专业在内的电子商务产业学院，开展跨境电子商务人才培养。

寒来暑往，位于学校求真楼的宁波中小企业电子商务外包服务基地常年灯火通明，成为电商学子的练兵场，通过教师"引企驻校"，学生团队在老师的指引下运营孵化跨境电商项目，迄今，承接项目超过200个，成功孵化电子商务项目180余家，为企业输送了1 000多名高技能人才。浙江工商职院一毕业就创业的学生，多达百名。

除了"引企驻校"，学校还先后与慈溪市和江北区开展合作，与知名电商产业园区共建校外生产性实训基地，探索实施"入园办学、引企驻园"电商人才特色培养模式。2015 年 9 月至今，相继有 284 名学生入驻办学园区，为数十家跨境电商出口企业提供运营服务。

2015 年 6 月，经宁波市教育局和市商务局授权，浙江工商职院牵头成立宁波市电子商务学院，融合在甬大中专院校、政府、园区和企业优质资源，"学校主导、企业参与、政府支持"，围绕区域电子商务产业链发展要求，打造特色的电子商务专业链。

截至目前，宁波市电子商务学院累计获得财政补助经费 830 万元，先后由 6 所大中专院校分别牵头设立 6 个分院，承接市教育局、市人社局等行业主管部门的各类培训二十多项，年培训人数超过 5 000 人次，完成各类横向和委托课题十余项，还连续三年组织全市大中专院校开展"双十一"实践活动，发动数千学生助阵甬企，在实战中提高专业技能。

2017 年，浙江工商职院牵头成立宁波市电子商务职教联盟，参与了包括《宁波市工业企业"电商换市"三年行动计划（2014－2016）》《奉化市智慧城市"十三五"发展规划》《宁海县电子商务发展规划（2016－2030）》等政府部门电子商务政策的制定，为产业发展和城市建设出谋划策。

2018 年 4 月，鉴于跨境电商人才培养方面的示范引领作用，浙江工商职院入选首批全国跨境电商专业人才培养示范校，专业建设和人才培养走在了全国前列。

此外，作为全国跨境电子商务产教联盟理事长单位，学校课题组相继完成并发布《全国跨境电子商务产业发展与人才培养报告》和《全国首个高等职业院校留学生跨境电商专业双语标准》，在联盟建设和产教融合方面贡献越来越多的"工商方案"。

在产教融合的探索实践中，"点对点"的校企合作、"点对线"的校协合作和"点对面"的校地合作，互相联动、彼此交融，多层次、多渠道，让多方资源得以集聚，焕发出几何式增长的活力。

学校牵头组建宁波市电子商务学院、成为全国跨境电子商务产教联盟理事长单位，在促进教育链、人才链与产业链、创新链有机衔接过程中发挥积极作用，正是点线面互动的成果。

周志春认为，宁波市入选首批国家产教融合型城市，建设"246"万千亿级产业集群以及实施"225"外贸双万亿行动方案为深化产教融合创造了较好的条件，注入了强大的动能，作为高职院校将主动作为，从共享、共建、共融三个层面，推进产教融合走深、走实，推动院校与企业、行业及地方的多元共融，最终形成多方利益共同体，达到"你中有我，我中有你，水乳交融"。

报道8　浙江工商职业技术学院
——"混合治校"成就"慈溪模式"

来源：中国青年报　日期：2023-2-28

早上8点，库柏（宁波）电气有限公司的"准员工"小陈换上工作服，开始了一天的工作，他的主要任务是在企业师傅的带领下，远程分析机器故障照片，指导现场维修人员找出故障零件，并及时发去所需零件，为提升维修效率和品质提供保障。"协助修复一个个智能电站里的故障机器，为失去供电的地区送去光明，学用结合很有意义。"小陈自豪地说。

小陈是浙江工商职业技术学院（以下简称"浙江工商职院"）慈溪学院工业机器人技术专业的学生，也是库柏现代学徒制工匠班的一员。截至2022年底，慈溪学院累计与慈溪当地企业完成爱佳电器班、新大地轴承班、兴瑞电子班等十余个现代学徒制工匠班，为区域经济发展提供了一大批高技能人才。

中国教育发展战略学会产教融合专业委员会发布的《关于公布2021年产教融合校企合作典型案例名单的公告》，浙江工商职业技术学院申报的《基于县域产业集群的现代产业学院——多元共融建设模式探索与实践》成功入选，并成为产教融合、校企合作的典型案例而受到各方的关注。

服务产业集群为城市赋能

近年来，浙江工商职院主动对接县域先进制造业产业集群，与当地政府及相关企业、协会共建现代产业学院，探索政、校、企（协）的多元办学主体和产教融合"新路径"，不仅促进了教育链、人才链与产业链、创新链的有机衔接，还形成了县域产业集群的现代产业学院的多元共融。

早在2005年，浙江工商职院就入驻宁海县，在这个我国著名的"模具之乡""文具之乡"，创下了"中国高职教育的'宁海模式'"而被专家学者解读为"高职院校县校合作"的模式范本。

2016年,依托学校的有形资产和无形资产,浙江工商职院又与慈溪市人民政府签约,合作共建浙江工商职业技术学院慈溪学院。

创建五年,慈溪学院根植慈溪土壤,瞄准慈溪产业发展,深度对接慈溪经济特色和产业优势,用专业链服务产业链,有序推进市校合作,实现了"高技能人才落户慈溪、高质量服务面向慈溪、高端培训落地慈溪、高层次人才关爱慈溪"的"四高"变化。

办学五年,慈溪学院累计在校人数突破3 000人,涉及工业机器人技术、应用电子技术、电气自动化技术、计算机网络技术等专业,并构成浙江智能家电专业群主干或骨干的省级"双高"专业群。

近年来,学院还通过12个合作共建的紧密型实训基地、宁波市智能家电重点实验室、智能电子研究中心、计算机应用研究所等科研平台和智能家电产业学院等教研组织,主动对接慈溪特色产业(群)实力型企业,共同开发制定技术标准、教学标准,通过构建"基础能力培养平台课程+核心能力培养模块课程+复合能力培养方向课程"课程体系,以及"定向招生、双主体育人、定岗培养"现代学徒制等,学院成为驱动地方发展的重要引擎。

迄今,学院培养的毕业学生就业率保持在98%以上,60%在慈溪当地就业;专业对口率超过80%,用人单位满意率超过93%,"有效解决了当地制造业发展的中高级技能人才需求"。

不仅如此,学院还为当地企业提供了"电脑横机外观及结构设计""汽车轮毂精密加工工艺设计与样品试制"等为代表的18项技术研发,并为慈溪跨境电子商务新业态服务、慈溪市旅游目的地酒店体系优化等提供支撑建设和研究。近两年,学院已为百余家企业提供技术用工、技术咨询;举办的10余个现代学徒制班,为当地培养了急需的"慈溪工匠"。

与此同时,学院又与慈溪智能产业园、慈溪创客码头、上林湖越窑博物馆、慈溪市科技馆、慈溪市会展中心、慈溪市献血站等地共建大学生社会实践基地,"既加深了学院师生的慈溪文化印记,也提升了企业和当地民众的获得感。"慈溪学院负责人说。

围绕当地企业人力素质和行业转型升级需求,学校还进行智能物联与机器人应用系列、电工高技能人才等专题培训，举办职工技能比赛等，推动装备技术与行业实体经济深度融合，这些培训与比赛，基本囊括了慈溪市规模以上企业的从业人员。

而作为慈溪家电展的主要合作伙伴，慈溪学院一方面面向各类智能家电生产企业、智能家电销售流通领域以及智能家电的最终用户，聚焦智能家电最新物联技术、智能家电的物联商业模式、智能家电用户和人才需求分析等，举办"智能工厂·数字转型""智能家电·物联未来"等高层论坛，提升慈溪学术氛围，招徕各路人才；另一方面，引进宁波市物联网协会慈溪分会、宁波市电工电气行业协会人工智能分会、宁波市自动化学会智能控制专委会等协会、学会资源，汇聚更多"技术合力"，为浙江力创等近30家企业提供了技术诊断等服务。

从"产学合作"到"产教融合"

实际上，从慈溪学院创建之初，浙江工商职院就另辟蹊径，让地方政府深度介入，实施中高职办学"一体化"，并广泛吸收社会力量参与建设、发展。借力政府的政策支持，探索出一条"特区式混合所有制办学"的职业教育新模式。

其中，构建的"1+2+N"投入机制，形成了以政府为主导，浙江工商职院、宁波行知中等职业学校全面参与，众多当地企业融入的多元投入。

除投入启动经费，用于土地投入、校舍改造、设备设施建设外，2016年至2020年，慈溪市政府每年还补助300万元经费用于慈溪学院办学；学院建立了理事会、联席会议、院长负责制"三位一体"的多重化治理结构，由慈溪市政府、浙江工商职院、慈溪市相关职能部门、宁波行知中等职业学校、行业企业代表等组成的理事会为决策机构，形成决策权、执行权和监督权相对独立、相互协调和有效制衡的运行机制，而理事会领导下的院长负责制紧密契合了慈溪产业的转型升级和社会发展需求，推动了专业与区域产业协同发展，形成资源投入、育人和成效共享等校地协同的办学模式。

这种多元组合的投入机制和"三位一体"的治理结构，也形成了"产权混合、责任分担、利益分享、育人协同、服务共享、市域驱动"的"混合治校""慈溪模式"。慈溪市委市政府相关领导多次点赞:校地合作的职教模式为慈溪产业发展作出了积极贡献,为高职教育多元化、多样化办学提供了可复制、可借鉴、可推广的典型案例。

而随着浙江工商职院从"宁海模式"的成型到"慈溪模式"的凝练,也确立了学校"一体两翼"的办学格局,教育服务的半径和范围也由此从县域向市域的创新性辐射和扩散。

其通过进驻县域办学与辖市办学的结合,也成为全面推进乡村振兴发力者与新型城镇化重要引擎相结合的践行者,寻求的更有深度和紧密度的合作办学、合作育人、合作就业和合作发展探索,也让浙江工商职院从无涉产权的产学合作向产权界定的产教融合转变。

与区域发展"同频共振"

为进一步提升对区域产业服务力和满足慈溪当地企业对不同层次、类型人才的需求,浙江工商职院确立的"中高职一体化"长学制人才培养模式,形成、实现了专业、课程、师资、实训条件、合作企业的共享、共融、共培与共建。

学校和当地中职院校依托公牛、方太等龙头合作企业,共建校外实习基地、校内生产性实训室或新技术实训室,共建研究院、培训中心,培养慈溪产业转型升级急需的技术技能人才,打造宁波一流、浙江示范的中高职共享型实训基地。

与此同时,浙江工商职院还探索建立了高职、中职、合作企业共同参与的中高职一体化五年制职业教育人才培养的师资协同研训机制,以中高职一体化培养专业为单元,共同制订专业师资培训方案,联合开展专业师资培训,进行项目化管理,探索企业专家进学校、高职教师进中职、优秀中职教师进高职的融通渠道,并通过"引进、互派、培训、交流"等方式,开展集体备课、教学竞赛等双向教学活动,提升团队的教学能力和技术技能水平。

目前,慈溪学院已与当地的三所中职学校合作中高职一体化项目12个。

"'产'是基础,'教'是支撑。"浙江工商职院校长周志春认为,职业教育与产业应当是共生共荣的"命运共同体"。一方面,经济发达县市,吸纳优质高等教育资源,固然是其继续引领全国县(市)域经济发展,助推共同富裕建设的现实需要;另一方面,高职院校下沉县(市)域办学,也是职业教育聚焦区域发展战略,推动区域先进制造业高质量发展的有力支撑,是县(市)域高等教育体系中越来越重要力量的战略举措。

如今,浙江工商职院牵头的浙江三江职业教育集团入围全国"示范性职教集团",并6次捧回"中国产学研合作促进奖",获"中国产学研合作创新奖"和"中国校企合作好案例";应用电子技术专业成为浙江省高职系统首批通过悉尼协议国际认证专业,并获批国家级、省级优势专业;智能制造工作室获批国家级技能大师工作室,智能制造产教融合实训中心获批浙江省发改委产教融合"五个一批"项目。

"十四五"期间,慈溪市政府还将专项投入1.7亿元,用于中高职一体化的建设与发展。目前,慈溪学院扩建工程正在紧锣密鼓的建设中,将在秋季投入使用,"扩建工程将力主打造智能制造产教融合实训中心,培养智能制造一流人才,为实现慈溪高质量发展建设共同富裕先锋市提供强有力的人才支撑和智力保障。"周志春说。

报道9　浙江工商职业技术学院现代产业学院：多元共融建设县域产业集群

来源：浙江工人日报　日期：2022-5-26

日前，浙江工商职业技术学院（以下简称"浙江工商职院"）《基于县域产业集群的现代产业学院多元共融建设模式探索与实践》案例入选教育部发布的"2021年产教融合校企合作典型案例名单"。这一多元共融建设模式是如何探索并实践出来的？记者走进浙江工商职院深入了解。

源起：服务县域经济转型升级

县域是国民经济和社会发展的基本单元。改革开放以来，特别是20世纪八九十年代，浙江以县域经济为基础，形成了以民营经济、产业集群、专业市场为特色的"浙江模式"。随着大都市圈的扩张，打造特色鲜明的制造业集群，发挥资源、产业、企业等基础优势，推动县域经济提质扩量成为当下以及未来浙江区域经济发展的重点。

"服务区域经济社会发展是高职院校的主要功能。"浙江工商职院党委副书记、校长周志春接受记者采访时表示，"县域产业集群的提质扩量急切呼唤高职院校为县域发展提供高技能人才支撑，助推县域产业转型升级"。为此，浙江工商职院主动对接浙江省县域先进制造业产业集群，以"中国模具之乡"宁海模具产业集群、"家电之都"慈溪家电产业集群为基础，先后与宁海县、慈溪市政府及相关企业（协会）共建宁海学院和慈溪学院两大现代产业学院。

"建设基于县域产业集群的现代产业学院，成为学校深化产教融合、探索创新的一大路径。"周志春说。

核心：打造多元共融的"六面体"

据了解，浙江工商职院在现代产业学院的基础上，通过发挥政、校、企（协）等多元办学主体的资源优势，在专业结构、人才培养模式、课程内容、师资队伍、产学研服务平台和管理体制机制建设等6个方面打造了多元共融的"六面体"。

专业结构：紧密对接县域产业结构设置专业和相关研究机构。基于宁海模具产业集群，宁海学院开设了模具设计与制造等专业，建设国家级模具协同创新中心等研究机构；基于慈溪家电产业集群，慈溪学院开设了应用电子技术、电气自动化技术等专业，建设宁波市智能家电重点实验室。通过立足县域发展进行专产对接，不断优化产业学院的专业结构，为深化产教融合构筑单元组织载体。

人才培养模式：借助县域产业集群的产业资源优势和地域优势，与当地产业龙头企业开展"引厂入校""入园办学"等多种形式的合作，探索"真题真做""专题制作"等企业深度参与的人才培养模式。开展"定向招生、双主体育人、定岗培养"的现代学徒制试点，实现岗位精准对接、精准育人。

课程内容：主动对接龙头企业技术标准，面向模具数字化设计、智能制造等岗位（群），校企共同开发制订模具、数控等专业学徒的企业教学标准，共同开展课程教学与资源建设，构建基于工作过程的专业课程体系，确保学徒实现"企业培养、产业集群使用"。

师资队伍：充分利用县域产业集群内的行业协会信息资源，邀请浙江工匠李进等企业工匠承担课程实训、单项技能训练、技能竞赛和专题制作教学任务，指导学生在企业车间开展实践教学，协同提升学生专业技能、职业认知和对产业集群的情感认同。

产学研服务平台：针对县域产业创新需求，汇集相关企业、大学、科研院所等力量打造"国家、省、市、校"四级科研平台，与浙江工业大学等合作共建国家级模塑制品表面装饰与智能成型技术协同创新中心等平台，帮助企业解决关键技术问题，服务县域产业集群内中小企业技术升级。

管理体制机制：设立社会服务处专责推进产教融合，成立产教融合促进委员会和三江职教集团理事会，统筹和协调政校企协多方利益与需求。建立多元化共建机制，与慈溪市政府、公牛集团、慈星集团、卓力电器集团、福特电器等采用混合所有制模式共建慈溪学院。

成效：实现学校与县域共赢

"自探索、实践多元共融建设模式以来，学校的人才培养供给和县域发展需求的匹配性得到了明显提升。"周志春告诉记者，自2016年以来，宁海学院、慈溪学院两大现代产业学院毕业生就业率保持在98%以上，专业对口率超过80%，1 712名毕业生留在宁海和慈溪就业，缓解了县域产业集群发展的人才数量供给不足问题。学生解决真实生产能力明显提升，用人单位满意率超过93%，学生获"模具数字化设计与制造工艺"国赛一等奖等国家级奖项17项、省级奖项100余项，人才培养质量获得了社会各界的广泛认可。

"不仅如此，学校的专业建设水平和服务产业发展能力都有显著提高。"周志春表示，模具设计与制造、应用电子技术专业成为浙江省高职首批通过悉尼协议国际认证的专业，智能家电专业群获批浙江省"高水平"专业群。据统计，自2016年以来，宁海学院和慈溪学院为宁海、慈溪相关企业提供技术服务330项，解决关键技术问题并授权发明专利132项，师生专利成果转化30项，培训在岗员工30 385人次，完成技能鉴定4 497人次。模塑制品表面装饰与智能成型协同创新中心原创模内装饰技术在产业集群内16家企业应用，产值2.2亿元。

"学校的人才培养有了方向，适应性不断增强，县域的产业转型升级也有了智力和技术支撑，这是学校和县域的共赢。"周志春说。

报道10　探路新一代电子信息技术行业产教融合

来源：浙江日报　　日期：2023-11-13

"产教融合共同体能促进教育链、人才链、产业链与创新链有机衔接，是培养高素质技术技能人才的必要路径，也是'职教出海'和'高教出海'的有力载体和平台。"日前，浙江工商职业技术学院党委副书记、校长周志春在全国新一代电子信息技术创新行业产教融合共同体（以下简称"共同体"）成立大会上致辞。该共同体的成立标志着汇聚优质教育资源和产业资源的全国电子信息技术创新行业产教融合大平台正式启航。

活动当天，来自工业和信息化部、中国电子企业协会和相关企业、行业协会，有关院校、科研院所的领导、教师300余人齐聚一堂，共商电子信息技术创新行业发展大计。

中国职业技术教育学会原常务副会长兼秘书长刘占山，中国电子企业协会人才定制化培养工作委员会主任顾伟民，百度智能云教育行业解决方案总监戴海竹，智赢未来教育科技有限公司董事长刘明辉，浙江工商职业技术学院党委副书记、校长周志春，宁波大学信息科学与工程学院院长沈祥，阿克苏工业职业技术学院党委副书记、副校长王新萍，四川托普信息技术职业学院副校长白俊峰上台，共同按下共同体成立启动键。

会议还举行了轮值理事长单位、常务副理事长单位、副理事长单位授牌仪式，邀请业内多位知名专家作学术报告分享。

据悉，该共同体是在工业和信息化部教育与考试中心、中国电子企业协会指导下，由百度时代网络技术（北京）有限公司、宁波大学、浙江工商职业技术学院牵头，联合相关企业、行业协会、有关院校、科研院所等近200家单位共同发起成立。

该共同体的目标定位是依托百度AI开放平台信息技术发展优势和浙江省职业教育改革创新优势，融合电子信息技术行业龙头企业丰富的"数智化"资源，推进政、行、企、校深度融通，四方协同育人，立足宁波、服务长三角、面向全中国，建成一批服务电子信息产业链条的产业学院和技术创新中心，推进校企"学生共招共育、师资共享共培、教学资源共建共享、实训中心共投共用、实践项目共训共练、技术创新共研"的人才培养模式，创新电子信息领域技术人才培养机制，培养高素质复合型技术技能人才，为行业产业和经济社会发展赋能，为推进产业转型升级发挥积极作用。

同时，该共同体还将优化电子信息行业产教融合生态，高水平服务"一带一路"建设，以鲁班工坊、丝路学院、中国－印度尼西亚海外学院形式服务浙江及全国"走出去"的众多企业，建成产教深度融合、支撑行业发展的国家级示范性行业产教融合共同体。

作为共同体主办单位之一，同时也是本次大会的承办单位，浙江省交通集团下属的浙江工商职业技术学院现为浙江省高水平职业院校建设单位，近年来在力推产教融合、校企合作、创新人才培养模式方面作出了积极探索实践，曾连续6次荣获"中国产学研合作促进奖"等产教融合标志性荣誉。学校将以此次产教融合共同体成立为契机，积极打造行业、企业、学校协同的利益共同体、发展共同体、命运共同体，"行企校"共同建好"金专业""金课程""金师资""金地（实践基地）""金教材"，全面推动电子信息技术行业人才培养模式变革，全力服务行业产业发展。

报道 11　浙江工商职业技术学院"三真三入"校企协同培育电商人才

来源：中国教育报　日期：2022－6－15

浙江工商职业技术学院数字商务学院按照"以群建院"的思路模式，对接数字商务发展需求，聚焦立德树人，坚持以创新为驱动，通过"三真三入"校企协同育人平台，助力学生完成从"门外汉"到"专业人士"的转变，实现工匠精神和宁波商帮精神融入人才培养全过程，培养了高素质、复合型数字商务技术技能人才。主要围绕"真题实做，以校企资源共享助学生入门""真岗实练，以校企'双师'共育助学生入行""真绩实聘，以校企多维共评助学生入职"三个维度，从实战性、过程性、交互性三个方面创新实践了校企协同育人模式，探索了学生全面发展的培养新路径，创新了递进式实战型人才培养模式，构建了交互型的校企合作共同体，从而形成了"三真三入"校企协同育人的浙工商模式。

真题实做　校企资源共享　助力学生入门

以校企资源共享为突破口，从校企共同开发课程资源、企业真实项目进入教学全过程、入企现场教学三个方面入手，以培养技术技能人才为目标，突出真题实做，夯实学生专业技能基础，助力学生入门。强化课程协同，基于企业电子商务项目运营过程，校企采用"五共同"合作开发课程资源，即通过校企双方共同开发课程、共同实施教学、共同指导竞赛、共同编写教材、共同建设实训基地，开展"双主体"育人，实施"双元"课堂培养模式。力推企业"三进"，即通过企业项目进课程、企业导师进课堂、企业案例进课本，让学生在课堂上了解电商行业的相关情况，引导学生熟悉电商业务流程和操作技能。实施现场教学，通过入企现场教学，熟悉电商平台运营（与公牛电器、GXG 合作）、网络客服专员（与奥克斯、唐狮等合作）、新媒体运营（与小吉科技合作）、电商数据分析（与宁波豪雅集团合作）、平台推广（与方太、综讯、雪狼户外等合作）等电商岗位群职责与职能，引导学生结合个人兴趣爱好和特长明晰职业发展方向。加强劳动教育，将劳动教育与专业教育、学生素质拓展有机融合，让学生结合特长爱好选择企业和项目，充分满足学生的个性化发展需求，组织学生参加每年合作企业的"双11"活动，亲历大型促销活动的组织和实施，同时将敬业爱岗、团结互助的职业精神，吃苦耐劳、勤学苦练的劳动精神，拼搏进取、大胆创新的创业精神，处事稳健、乐观自信的心理素质培养融入专业教育，促进德技并修，助力精彩人生。

截至目前，学校校企合作出版国家规划教材10部，承担省部级课题17项（省级教改课题8项），建设国家共享、示范课程2门，拥有国家教学团队1个，获全国职业院校技能大赛教学能力比赛一等奖1项、省级奖项6项，被授予首批"全国跨境电子商务专业人才培养示范校"称号，成功申报浙江省跨境电商创业导师培训基地，专业由宁波市特色专业逐渐成为省特色优势专业和省高水平建设学校A类建设专业群。

真岗实练 校企"双师"共育 助力学生入行

通过校企"双师"共育，践行"双主体"育人模式，以全"真"实战教与学为手段，打破了技能训练仅靠"校内软件模拟"的弊端，同时依托学校中小企业服务外包基地承接的505个电商代运营项目和3个合作园区，以企业电子商务项目运营为主线，从真题实做到真岗实练，实现了课程群与岗位对接、实训内容与企业真实业务对接、学生角色与员工角色对接、毕业与就业对接，助力学生入行。以企业外包项目为载体，实施ABC梯队培养模式。师生双向选择，每名导师带10-15名学生，形成第三梯队（C类）；培养过程中择优进入第二梯队（B类），指导承接企业项目；再择优进入第一梯队（A类），成为导师助手参与管理。以产教融合项目为载体，实施跟岗、选岗、适岗递进培养模式。学生于第四、五学期进入合作电商园区，在学校教师和企业师傅指导下经过跟岗、轮岗、选岗、适岗经历，找到适合自己发展的岗位，真正进入电商行业。具体做法为：跟岗阶段，岗前培训后，学生选择意向岗位，跟着企业指派师傅（或学长）熟悉岗位操作，企业师傅帮带学徒不超过三人；轮岗阶段，有一定基础后，开始接触相邻或相近岗，以更好地理解与前岗的关联性，锻炼相对系统的岗位群结构和业务的职业能力；选岗阶段，1~2个月后，根据学生职业素养倾向和前期实践绩效，在双向选择的基础上确定学徒的职业岗位（运营、客服、美工、仓储等），以"小二"（学徒）和"账房"（网店店助）身份从事企业真实电商项目；适岗阶段，快速适应岗位，2个月考核合格后由实习生转为正式员工，学生以"掌柜"（网店店长）和"大当家"（项目负责人兼多家网店店长）的角色，独立承担企业电商项目。

近年来，学生通过参加"双11"服务、跟学长进基地或选择一家企业跟岗实习，对专业和就业岗位的认知程度由2009年的76%提高到2020年的92%，先后获得省级及以上电商类专业技能大赛奖项39项（一等奖16项）。

真绩实聘　校企多维共评　助力学生入职

通过校企多维业绩评价，实现企业导师与教师之间、企业导师与学生之间、企业导师之间、教师之间、学生之间的交互常态化，以创新思维的相互启发推动多方共赢，形成交互型校企合作共同体，合作企业不断扩大裂变，合作园区由小变大，实现了学生与教师、专业与企业共同成长。完善评价维度，基于学生的"双身份"（学生和学徒），实施"双标准"多维业绩评价：学校着眼于知识、能力、价值塑造维度，企业着重于工作态度、工作能力、工作业绩维度。以运营助理岗位为例，其考核指标及权重为：以出勤为基础考核，日常工作、推广数据统计和竞店数据统计各占20%，临时加派任务、部门协作、工作态度和学习能力各占10%。以业绩定岗，通过优秀毕业生返校报告、企业合伙人创业分享、五星员工评选等形式，引导学生步入"正式员工→主管→新公司合伙人"的职业发展通道，毕业前学生50%晋升主管、10%成为企业合伙人。

此外，浙江工商职业技术学院数字商务学院还以学校工匠论坛、园区劳模评选、企业主题团建等形式，使学生的职业规范和价值创造成为自觉，培养学生"惟精唯一"的专业意识。据统计，学校电商专业近三届学生创业率近20%，毕业时年销售额超100万元的创新创业"明星"达35人，月薪超1万元的"金牌"学生占比达20%。

报道12　浙江工商职业技术学院："三维三课"构建"三全育人"综合改革模式

来源：光明日报　日期：2022-10-11

近年来，浙江工商职业技术学院聚焦立德树人根本任务，针对高职学生的时代特征、思想特点和心理特性，强化高点谋划、全面布局，充分整合校内外力量和资源，从三个维度整体性推进、协同性突破，建好基于全要素、全方位、全领域的"大课堂"，构建实施"三维三课"的"三全育人"综合改革模式，全力上好职教"大思政课"，回答好"培养什么人、怎样培养人、为谁培养人"的根本问题。

课程学习维度　上好课堂里的"思想课"

学校以"思想政治工作质量提升工程"为抓手，紧扣思政课主渠道到课程育人主渠道的演进，凸显"大思政课"的核心要义和价值指向，强调发挥每门课程的思政效用，通过"三大协同"实现课程思政与思政课程的一体化。

推进教学协同，形成"大思政课"教学体系。学校坚持开门办思政课，充分调动学校和属地优质教育资源，建设思政课"大课堂"、搭建思政校本"大平台"、建好一支思政"大师资"队伍，推动思政课程和课程思政一体化建设。思政课以课程改革创新为依托，完善必修课加选修课的课程体系，推出"宁波革命史"等一系列特色选修课，使选修课程成为思政必修课程的重要补充。全面深化专业课程思政建设，设计课程思政教学与内容体系、建立课程思政"三个课堂"联动体系、搭建九个课程思政交流共享平台，形成"139"课程思政建设推进的工作机制，和思政课程"三联四融"的教学模式协同发力，在全课程教学中实现立德树人，成为浙江省首批课程思政示范校。

强调师资协同，组建课程育人混编团队。学校充分发挥思政课教师的理论优势、引领作用，38位思政课专任教师与6个学院的29个专业、9个公共课教研室进行"一对一"结对，聘请学校党政领导、党史研究专家、退休老同志、劳动模范、首席工人等担任思政课兼职导师，形成了大师资"混编式"项目团队。以建设2个国家课程思政示范团队和1个浙江省思政课名师工作室为龙头，培养了近百名思政课和课程思政教学标兵，联合开发课程思政特色课程"浙里智造与工匠"，开展双导师"同上一堂课"合作教学，共同编写浙江省领先的《课程思政教育元素挖掘指南》《工匠精神读本》，明晰思政元素融入专业课程内容的路径方法。

追求机制协同，形成课程育人保障机制。学校牵头成立宁波市职业教育课程思政联盟，基本形成了党委牵头抓总、部门分院协同的"全校一盘棋"共建共享机制；出台了行动计划、实施细则、项目建设等三大系列共18项制度，强化学校党政干部、思政课教师，以及专业课教师形成"育人共同体"的意识，提升思政教育的全面性和持续性，形成可复制、可推广的思政课程与课程思政协同育人模式。

实践体验维度 上好商埠里的"文化课"

浙江工商职业技术学院有着百余年办学历史，被誉为"宁波商帮文化的摇篮"，自建校始即秉承浙东学派"经世致用""知行合一"等思想及"宁波商帮""创业、务实、诚信、协作"的文化特征、价值取向，强调对学生职业品质和职业道德的锤炼。近年来，学校将社会主义核心价值观培育和宁波商帮文化传承、工匠精神弘扬相结合，提出了"培育现代商帮人才"的文化育人体系和"精工诚商"育人理念，一体化推进文化育人、实践育人、资助育人和科研育人等，助力学生从"知、情、意、行"等方面递进式累积实践体验，最终成为德技并修的高素质技能人才。

"软硬兼施"强化认知，形成价值认同。把物质文化和精神文化结合起来；开设"宁波商帮文化"课程，做强厚德讲坛、明智红学堂等课外育人平台，邀请全国劳模、奥运冠军、知名"甬商"等上讲台，开展讲座报告百余场，有4万余人次参与，引发学子情感共鸣，激发学生树立技能成才、技能报国的理想抱负。

学校实施资助育人工作质量提升计划，建立起"物质资助＋精神激励＋

道德浸润+能力拓展"的长效育人机制。邀请先进资助典型返校，开展励志讲座和创业培训，帮助贫困学子坚定自立自强的信心和决心。

"内外结合"锤炼意志，提升职业素养。探索构建了课内外、学期内外、校内外结合的素质教育体系，与各专业理论和实践教学体系有机结合，搭建了诚信教育、市场竞技、素质拓展、技能比赛等平台，连续举办26届技能运动会和20届科技文化节，打造了校园商品展销会、"未来工匠"智能科技展等一批特色校园文化品牌项目。其中，校园商品展销会现已成为锻炼和展示学生商贸应用才能、创业实战才能以及职业素养的"金字招牌"，获评国家教学成果二等奖、"宁波市首届高校校园文化十大品牌"。

学校还以协同创新中心、重点实验室等科研机构为依托，创新师生"共研共促"科研育人机制，近两年共立项相关项目20余项，较好地锻炼培养了学生的科学精神、科学素养、创新意识和能力。

"五位一体"落到实处，检验育人效果。学校探索构建了内容丰富、点面结合、多途径、全方位的"五位一体"实践育人新模式，即以服务学习为核心，以校地合作为抓手，以创新创意为导向，以专业融合为特色，以社会实践、志愿服务为载体，健全基于服务学习的实践育人体系，让广大学子在劳动教育周、笃行服务月等活动中练技能、长才干、受教育，培育出全国文旅系统劳模李晶等大批职教好青年。

学校搭建"基地化实施、项目化运作、团队化管理、学分化考核"的社会实践工作体系，现有校地共建社会实践基地200余个，实现学生社会实践参与率100%；荣获国家级、省市级集体荣誉28项、个人荣誉35项，涌现出宁波市"向上向善好青年"等一批先进典型。

数智交互维度 上好平台里的"生活课"

学校主动顺应时代大潮，围绕"1+4+1+1"的数字化改革工作框架推进整体智治，运用"互联网+"思维，盘活有效资源，创新有效载体，强化制度保障，打破育人时空局限，强化与线下教育相配合、全景式的"网络育人"，有力推进服务育人、管理育人、组织育人、心理育人等工作提质增效，形成时时、处处、人人的"大思政"格局。

实施"新媒体+育人"，优化思政教育供给。针对当代青年"网络原住民"的特点,将育人工作从"面对面"为主,转为"面对面"与"键对键"相融合,成立学校网络思政工作中心,培育了7个校级网络名师工作室,建立起"三级联动、同频共振"的网络育人共同体,分领域、分层次、分类型地开展网上思想价值引领,提升师生网络文明素养,营造清朗网络空间。

以"一报一网两微三号"为核心,合理布局校园新媒体矩阵,建强学校"融媒体中心"平台,提高网络育人的针对性和实效性。发掘和对接青年需求,打造了"ZBTI人物志""潮你看齐"等系列品牌栏目,举办校园主播大赛、银杏文化节等活动,生产出一系列内容守正、形式多样、传播广泛的优质原创作品,形成了"内容品牌化"特色明显的融媒体工作格局。近年来,蝉联全国高职高专"官微五十强",并获10余项各级荣誉成果,有效提升了主流价值的塑造力、引领力。

实施"数字平台+育人",实现"教、管、服"贯通。构建了集"思想教育、行为指导、生活服务、文化熏陶"于一体,从生活场所到教育场域的智慧社区管理模式。通过打造一站式社区之家营造"家庭式"氛围,组建学生自治管理团队,设立初心驿站、辅导员工作室、朋辈心理辅导站、社区邻里中心等线下阵地,用好网上办事大厅、智慧微学工、智慧党建、心理健康服务小程序等云端平台,既呼应学生网络生活的习惯,又照进现实生活的需求,以思想政治工作触达学生内心。

同时以"服务学生发展"为中心,以"数字画像"和智能算法为依托,开发完善了"德技并修型"人才培养的大数据服务体系,融合学生周边大数据,重点关注学生诚信表现(德)、专业和通用技能(技)发展的相关数据,不断拓展和丰富数据化、智能化、个性化服务场景,服务学生"德"的养成和"技"的发展。该体系已成功入选浙江省2022年教育领域数字化改革创新试点项目。

报道13 浙江工商职业技术学院
三个课堂联动 构建高职课程思政协同育人体系

来源：中国青年报　日期：2021-4-28

近年来，大力推进课程思政，实现各类课程与思想政治理论课同向同行，形成协同效应，把"立德树人"这一教育的根本任务落到实处成为广大教育工作者所面临的重大课题。

在浙江工商职业技术学院（以下简称"浙江工商职院"）课程思政建设团队看来，课程思政只有在课堂中才能真正落地落实，而课堂则不仅包括以课程教学为主的第一课堂，也包括以开放式教育为特征的第二课堂，还应包括以专业体验与实战锻炼为主的第三课堂。

"只有将课程思政贯彻各类课堂以及课堂教学的各个环节，畅通课堂教学的'主渠道'，提升第二、第三课堂育人实效，才能真正实现显性和隐性教育的互相结合、育人和育才的有机统一。"浙江工商职院校长周志春说。

守正创新，拓展第一课堂育人路径

浙江工商职院高度重视课程思政工作，于2018年4月制定了学校《推进和加强"课程思政"工作的实施办法（试行）》，同时将"课程思政"融入人才培养方案，体现于课程标准和授课计划，落实到专业核心课、新生研讨课的教学设计表，并举办多期教学论坛，探索将思想政治教育融入课程教学全过程的方法和路径。

"课程思政展现的是一种创新思维，意味着教育结构的变化，需要改变广大教师的教学理念和行为。"周志春称。为全面了解各二级学院课程思政开展情况，总结建设成果，形成典型经验，深入剖析存在的问题及主要瓶颈，2019年10月，浙江工商职院组成了课程思政专题调研组，通过查阅前一学年所有课程大纲（标准）、授课计划，访谈61位教师，随机听课40节，对学校课程思政现状开展了一次大调研。

这场课程思政"大体检"暴露了不少问题：学校对课程思政推进缺乏系统设计，教师对课程思政的理解和认识不到位，课程思政的挖掘和设计不够深入，方法和途径不够多样……为此，专题调研组提出了加强课程思政组织领导和系统设计，建立检查、评价和激励机制，搭建交流培训平台等一系列改进对策和建议，经过此次调研，教师们的理念得以改进，思路得以拓展，全员全程全方位育人的氛围日益浓厚。

此后，学校相继研究制定了《课程标准制订与实施指导意见》《课程思政教育元素挖掘指南》《课程思政建设实施方案（修订稿）》，成立了课程思政工作领导小组，作出了优化一套课程思政内容与教学体系、建立课程思政"三个课堂"联动机制、搭建"九个一"的课程思政交流共享平台的"139"系统设计，守好课程建设这个"主阵地"，建强教师队伍这支"主力军"。

为了有力推进第一课堂课程思政，对专业（教研室）课程思政教学改革提供积极有效的帮助，学校探索实施了思政教师与各二级学院专业（教研室）结对工作。思政教师根据对接专业的特性和岗位属性，对课程标准、授课计划、教案等课程文件进行指导，提供思政教育元素挖掘融入的建议意见，双方还以沙龙、主题讲座等形式积极开展专题研讨和培训。"这让我们实施课程思政有了底气。"体育教师张超对此深表赞同，得益于结对思政教师的指导，他执教的篮球课《舍得精神造就出彩团队》，获得了全国高等职业院校首届体育课程思政教学设计大赛二等奖。

经过三年的探索实践，浙江工商职院建立了党委统一领导、党政齐抓共管、教务部门牵头抓总、相关部门联动、各二级学院落实推进的课程思政工作格局，培育了一批优秀的课程思政典型实践案例和理论研究成果，全校课程思政覆盖率从2018学年的20.7%提升至100%，"门门有思政、课课有特色、人人重育人"的良好局面逐步形成。

在《BIM技术工程应用》课程教学中融入"责任担当、工匠精神、技术创新"的课程思政元素，以培养爱国爱乡、德业兼优、文明服务的好导游为目标，进行专业课《浙江乡土旅游》的课程思政整体设计……教师们对课程思政的融入模式、教学手段和方法的运用也更加得心应手，育人效果日益凸显。

统筹设计，发挥第二课堂育人实效

"中国脱贫攻坚战取得全面胜利，亿万农民群众和广大农业农村工作者发挥了核心作用……我就是其中的一位'农小二'。"前不久，全国劳动模范、省市人大代表裘银芳走进浙江工商职院，以德育导师的身份为大学生讲述她的"助农三部曲"。

早在2007年，浙江工商职院就设立了"厚德讲坛"，十余年来先后聘请了几十位先进人物为德育导师，参与大学生思想政治教育工作。

事实上，"厚德讲坛"的"厚德"二字取自于学校的校训"厚德、进业、明智、笃行"。作为一所有着百余年商贸教育办学历史，被誉为"宁波商帮文化摇篮"的学校，近年来，浙江工商职院一直致力于校园文化的传承与创新，通过统筹设计，不仅凝练了以"爱国爱校、艰苦创业、师生为本"为核心理念的"工商精神"，还打造了"厚德讲坛""明智红学堂"等与校训文化相匹配的课外育人平台。

每年三月举行的"笃行"志愿服务活动月，以"弘扬雷锋精神，做文明使者，树时代新风"为主题，是浙江工商职院服务学习和志愿服务相结合的社会实践体系的一个组成部分。迄今为止，学生志愿者参与人数达15万人次，收到各类表扬信、感谢信400多封，涌现出众多感人的先进人物和事迹，成为大学生思政教育和校园精神文明建设的有效载体。

近年来，浙江工商职院还充分挖掘和利用校内外资源，先后建立了100多个校外实践基地和思政理论课现场教学基地，探索形成了"校地融合、行思并举"的思政课现场教学融模式，不断拓展社会实践、考察研学、公益志愿服务、创新创业活动、校园文化活动等课程思政教学新途径，持续完善第二课堂学分体系，加强第一课堂与第二课堂的互动，强化第二课堂育人实效。

跟着老校长重温百年校史，与优秀校友、知名企业家面对面，听青年学者讲述宁波建城1 200年的历史，把课堂搬到博物馆、档案馆、纪念馆、非遗传承基地、革命烈士陵园，在社会大课堂接受历史人文熏陶，学习中华优秀传统文化，开展爱党、爱国、爱社会主义教育……广大青年学子用脚丈量、用心体悟，了解国情社情民情，锻炼适应社会、服务社会的能力。

知行合一，形成第三课堂育人特色

产教融合、校企合作是职业教育作为类型教育的重要人才培养途径，非课程类的专业体验和专业实践，引导着学生的专业认知和职业兴趣，是学校专业教育的第三课堂。

近年来，浙江工商职院积极尝试"双标准、双导师、双考核"的校企一体化管理模式，逐渐形成了具有"职教味"的第三课堂育人特色。

对浙江工商职院 2020 届影视动画专业学生王同学而言，2019 年的 10 月 1 日具有特殊的意义，值庆祝新中国成立 70 周年之际，由她和 4 位同学共同创作的短视频《我生在中国》，从 43 万件作品中脱颖而出，获得人民日报社主办的"我与中国"全球短视频大赛优秀奖，并于国庆节当天在"学习强国"学习平台上线。

在校大学生之所以能创作出高水准的作品，主要得益于学校坚持与行业紧密结合，积极探索实践"引企入教"的人才培养模式。在大二第二学期，王同学便以"准员工"的身份进入企业，在真实的项目中锻炼职业素养和岗位核心技能。

"在拍摄过程中，无论是片外的企业导师，还是片中的人物原型，他们在平凡岗位中那种专注投入、精益求精的态度时时感染着我，让我在提升专业技能的同时增长了见识，收获了感动！"王同学说。

王同学只是众多工商学子的缩影。近年来，在首席工人带徒工程、特长生培养工程、现代学徒制等"工学结合、知行合一"的人才培养模式下，浙江工商职院培育了一大批"德技兼修"的高素质技能型人才，学校也相继获评浙江省现代学徒制试点单位，浙江省首批课堂教学创新校和省级双创示范基地。

立足职教特色，浙江工商职院还力求实现劳动教育与专业教育、学生素质拓展的有机融合。2020 年 11 月设立的首个劳动教育周里，电商专业的学生参与了稻谷收割劳作，并完成了近千斤大米的销售；应用英语、旅游管理等专业的学生组织了英语标识标牌纠错、景区志愿讲解、酒店志愿服务等活动；机电工程学院则前往紧密型合作企业参加生产实习……万余名学生在动手实践、出力流汗中接受锻炼、磨炼意志，享受快乐、得到成长。

不仅如此,浙江工商职院还秉承"经世致用""工商皆本""知行合一"的浙东学派思想和宁波商帮文化精神,先后培育打造了校园商品展销会、"未来工匠"智能科技展、叮咚e商节等具有学校特色、专业底色的仿真模拟专业实践平台,为学生搭建了锻炼专业技能、展示创新创意、习得职业精神的舞台。

"课程思政是一个系统工程,我们将始终围绕'立德树人'的根本任务,牢记'为党育人,为国育才'的使命,努力探索、积极实践,构建高职课程思政协同育人体系,培养出更多德技兼修的社会主义合格建设者和可靠接班人。"浙江工商职院党委书记陈仕俊说。

报道14　浙江工商职业技术学院
构建课程思政与思政课程协同运作体系

来源：中国教育报　日期：2023-7-25

高校思想政治工作贯穿教育教学全过程，"三全育人"落地生根，可妥善解决"培养什么人、怎样培养人、为谁培养人"这一教育的根本问题。浙江工商职业技术学院在全课程育人视角下探寻课程思政与思政课程协同育人路径，以完善知识与技能结构、优化过程与方法、关注情感态度价值观培养等提升课程育人质量，一体化推进思政内容、教学方法、教学评价三个维度的联动，提升大学生思想政治素质。

协同思政元素与思政理论

1. 思政价值引导，由"显性"向"隐性"转化

通过整合全校近700门专业课程和3门思政课程的思政教学资源，出台《课程思政教育元素挖掘指南》，将合适的思政元素以恰当的方式融入专业课程教学。强调润物无声、犹盐入水，更加侧重课程的隐性思政功能，推动课程思政倒逼思政课程教学改革，一方面思政课程教学改革渗入专业性和生活化元素，另一方面专业课程教学自觉渗透思想价值引导。例如，思政特色课程"浙里智造与工匠"与思政选修课程"浙匠与创新"建设，试行"双导师授课"，通过情境式教学、沉浸式教学等，在多元化的课堂教学中渗透工匠精神，促使显性教育和隐性教育形成合力，共同实现"塑匠心"的育人目标。

2. 思政元素挖掘，由"课程"向"专业"拓展

统筹做好各学科专业、各类课程的思想政治元素挖掘工作，从专业层面明确分课、分科、分层、分类的课程思政元素挖掘标准，体现差异化。针对学校"工商并重"的专业布局，强调课程思政元素的挖掘要契合专业

特色和优势，厘清各专业课程思政间相对的边界。各课程有所侧重，各专业组织教师确立每门课程的任务，形成系统、精练、一致、连贯的"一专业一特色"课程思政元素分布体系。思政课教师与30个专业和11个公共课教研室"一对一"结对，发挥思政课教师的理论优势、引领作用，组成思政课教师与专业课教师"混编式"项目团队。由单门课程的"单兵作战"转化为课程、专业的"集团作战"，思政教育的主体也由单个教师的"课堂授鱼"转化为思政课教师、专业课教师、公共课教师的"协同育人"。

协同课内外与校内外实践

1. **理实一体，形成多元化课内外联动体系**

学院协同课内外教学资源，借助校训文化品牌"厚德讲坛""明智红学堂"开设讲座和活动课程，增强思政课程与课程思政的实践体验性。依托国家示范职教集团，举办高规格的"产教融合"大会，深化产教融合、校企合作等办学形式，提升课程教学的理实一体化程度，打造教学、实践、网络"三课堂"联动的育人体系，促进各类课程和实践活动之间形成良好的互动格局。

2. **方法多样，构建多渠道校内外实践体系**

除了借助课堂教学主渠道之外，学院把思想政治元素融进社会实践、实训实习、创新创业、劳动教育等系列活动中，引导学生在实践中获取思想成长，使思政教育走入学生内心。思政课形成"校地融合、行思并举"的现场教学模式，以实地调研、案例分析、参观学习等方式将理论学以致用，达到知行合一的教学效果。专业课程顺应"产教融合"的育人导向，将思政课实践基地、社会实践基地和专业实习实训基地打通使用，共同打造教学实践一体化育人平台，既能统筹教育资源又可以检验实践成效。

协同教学活动与行政管理

1. **建立思政教学动态评估制度**

通过课堂教学的参与度、课程思政作业、菜单式实践教学以及志愿活动的参与情况等维度进行评估；在学期初就课程思政的相关问题进行问卷调查，在课程完成之后就相应的问题再进行调查，比较前后的差异；通过教育大数据来监测学生的思政教育效果，将育人成效作为各专业课程教师讲授内容是否合理的依据。在成功申报的两门国家课程思政示范课程中，均有专业课教师与思政课教师合作的典例，现已基本构建了课程思政体系和思政课程教学模式，在全课程教学中实现立德树人。

2. 强化考核评价与激励约束

学院以破解协同育人中堵点难点问题为重点，以学生的成长发展指标反馈全课程育人的评价机制，实现"以评促建"、管理与激励并进的效果。把课程思政与思政课程全课程育人机制建设上升到学校层面，将7个分院落实情况纳入年度考核指标，并进行宣传、指导、反馈及奖惩等。构建内容齐全的思政课程和课程思政矩阵，建立动态的思政教学质量监控和教学效果评价体系，形成教学检查和教学督导的常态化机制。课程思政与思政课程一体化育人机制建设凸显多元主体参与、分类分层评价、激励导向功能等原则。以马克思主义学院为主体，协同质量办公室，形成符合思政教学规律的考核机制、评价机制，明晰学校各部门和各层面人员一体化育人的具体职责，以考核奖惩为指挥棒，分层分类予以推动，提升思政课程与课程思政全课程育人的成效。

报道15　浙江工商职业技术学院：
打造特色校园文化育人体系

来源：光明日报　日期：2021-9-6

1914年，宁波公立甲种商业学校成立。这一年，也被称为宁波商业职业教育元年。从宁波公立甲种商业学校，再到如今的浙江工商职业技术学院（以下简称"浙江工商职院"），百余年来，这所被誉为"培育宁波商帮文化的摇篮"的学校，已经成长为一所"工、商"并重，对接地方经济和产业发展需求的现代化高职院校，形成了"传承宁波商帮精神，培育现代商帮人才"的办学特色。

站在浙江省"双高"（高水平职业院校和专业群）建设单位的新起点上，浙江工商职院立足实际，守正创新，传承和发扬百年商贸教育的优良传统和文化基因，全力构建具有区域特点、学校特色、时代特征的特色校园文化育人体系，以此助推"双高"建设，凝聚前行力量。

构建"一三三三"体系　做好整体谋划

"一所学校的校园文化贯穿于教育实践的方方面面，在培根铸魂、启智润心方面有着不可忽视的重要作用，必须加强系统设计和整体谋划。"浙江工商职院党委书记陈仕俊如是说。

浙江工商职院从学校文化育人的现状出发，整合现有文化资源，锚定"承续与发展"方向，构建了"一三三三"特色校园文化育人体系。

其中的"一"是学校百年办学积淀而成的"工商精神"，而"三"分别指三个维度、三种文化和三类载体，即以"工商精神"为内核，从区域特点、学校特色、时代特征三个维度撷取"宁波商帮文化、校训文化、非物质文化遗产"三种文化为学校主流文化，并充分融入人才培养的"课程体系""教学实践""网络教育"等载体，构建具有鲜明特色的校园文化育人体系，进而发挥高校文化传承创新的职能，为学校实现高质量发展铸魂。

强化价值引领　挖掘精神富矿

多年来，浙江工商职院一直致力于挖掘百年校史中的精神富矿，形成了学校的办学思想、办学理念，以及校训、校风、教风、学风等主流价值体系，并以此濡染一代又一代的工商学子。

2019年，学校第二次党代会又对学校百年文化精神进行了高度概括，使之成为激励全校师生继续奋进、再创辉煌的不竭原动力。思政教师在校史馆开讲"入学第一课"，邀请老校长返校讲述百年校史，举办辩论赛……学校还结合党史学习教育，挖掘校史中的红色基因，面向全校师生开展了系列学习实践活动，让学校百年历史中凝练出的精神深入人心。

传承商帮文化　形成育人特色

百余年来，植根浙东学派实学思想的"宁波商帮文化"始终是浙江工商职院最丰厚的"传家宝"。学校围绕宁波商帮"创业、务实、诚信、协作"的精神，不仅打造了《宁波商帮文化》省级在线课程，还搭建了诚信教育、市场竞技、素质拓展、技能比赛等平台，探索形成了基于"四个结合"的人才培养模式，连续举办19届校园商品展销会，成为锻炼和展示学生商贸应用才能和创业实战才能的"金字招牌"，并获评"宁波市首届高校校园文化十大品牌"。

学校大力推进产教融合，先后与150多家龙头企业开展校企合作，发起并成立了6个协会、学会；与宁海、慈溪、海曙等地开展"县（市、区）校合作"，形成了"一体多翼"的办学格局。目前，全校81%的专业与浙江（宁波）先进制造业和现代服务业发展的重点产业对接，毕业生留甬率超60%，还涌现出电商创业先锋沈兴秋、智能制造研发达人翁国栋、技能大师李晶等一大批德技并修的优秀人才。

践行校训文化　打造育人平台

为了充分发挥校训文化的育人作用，浙江工商职院遵循"厚德、进业、明智、笃行"的校训，先后打造了"厚德讲坛""明智红学堂""笃行志愿服务月"等课外育人平台，让校训内化为精神追求，外化为实际行动，切实提升广大师生的道德修养和文明素养。

由全国劳动模范分享亲身经历，听开国将士后代讲述先辈故事，与青年学者共探宁波城1 200年的生命印记……2021年，浙江工商职院进一步做大做强"厚德讲坛"等育人平台，由思政教师、校外德育导师、知名校友、社会各界人士等一起担任"主讲人"，举行系列访谈、宣讲活动共计近20次，还开展了相关网络实践教育活动，在校园内外、线上线下形成了协同效应。

弘扬非遗文化 坚定文化自信

追寻传统戏曲的发展历程，了解戏曲基本知识，学习身段表演技法……2021年上半年，近10场"戏曲进校园"活动在浙江工商职院举行，吸引一大波"00后"戏迷，使他们连连感叹戏曲之美，中华文化之博大精深。

作为宁波市"戏曲进校园"首个高校实验基地，浙江工商职院一直力推"戏曲进校园"工作，先后与宁波市甬剧研究传习中心、宁波市文化旅游研究院、宁海平调艺术传承中心开展紧密合作，共同进行地方剧种艺术研究、传播以及老艺人保护等工作；把戏曲表演纳入学生的人文素质教育，以"常规教学＋兴趣培养＋比赛演出＋线上展示"的形式集中培训对戏曲感兴趣的学生。

学校还自编电子教材，开设了全校性艺术修养课、非遗通识课等，组织开展了"老字号进校园""留学生走进非遗文化"等文化活动，先后培育了10余个传统文化品牌社团，积极引导广大师生发挥专长，借助互联网和新媒体弘扬非遗文化，使之在新时代迸发出新的活力。

"文化育人是一个系统工程，特色校园文化育人体系建设和运行实施依然任重道远。"陈仕俊说。他表示，学校将从"为党育人、为国育才"的高度，立足已有成果和优势，持续推动理念方法行动机制创新，不断提升文化自觉，切实增强文化自信，使文化元素、文化力量成为凝聚人心、推动发展、打造特色的强大动力，努力续写高职教育高质量发展的新华章。

报道16　百年老校如何焕发新生机？
浙江工商职业技术学院这样探索

来源：人民日报客户端　　日期：2021-12-21

　　港通天下，书藏古今。宁波，一座古老而又年轻的城市。在这里，每时每刻都发生着令人惊叹的嬗变。

　　在宁波海曙区，有一所历经百余年淬炼的学校——浙江工商职业技术学院。1914年，其前身宁波公立甲种商业学校成立，数代"工商人"为国为校为教育呕心沥血，形成了独特的文化基因。如今，该校已成长为一所"工、商"并重，对接地方经济和产业发展需求的现代化高等职业院校，2020年12月还入选省高水平职业院校和专业群建设单位（以下简称"双高"），一年来学校的标志性成果呈井喷态势，开启了高质量发展的新篇章。

2019年初，浙江工商职业技术学院第二次党代会召开，大会首次凝练、提出了"百年工商"的文化精神（以下简称"工商精神"）——爱国爱校、矢志不渝的教育情怀，艰苦创业、开拓创新的精神追求，尊师重教、师生为本的办学宗旨。而让这所学校爆发力惊人的，正是这"工商精神"的拼劲儿、闯劲儿。

时光荏苒，被视为学校最大宝藏的这股精气神，如何与时俱进，在年轻一代中传承？又如何在新时代为学校带来新的生机？近日，记者踏进这所学校，开始了一场探问之旅。

"我身后的这扇门便是仿造1914年学校办学之初，在北大路76号宁波公立甲种商业学院的老校门，正是这扇门开启了宁波商业职业技术教育的历史……"走进校史馆，学生讲解员把学校在兴学图强的时代背景之下奠基立业的历史娓娓道来。

这所百年老校的校史就是爱国爱校"活"教材。据介绍，学校在办学早期历经战乱、动荡，曾屡次易址更名，但始终弦歌不辍，还涌现出了沙文汉、张永祥等一大批优秀校友。"正是先辈们坚守教育领地初心不变，坚守人才培养永葆家国情怀，才使得学校在一次次磨砺中发展壮大。"浙江工商职业技术学院党委书记陈仕俊满怀崇敬和自豪地说。

陈仕俊认为，学校正处于新的时代坐标之上，实现"特色鲜明、全省前列、国内知名"的"双高"名校的新目标，实施高质量发展战略，必须将学校百年商贸教育的文化积淀和精神积累不断传承不断发扬光大！

由思政教师在校史馆开讲"入学第一课"，邀请老校长返校讲述百年校史，组织师生"重走工商路""云游校史馆"，举办校史知识竞赛和"'工商精神'之我见"辩论赛……一系列形式多样、内涵丰富的活动，让师生们穿越时空与先辈展开"隔空对话"，畅所欲言和同伴进行思想交锋，对"工商精神"的理解、领悟和认同也由表及里、愈加深厚。

正是基于这份情怀，面对突如其来的新冠疫情，这所学校也格外暖。连日来，宁波市各高校严格落实疫情防控部署要求，浙江工商职业技术学院自12月6日便开展了师生行程轨迹排查，对于近期有镇海区等中风险地区旅居史的在校生随即实行居寝健康观测。正在居寝健康观测的国际交流学院方同学告诉记者，每天他们都会通过微信、钉钉等方式与老师、同学云端相会,收获各种鼓励和支持,志愿者们更是耐心地收集他们的需求,为他们配送热乎乎的饭菜,还附上写有加油打气话语的小纸条,让他们心里"暖暖的"。

也是这份情怀,让众多已从学校毕业多年的优秀校友还始终心系母校,并通过不同的方式反哺母校和社会。

2005届校友、国际交流学院旅游管理专业毕业生李晶,现任浙江达人旅业股份有限公司导游部总监,近日获评"全国文化和旅游系统劳动模范",该奖项浙江省获奖仅8人。毕业16年来,她不仅深耕旅游行业,而且坚持担任母校客座教授,从新生始业教育、课程教学、"带徒进企业"到就业指导全程参与在校生的专业教育,成为校企合作的桥梁。2015年,她还在学校成立李晶导游大师工作室,每年从旅游管理专业中招募15～20名学生组建"达人学徒制班",培养出了"全国援藏导游员优秀个人"、浙江省青年工匠、宁波市金牌导游等优秀毕业生。

2004届校友李供财在校期间曾因家庭经济拮据一度想弃学,后经班主任劝说,通过勤工俭学和学校帮困资助,圆满完成学业,并于2007年创立了宁波市尤耐克工具有限公司。经过多年拼搏,企业步入正轨,业务遍布全国。2014年百年校庆，他向母校捐献了20万元。2019年在学校举办产教融合大会之际再次捐赠200万元，设立"尤耐克奖学金"和"尤韦得奖教金"，鼓励家庭困难的优秀学生拼搏奋进，资助学生创新创业以及奖励优秀教师。

从一所中等专业学校升格为全日制公办普通高等职业院校，到全国高职高专人才培养工作水平评估优秀学校、省示范性高等职业院校、省优质高等职业院校建设单位，再到如今的"双高"建设单位……是什么让这所学校实现一次又一次跨越？

在陈仕俊看来，这是一代代工商人坚持艰苦创业、开拓创新的精神追求，顺应时势、主动求变、特色求胜的成果。

1999年9月28日，对浙江工商职院而言具有重要的意义，这一天学校新校区启用，并招收了99名首批高职学生。"如果当时全体教职员工没有一致同意放弃提高自身福利待遇的机会，把十余年办学积累的数千万元全部用于新校区筹建，或者未能及时从计划申报全国重点中专，调整为申报高等职业技术学院，就会错失发展的良机！"陈仕俊感慨万千。

走进浙江工商职院校史陈列室，一封习近平总书记在浙江工作期间，在学校办学90周年、建院5周年庆典时发来的贺信格外引人注目，"办出水平、办出特色"是他当时对学校改革发展提出的重要指示，也是举办高职以来，工商人不懈奋斗的目标。

在这个目标的引领和激励下，几代工商人坚持"一张蓝图绘到底"，创造性地将产学研合作的内涵扩展到了人才培养、技术升级、社会服务、文化引领，走出了一条政、产、学、研相结合的产教融合的道路。

学校从"立足地方"到"融入地方"，再到"服务地方"，坚持产与教的"真融""真合"，先后与150多家龙头企业开展校企合作，发起并成立了6个协会、学会；与宁海、慈溪、鄞州、海曙等地开展"县（市、区）校合作"，建成了宁海和慈溪两个产业学院，形成了"一体多翼"的办学格局，描绘出一幅"点、线、面"紧密结合，学校与"企业、行业、区域"三个层次环环紧扣的产教融合生态蓝图。

据统计，目前，全校81%的专业与浙江（宁波）先进制造业和现代服务业发展的重点产业对接，毕业生留甬率超60%，还先后荣获了宁波市教育服务经济贡献奖二等奖、"中国产学研合作创新奖"和"中国校企合作好案例"，6 次荣获"中国产学研合作促进奖"，涌现出 G20 杭州峰会国宾游船"宝石舫"设计者王凌云、电商创业先锋沈兴秋、智能制造研发达人翁国栋、国家技能大师李晶等一大批德技并修的优秀人才。

学校一直践行尊师重教、师生为本的办学宗旨，重视教师队伍建设，关心教师的发展。

自获评省"双高"建设单位以来，浙江工商职院在教师队伍建设方面打出了一套组合拳：积极引进高层次人才、遴选培养专业（群）带头人，修订或出台博士培养工程实施办法、教师教学创新团队建设办法等相关文件，发布学校师德专题教育实施方案并开展 3 期专题教育活动，涌现出 2 个国家级教师教学创新团队、2 个校级"黄大年式教师团队"，开展"名师""名匠"结对共研活动等，有效激发人才发展活力，服务学校改革创新。

此外，学校还秉承"用实绩说话""以群建院""放权强院"的原则，将教职工年度考核、职称评聘同项目绩效和贡献挂钩，研究出台了"'双高校'建设标志性成果奖励办法"等激励政策，对相关专业进行跨学院调整，实施二级拨款打破系数概念、修订完善教学单位考核制度、建立专业动态调整机制等一系列举措，充分调动了二级学院办学积极性、主动性和创造性。

2019 年以来，在学校党委书记陈仕俊带领下，聚焦师生关心的问题，每年推出校园十大民生实事，努力为师生打造一所有温度的幸福校园。

走进校园，温暖的细节随处可见。为了让师生在校期间喝"好水"，在办公区域、教学区域的 48 个点位投放了净水设备；不少师生经常因忘带雨伞而淋雨回家，为此该校与共享雨伞公司对接，设计了富有工商元素的校园共享雨伞装置，在 28 个点位放置共享雨伞，师生 30 分钟内可免费使用；此外，该校还在校内配备了简易自助洗车装置，方便教职工在工作日非教学时间自行清洗车辆，依托汽修专业的教师和学生为教职工提供"汽车保养"服务……"我们就是要解决老师们的后顾之忧，使他们能有更多的精力和时间投入到工作中。"陈仕俊说。

"尊师重教、师生为本"，让学校结出了累累硕果。"双高"建设一年来，学校1个专业团队入围第二批国家级职业教育教师教学创新团队立项建设单位，2门课程获评教育部"课程思政示范项目"，2个教学团队同时入选"课程思政教学名师和团队"，学校作为主要牵头单位的浙江三江职业教育集团获全国示范性职业教育集团立项，2个专业通过悉尼协议专业国际论证，2个学生团队在全国职业院校技能大赛斩获一等奖，此外，在全国学科竞赛中获一等奖2项、二等奖1项。

"捷报频传让我们欢欣鼓舞，也更加坚定了继往开来、改革创新的信心和决心。"陈仕俊表示，浙江工商职院将在上级主管单位省交通集团党委的领导下，进一步扎实推进"双高校"建设，大力提升高职院校服务国家战略和社会主义现代化先行省、共同富裕示范区建设的能力和水平，全力用好新时代改革发展的"工商奋进之笔"。

报道17 传承商帮精神 淬炼文化基因
——浙江工商职院为高质量发展铸魂
来源：宁波日报　日期：2019-2-27

浙江工商职业技术学院（以下简称"浙江工商职院"）前身为创建于1914年的"宁波公立甲种商业学校"，因其自身百年商贸教育的办学历史，被誉为"宁波商帮文化的摇篮"。

新年伊始，浙江工商职院全校上下对于学校第二次党代会的召开欢欣鼓舞，其中师生热议最多的是大会首次凝练、提出了"百年工商"的文化精神（以下简称"工商精神"）——爱国爱校、矢志不渝的教育情怀，艰苦创业、开拓创新的精神追求，尊师重教、师生为本的办学宗旨。

浙江工商职院党委书记陈仕俊认为，学校当前正处于新的时代坐标之上，"实现'特色鲜明、全省前列、国内知名'的新目标，实施高质量发展战略，必须站在前人筑就的高地上，将学校百年商贸教育的文化积淀和精神积累不断传承不断发扬光大！"

在浙江工商职院第二次党代会全体党代表看来，"工商精神"的凝练与提出，不仅具有深远的历史意义，而且具有重要的现实意义，既是对传承学校百年独特文化基因的精炼，更是激励全校师生继续奋进、再创辉煌的不竭原动力。

爱国爱校、矢志不渝的教育情怀

"当年商校读书郎，甬城情愫满心房，六九春秋匆匆过，天翻地覆慨而慷……"原嘉兴学院会计系主任、现已87岁高龄的老校友罗允尧教授去年受邀回校时，用一幅书法作品表达了他对母校的拳拳深情。

"1947年，我是背着充当学费的三百斤大米从余姚渡口乘船来宁波读书的……当时我们都十分关心政治和国家的命运，有一位学长还自创了一份名为《春雷笔报》的刊物针砭时弊……解放军进驻宁波时，全校学生都出去迎接了……"罗老饱含深情的讲述，道出了学校办学早期的风雨坎坷和师生们爱国爱校的家国情怀。

事实上，这所百年老校在办学早期历经战乱频仍、动荡磨难，曾屡次易址更名，但始终弦歌不辍，还涌现出了沙文汉、张永祥等一大批优秀的校友。正是先辈们坚守教育领地初心不变，坚守人才培养永葆家国情怀，才使得学校在一次次磨砺中发展壮大。

时至今日，浙江工商职院已经成为一所"工、商"并重，对接地方经济和产业发展需求的现代化高等职业技术学院，但爱国爱校、矢志不渝的教育情怀却薪火相传，未曾褪色。

正是基于这份情怀，数字传媒学院青年教师王舒通在得知班里一位学生突患重病后，第一时间带头捐款 3 000 元，并竭尽全力帮她渡过难关；智能电子学院（汽车服务学院）的韩梅老师为了支持专业建设和实训条件改善，捐出了自己的一辆雪铁龙汽车作为实训教具……

也是这份情怀，让众多已从学校毕业多年的优秀校友还始终心系母校，并通过不同的方式反哺母校和社会。

2004 届校友李供财在校期间曾因家庭经济拮据一度想弃学，后经班主任劝说，通过勤工俭学和学校帮困资助，圆满完成学业。在毕业 10 周年时，他作为宁波尤耐克工具有限公司董事长与学院校友总会签约，每年捐赠 2 万元给母校做贫困生助学基金。

G20 杭州峰会元首乘坐的国宾游船"宝石舫"设计者王凌云，浙江省农村十大新闻人物杨娇阳，宁波市首位援藏女导游刘俪心，年销售额破亿元的电子商务创业先锋沈兴秋……校友们纷纷重返校园、走上讲台，与在校生分享自己的成长经历和职业经验，助力后辈成长成才。

艰苦创业、开拓创新的精神追求

从一所中等专业学校升格为全日制公办普通高等职业院校，再到如今的全国高职高专人才培养工作水平评估优秀学校，省示范性高等职业院校，省优质高等职业院校建设单位……是什么让这所学校实现一次又一次跨越？

在陈仕俊看来，这是一代代工商人坚持艰苦创业、开拓创新的精神追求，顺应时势、主动求变、特色求胜的成果。

1999年9月28日，对浙江工商职院而言具有重要的意义，这一天学校新校区启用，并招收了99名首批高职学生，而在校志上则有这样一句话："一所公办中专学校，从自筹资金到申办高职学院，竟然办成了！"

事实上，如果当时全体教职员工没有一致同意放弃提高自身福利待遇的机会，把十余年办学积累的数千万元全部用于新校区筹建，或者未能及时从计划申报全国重点中专，调整为申报高等职业技术学院，就会错失发展的良机！

走进浙江工商职院校史陈列室，一封习总书记在浙江工作期间，在学校办学90周年、建院5周年庆典时发来的贺信格外引人注目，"办出水平、办出特色"是他当时对学校改革发展提出的重要指示，也是举办高职以来，工商人不懈奋斗的目标。

在这个目标的引领和激励下，几代工商人坚持"一张蓝图绘到底"，创造性地将产学研合作的内涵扩展到了人才培养、技术升级、社会服务、文化引领，走出了一条政、产、学、研相结合的产教融合的道路。

早在2004年，浙江工商职院就与宁海县政府、中国（宁海）模具城合作创建宁海产学研基地，围绕模具塑料产品的设计、制造及生产过程的配套产业，建成了以模具设计制造和工业设计专业为核心的专业群，打造出了一个人才培养、科学研究、社会服务融合，并形成一定生产能力的特色教育平台。

14年后的今天，宁海产学研基地已经是走在行业前列的"中国模具产学研合作创新示范基地"，学校整合多方力量培育的"模塑成型技术协同创新中心"获评"浙江省首批应用技术协同创新中心"，学校现代模具学院也建设为宁波市试点特色学院。

据不完全统计，自2007年以来，学校累计为宁海县培训企业员工和开展技能鉴定超过1.2万人次，为宁海1 000多家企业提供了信息和技术服务；2009年以来，累计有数百名毕业生留在宁海县工作，提升了宁海县域模具产业从业人员素质，促进了县域经济发展。

今年6月，浙江工商职院另一个扎根地方办学的学院——慈溪学院，将迎来首批毕业生，为慈溪经济社会发展输送高素质劳动者和技术技能人才。

近年来，学校还牵头成立了宁波市电子商务学院，组建了宁波电子商务、影视动画和模具职业教育行指委；引进6家协会入校；与均胜电子、上海大众等龙头和骨干企业合作开展"学徒制"培养；4次获得中国产学研合作促进奖，1次获评中国产学研合作创新奖，2次荣获中国校企合作好案例。

尊师重教、师生为本的办学宗旨

学校一直践行尊师重教、师生为本的办学宗旨，不仅重视教师队伍建设，还关心教师的发展。

浙江工商职院校长周志春介绍，学校近年来在产教融合方面的积极探索实践，首要目的不是为毕业生找岗位工作，而是要了解到企业的用人标准。"产教融合除了可以培养适应产业需求的学生，还可以推动我们的教师走进企业，提升专业能力。"

在"教师为基"的办学理念引领下，学校制定并实施了"优师强校"战略，致力于完善制度建设，坚持引培并举，构建分层次、梯队性、制度化的教师培养体系，积极推进名师培育工程，进一步优化了师资结构，高层次人才涵育卓有成效。

2011年以来，学校"双师"素质教师占比由71%增长至85.8%，达到省教学工作业绩考核优秀指标。18名教师入选浙江省"151人才工程"等人才项目，11名教师荣获省级教学名师等省级荣誉，培育省级专业带头人22人、宁波市哲学社会科学学科带头人5人。

"做工商的学生很幸福！"大一学生吴宁凯由衷地说。他在入学前和录取通知书一起收到的还有一本《新生服务指南》，从百年校史到第一学年校历，从各分院及专业介绍，到办理各类事务的小贴士……这本"菜鸟秘籍"让工商学子觉得很暖心，也体现了以生为本的育人理念。

事实上，作为省内较早建立学生事务中心的高校，学校近年来一直致力于"最多跑一次"的改革，这个"一站式"学生服务平台80%的项目已经实现网上自助办理，受到了学生的广泛好评。

不仅如此，无论是课程设置、选课规定，还是课程内容、学生活动等无一不蕴涵着以生为本的育人理念，满足学生的个性化成长需求。

自2010年推行的"新生研讨课"项目采用小班化教学，并赋予学生选课权,旨在解决大一新生普遍遇到的困惑,探索具有高职特点的教学组织模式,现已有99位教师累计开出213门次的课程,惠及3 900多名学生。

学校还以主动走近学生为原则,以服务学生发展需求为导向,探索创新集"思想教育、行为指导、生活服务、文化熏陶"于一体的社区书院制学生管理模式,扎实推进"三全育人"。

"尊师重教、师生为本"让学校在人才培养方面结出了累累硕果。近7年来,该校毕业生初次就业率平均值超过98%,综合评价称职率达93%,专升本升学率稳居省高职院校前列,学生竞赛新增国家级特等奖4项、一等奖64项、二等奖101项、三等奖120项。

"行之力则知愈进,知之深则行愈达。"陈仕俊表示,在新的时代坐标上,浙江工商职院新一届领导班子将高举习近平新时代中国特色社会主义思想伟大旗帜,秉承红船精神、浙江精神、工商精神,团结和带领全校师生员工,为谱写特色鲜明、全省前列、国内知名的高职院校新篇章而努力奋斗!

报道18　铸匠心 锻匠技 践匠行
——浙江工商职业技术学院电子信息类"智造工匠"人才培养创新与实践

来源：中国教育报　日期：2022-12-9

近年来，浙江工商职业技术学院电子信息学院以培养"智造工匠"人才为目标，开展了"匠心、匠技、匠行"的人才培养创新与实践。通过三大载体铸"匠心"，创新工匠精神培育方法，构建工匠精神课程思政平台，营造工匠文化环境，实现工匠职业价值认同；通过三条途径锻"匠技"，名师名匠带徒、课赛证融通和知名企业合作，实现工匠职业习惯养成；通过三类服务践"匠行"，实现工匠职业能力提升。经过6年探索与实践，取得了可喜的成果。

以多样化教育营造工匠文化场域

开展工匠精神专题教育。近5年来组织5 630名学生学习《工匠精神读本》，邀请68名知名工匠、企业家走进校园，通过兼职授课、讲座、沙龙等方式，让学生感悟工匠精神；组织784名学生走进32家知名企业、大师工作室，零距离体验工匠工作氛围；全体学生填写《工匠成长手册》，实现"认知启蒙"。

开展工匠精神课程建设。注重工匠型师资队伍建设，制定《电子信息学院工匠型师资队伍建设指导意见》等，教师全职下企业进行为期3个月的"实岗、实责"技能学习、与对口企业进行"名师名匠"结对、指导学生技能竞赛等，参与企业实践项目，提高教师的技能水平。同时，在课程建设中融入工匠精神，以工匠精神为核心开展课程思政教学设计，编写工匠精神教学典型案例，开设"走进中国制造2025"等研讨课培育工匠精神，实现"价值引领"。

开展工匠文化氛围营造。通过举办"一展""二坛""三匠"系列活动,编印工匠精神宣传刊物等,实现"文化浸润"。"一展"即落实"党建+校园文化",并以"传承工匠精神,服务宁波智造"为主题举办"未来工匠智能科技展",引导和激励学生养成勇于创新、精益求精、崇尚科学、努力提升专业素质的意识。"二坛"指的是通过开设"工匠论坛""厚德讲坛",邀请知名工匠、技术能手等开展各类技术技能讲座、职业创业讲座,营造浓郁的校园工匠文化。"三匠"指的是以"启明课堂"、各类培训班等形式"铸匠心",利用志愿者服务、社会实践、技能比赛、训练营等活动"锻匠技",通过赴紧密型校外实训基地实战、现代学徒制等途径"践匠行"。

以多维化训练锤炼工匠专业技能

知名工匠带徒,训练基本技能。实施首席工人带徒工程,与宁波电子行业协会合作聘任万亚勇、陈炯等20名知名工匠、首席工人组成导师团队,基于行业标准和岗位需求,与专业教师共同制定焊接、电路调试等16项基本技能标准,实施"讲—教—练—评",导师对照标准逐条讲,关键环节"手把手"教,学生紧扣标准练,并一一过关考核,通过过关考核,强化学生基本技能。

课赛证融通,训练核心技能。将专业核心课与竞赛、考证项目融通,通过技能运动会、技能竞赛和职业证书考证等项目,打造与大学生电子设计、移动应用开发等16项国、省竞赛相结合的实战化课程16门,打造与家用电器维修工、无线电装调工等10项职业资格、技能结合的考证课程10门。

知名企业合作,训练综合技能。与"中国标杆智能工厂"宁波普瑞均胜汽车电子有限公司等12家企业组建现代工匠学院,学生每3~5人一组承接企业真实项目进行专题制作共计418项,被企业采纳128项;开展订单班培养,学生在师傅指导下参与解决实际问题,通过考核者留在企业就业;依托高等职业教育创新发展行动计划(2015–2018年)生产性实训基地、中央财政支持的电子技术实训基地、电子技术省示范实训基地、智能电子浙江省"十三五"高等职业教育示范性实训基地、浙江省"五个一批"智能制造产教融合实训中心,开展现代学徒制培养,专业教师与企业导师共同实施教学、考核,学生综合技能提升显著,毕业三年后创业率达 10%。

以多元化实践构建校企深度合作

发挥专业特长服务企业。组织 326 名党员师生深入宁波祥弘电子有限公司等 56 家企业开展技术服务、设备维修等，为企业解决实际问题，授权发明专利 10 余项，实用新型专利 30 余项，其中校企开发的健康型智能洗衣机，年产值 5 000 万元，产品出口欧美等国家；师生深度参与海之创扫地机器人开发工作，将用户体验度量技术应用在该产品中，通过造型设计改良，提升了该产品的用户体验，增加了产品价值，该产品累计产值达 2 亿元。

依托专业技能服务社区。组织 2 400 多名师生深入 18 个社区开展家电维修、电脑维护等志愿服务 214 次，共计维修各类电器 2 402 件。通过上门现场维修和摆摊维修等形式为社区居民服务，以实际行动服务文明社区、文明城市建设。

利用专业优势服务乡村。组织 642 名党员师生深入宁海越溪乡等 14 个乡村，进行科普宣讲、科技支农帮扶社会实践活动，开展无人机喷洒农药、扶贫 App 程序开发等惠农服务 82 项，以实际行动投身打赢脱贫攻坚战，助力乡村振兴战略实施，贡献新时代大学生的一份力量。

经过 6 年探索与实践，形成了基于校企合作、产教融合，依托电子信息类专业形成的人才培养创新与实践成果案例，总结出适用于高职院校同类专业的系列经验做法。

党建引领，创新工匠人才培养机制。充分发挥党总支的政治核心作用，做好工匠精神顶层设计，开展工匠文化建设，推动全体教师以工匠精神为核心开展课程思政改革，组织学生党员、入党积极分子带头铸匠心、锻匠技、践匠行，实现社会实践活动工匠精神培养全覆盖。

三阶递进，改进工匠人才培养方法。通过工匠精神内涵解析、知名工匠现身说法、实地感受工匠的实际工作，增强学生对工匠的身份认同感；通过引入企业标准、企业真实环境和文化，规范学生的行为习惯，提升学生的技术能力，培养学生的精神品质；通过把专业技能融入社会实践活动，用实践活动的实效来检验解决问题的能力，并改进专业教育教学，构建了工匠人才培养的闭环系统。

成果导向，提供工匠人才培养范例。从课程、文化和平台建设三个方面，形成了1本工匠精神教材和工匠成长手册、3个工匠文化品牌和3个社会服务平台等系列成果，实现工匠人才培养的知识传授、技能培养与价值引领相统一。

实践开花，激发工匠人才培养活力。通过三大载体铸"匠心"，创新工匠精神培育方法，构建工匠精神课程思政平台，营造工匠文化环境，实现工匠职业价值认同；通过三条途径锻"匠技"，名师名匠带徒、课赛证融通和知名企业合作，实现工匠职业习惯养成；通过三类服务践"匠行"，实现工匠职业能力提升。学校2020届应用电子技术专业毕业生人才培养质量综合排名位列全省高职院校同类专业榜首，学生技能竞赛获全国一等奖1项、二等奖4项，省一等奖15项；获批国家骨干专业、国家职业教育教师创新团队和国家技能大师工作室。

报道19　浙江工商职业技术学院：
让毕业生好就业、就好业

来源：中国网　日期：2022-12-20

近日，浙江省教育考试院发布《2021届浙江省高校毕业生职业发展状况及人才培养质量调查报告》显示，浙江交通集团所属浙江工商职业技术学院（以下简称"浙江工商职院"）2021届毕业生一年后就业率为98.59%，较去年增长0.39%，位列在甬高职院校之首，浙江省高职院校前茅。据了解，浙江工商职院2022届毕业生就业率也高达98.44%，且该校近年来的毕业生初次就业率均在97%以上。

全校"一盘棋"，工作做在前

在浙江工商职院党委书记陈仕俊看来，"唯有'跳出就业看就业'，全校'一盘棋'、工作做在前，多措并举久久为功，才能从根本上破解就业问题"。

学校党委始终把就业工作作为落实立德树人根本任务的重要环节来抓，"一把手"亲自指挥部署，校院部处协同推进。建立健全了学工部门牵头，教务、科研、后勤等多部门和各二级学院齐抓共管，校内外联动的"全员、全过程、全方位"就业工作格局，形成了分院领导班子一对一联系班级，专业主抓、全员配合的工作机制，搭建了网络视频面试室、就业咨询工作室等平台，建立了由校内人员和社会人员共同构成的职业就业专家库，动员辅导员、班主任、专业课教师、校友等多方力量积极参与，拓渠道、挖资源，落实就业困难群体的精准帮扶，共同推进毕业生就业。

逐光者、职业航海士、谁是卧底、决策跷跷板……2022年11月9日，浙江工商职院中和楼前热闹非凡，该校第七届大学生"生涯体验周"活动进行得如火如荼，各类有趣的游戏吸引了该校3 500名学生参加。据悉，"生涯体验周"是将职业生涯规划元素设计成系统的体验活动，学生通过户外闯关的形式参与相关活动，在充满趣味性的自我探索的基础上，初步形成职业生涯规划意识，提升职业规划和就业能力。据浙江工商职院学生处处长郑芳介绍，"生涯体验周"体验活动主要面向大一全体学生，"就业工作从入学时就要着手准备、打好基础"。

学校还先后与宁波市、海曙区的人社局筹建了人才就业服务站，并与海曙、奉化等县（市、区）人社部门联合，通过招聘会、宣讲会、网络就业推荐等渠道和方式"送企进校、送岗上门"。2022年共举办综合性招聘会3场，网络招聘会10场，宣讲会10场，参与企业近350家，提供岗位8 000个，参与学生5 000余人次。开展就业创业类讲座3场，参与学生500余人次，均取得良好的效果。

对接"供需端"，毕业即就业

早上8点，赵沈宇换上工作服，走进生产车间开始一天的工作，他的主要任务是通过对设备自动化改造和工序连线生产等，大幅度提升生产效率和品质保障。"最近完成的一个全自动插芯机，每日生产量是原来人工操作的4倍。"赵沈宇自豪地说。

赵沈宇是浙江工商职院慈溪学院2022届电气自动化技术（机器人方向）专业毕业生，早在2021年9月，他就以现代学徒制班学员的身份进入宁波兴瑞电子科技股份有限公司学习，今年6月，经双向选择，他成为该公司的一名正式员工，实现了毕业即就业的无缝对接，而这一专业2022年的毕业生就业率达到了100%。

宁波太平鸟电子商务有限公司（以下简称"太平鸟"）新媒体视频部项目主管温张超是浙江工商职院影视动画专业2013届毕业生，最近，他和母校老师就学弟学妹们在太平鸟学习工作的近况作了沟通。原来，浙江工商职院每位影视专业学生一入学就会提前锁定企业，经过基础学科的学习后，直接送上企业生产线，实战育才。

"按照这种模式可以缩短骨干人才的培养周期，但凡经过双向选择留在企业的毕业生都能马上上岗，这也大大降低了企业的运营成本。"温张超说。目前就职于宁波萤火虫影视文化传媒有限公司的戴剑宇同样也是该人才培养模式的受益者，毕业不到两年，他已经成为影视广告部项目负责人，每月4 000元基本工资加上项目提成，一般薪酬在8 000~9 000元左右，是普通毕业生的2~3倍。

事实上，浙江工商职院上下达成共识，作为职业院校，须在深入推进产教融合、校企合作，建立校企协同育人机制等方面发力，才能从根本上实现人才培养供需对接，使培养出来的毕业生好就业、就好业，真正在用人单位用得上、干得好、留得住。

近年来，浙江工商职院一方面大力推进现代学徒制等"工学结合、知行合一"的人才培养模式，仅2022年，与467家企业合作育人，共计培养现代学徒1 945人，完成教育部供需对接育人项目6项，"毕业即就业"已经成为普遍现象。另一方面，学校把走访用人单位作为深化供需对接的重要内容，走进产业园区为毕业生"带岗"已成为该校校领导们的自觉行动，2022年书记、校长共走访企业达126家；同时建立了日常联系互访机制和用人单位需求台账，还不断巩固扩展重点单位数据库，找准学校与用人单位合作的切入点，构建起毕业生市场化社会化的就业工作长效机制。

实施"一人一策"，一个不掉队

"疫情之下，各行各业就业都难，外贸专业尤其艰难，但我们必须迎难而上，力争让每个毕业生不掉队。"回顾2022届毕业生就业工作，浙江工商职院电子商务学院副院长田祖佑如是说。

自2021年6月接任国际经济与贸易专业主任一职后，田祖佑立即布置对国贸专业2022届共280名毕业生的毕业资格审查工作，以及专升本意向调查。"前后共进行了5次毕业资格审查，哪些人毕业条件欠缺，缺哪些项目，如何弥补；专升本人员中，哪些是'坚定派'，哪些是'骑墙派'，都要全面排摸清楚，实时跟进、逐一落实。"

受疫情影响，线上授课时间较长，且行业环境不乐观，学生专业热情有一定程度减退。鉴于此，田祖佑自第3、第4学期开始，便利用课内外、班会等引导学生早做准备、积极就业，还先后组织了4次外贸、跨境电商中型企业（含校友企业、专精特新企业）入校招聘宣讲及就业择业专题辅导讲座。

而在具体就业工作的开展过程中，他将每位同学的拟就业企业、个人性格特点，及其他方面因素等进行了梳理，综合评判就业难易度及配合度，实施"一人一策"，先难后易，逐一完成。让田祖佑欣喜的是，在专业教师的共同努力下，国贸2022届6个班级、280名毕业生就业率达99.64%，其中包括他本人任班主任的国贸1911班等5个班级的就业率为100%。

在浙江工商职院，田祖佑的工作经历只是众多专业主任、班主任不遗余力精准施策、做好就业工作的缩影。自2020年起，该校不仅每年专门制定做好毕业生就业工作的实施意见，还推出了包括"跟每位毕业生至少谈一次话""每周一次就业指导讲座""每位校领导、教师联系一家以上可就业用人单位"等内容的"八个一"举措。

事实上，在具体工作中，老师们做得远远不止"八个一"。机电工程学院的老师路英华，结合班级同学的个性化情况，将学生大致分为三种就业类型，并实施"五心"助学（就业）法。学校教师有的创办了就业服务微信公众号，及时推送相关政策、传授求职技巧；有的自制小程序，实时更新、动态跟踪每一位毕业生的就业信息；还有的深入企业，结合企业招聘需求搭建沟通桥梁、双向精准推荐……送走一届毕业生，又投入新一轮的学生就业工作中，大家都说，"就业工作一直在路上，作为一名高校教师，将始终坚持以生为本，为他们的职业生涯托上一把、送上一程，希望他们未来的路能走得稳一些、好一点"。

报道20　浙江工商职业技术学院征集新年民生实事 师生们竟说，实在想不出来了

来源：人民资讯　日期：2021-12-4

冬日傍晚，浙江工商职业技术学院体育馆二楼瑜伽房里，迎来了30余名忙碌了一整天的女教职工们。她们在瑜伽老师的指导下，闭上双眼，舒展腰、颈、脊椎等部位。近200平方米的瑜伽房三面环窗，夕阳的余晖透过玻璃窗洒在女教职工们的身上。"以前我们瑜伽协会开展活动没有固定场地，每次上课前都要联系协调场地。去年学校充分考虑女教职工的需求，精心准备了这个房间。"该校教职工瑜伽协会会长徐盈群高兴地说，上课环境变好了，大家上课的积极性更高了。

浙江工商职业技术学院是浙江省高水平职业院校和专业群建设单位，现有教职员工630余人，全日制在校生1.2万余人。2019年以来，在学校党委书记陈仕俊的带领下，聚焦师生关心的问题，每年推出校园十大民生实事，努力为师生打造一所有温度的幸福校园。眼下，学校又开始征集新一年的民生实事，不少师生却表示："实在想不出来了！"

说到学校的教工食堂，教师们无不夸赞好评。"早餐1块钱，中餐2块钱，就能享受丰盛的自助餐，菜品丰富且健康卫生。"明智学院老师张超笑着告诉记者，食堂的饭菜已紧紧抓住了老师们的胃。原来，学校对每位教职工在校用餐实行早餐4元、午餐18元的补贴，每年补贴费用达220万元。而对于学生们来说，节日用餐补贴加餐更是家常便饭，2020年至今，学校共计补贴学生餐费495万元，惠及学生达102万人次。

今年暑假，学院还对教工餐厅进行升级改造，新增40个就餐位、2组取餐通道，缩短教师就餐等候时间。值得一提的是，教师们还能进行"刷脸"买单，一路畅行无阻。电子商务学院教授邢伟高兴地说："吃饭排队

时间少了，我们可以多一点儿时间科研、教学或去休息了。"

眼下，不管是白天还是晚上，体育馆都是该校最热闹的地方。"原先体育馆设施陈旧，为提升师生体育锻炼环境，今年我们将'洁化、亮化、美化体育馆'列入十大民生实事项目之一。"学院工会办主任韩包海介绍，他们投入80多万元，对馆内墙壁进行了粉刷清洁，完善更新体育馆更衣室，并对灯具进行了加装、换新，改造后的体育馆面貌一新，进馆锻炼的师生越来越多。

温暖的细节在校园里随处可见。为了让师生在校期间喝"好水"，该校在办公区域、教学区域的48个点位投放了净水设备；不少师生经常因忘带雨伞而淋雨回家，为此该校与共享雨伞公司对接，设计了富有工商元素的校园共享雨伞装置，在28个点位放置共享雨伞，师生30分钟内可免费使用；此外，该校还在校内配备简易自助洗车装置，方便教职工在工作日非教学时间自行清洗车辆，依托汽修专业的教师和学生为教职工提供"汽车保养"服务……

学校还将"温暖"融进一个个品牌活动中。"学校能取得今天的成绩离不开在座老师们的辛勤付出，祝愿你们工作顺利、身体健康、天天快乐……"11月26日下午，30余名行政工会的教职工齐聚学校西餐厅，一起切蛋糕庆生，一起学包各式饺子，学院领导为"寿星"们送上祝福，现场沉浸在一片欢乐温馨的气氛中。为教职工举办集体生日会，是该校的传统活动项目，旨在让每位教职工感受到集体的温暖和亲情。

"教工亲子运动会"里也暖意融融。该校"教工亲子运动会"活动始于2009年，以"和谐家园、快乐童年"为主题，为教职工打造一个展示家庭亲子活力、相互交流学习的平台，举办十多年来共吸引了近1 500个家庭、5 000余人次参与其中，深受广大教职工尤其是年轻教职工的欢迎。近日，该项目被授予浙江省高校教职工文化金品牌荣誉称号，该校也成为全省唯一获评该荣誉的高职院校单位。

温暖如家的校园，让越来越多的师生"以校为家"。"一件件'民生小事'，起到了凝聚人心、促进学校发展的重要作用。"学院办公室主任王联晓对此感触颇深，他告诉记者，现在到了晚上，食堂里吃饭的老师越来越多，教学大楼里亮的灯越来越多，停车场里的车也越来越多了。与此同时，学校的标志性成果也越来越多。今年8月，教育部公布了第二批国家级职业教育教师教学创新团队遴选结果，浙江工商职业技术学院数字媒体技术专业团队位列培育建设名单，至此，该校国家级职业教育教师教学创新团队数量增至2个。今年以来，该校共获得国家级职业教育教师教学创新团队等8个国家级项目（成果）。

报道21　浙江工商职院：开展"四爱"教育开启崭新学期

来源：浙江教育报　日期：2023-2-17

　　109年前的老校门"重现"校园、50余张历史照片组成的"时光相册"环绕大厅、印有百余年校史沿革的"岁月台阶"盘旋而上……日前，浙江工商职业技术学院以全新的面貌迎来新学期，学校中和楼一楼大厅的"百年校史育人成果展"让师生们耳目一新，此次展览也是该校"爱党爱国爱校爱生"专项教育的内容之一。

　　据悉，浙江工商职业技术学院办学前身为创建于1914年的宁波公立甲种商业学校，现为浙江省高水平高职学校和专业群建设单位。近年来，学校一直致力于挖掘百年校史中的红色基因和精神富矿，并将此作为党员干部和广大师生思想政治教育的"活"教材。

　　为把学习宣传贯彻党的二十大精神引向深入，突出"爱党爱国"教育，落实立德树人根本任务，进一步弘扬以"爱国爱校"为核心的百年"工商精神"，该校党委决定集中一段时间开展"四爱"专项教育，第一场活动便安排在教职工报到首日。

　　一张老照片、一页日记、一段影像资料、一次对话连线……活动邀请5位教龄在20至40年之间的同志，以主题报告和访谈的方式分别讲述学校不同时期、不同领域的"拓荒"故事和感人事迹，让全体教职工穿越时空，重温了学校从无到有、从小到大、从弱到强的创业历程。

　　20世纪八九十年代，浙江省宁波商业学校（浙江工商职院中专时期校名）力推社会培训，李振祥、朱亚萍老师乘着绿皮火车到北京"取经"学习，辗转于余姚、慈溪、奉化等地；"送教上门"开展职工技能培训，庄朝霞老师骑着自行车奔走于各大商场调研，开发录制营业员实操技能考核标准；2004年，在服务振兴地方特色产业的大背景下，浙江工商职院在中国模具城所在的宁海县建设产学研基地，张斌老师只身一人常驻宁海3年，克服工作和生活上的重重困难，确保工程顺利进行……老教师们以自己的亲身经历和真情实感，展现了"工商人"的教育梦想和不变情怀，现场充满欢声笑语，数次响起热烈的掌声。

"这次专项教育很有意义、很用心，让我们明白每个阶段和时期都需要主动担当作为、勇于奉献牺牲的人，今后会加倍珍惜当前的平台和机会，为学校乃至国家的建设发展贡献我们这一代人的力量。"该校思政课教师郭瑞涛说。

据介绍，浙江工商职院的"四爱"专项教育将为期两个月左右，以典型代表讲述"我与工商故事"为主要形式，成立宣讲团，分别开展"拓荒篇""传承篇""弘扬篇"三期访谈，以身边人讲身边事的方式感染教育师生，将"四爱"教育相关内容融入思政课程和课程思政。同时，全面查摆解决"党风作风、师德师风、教风学风"建设中存在的突出问题，并提出整改措施，最终推动形成相对稳定、富有成效的常态化教育机制。

"希望以这次'四爱'专项教育为新起点，塑造工商新'五风'，起跑即冲刺、开局即决战，为推进中国式现代化贡献更多的职教力量！"浙江工商职业技术学院党委书记陈仕俊说。

报道22　浙江工商职业技术学院书记、校长带头走访60余家企业
大走访大服务破解毕业生就业难

来源：浙江工人日报　日期：2023-6-1

最近，浙江工商职业技术学院2023届毕业生小张心中的一块石头终于落了地。小张原本计划通过考取专升本进一步提升学历，无奈未能成功"上岸"，而之前一直忙于备考的他此时再考虑就业显然有点措手不及。好在班主任主动找他谈心，并有针对性地推荐了几个岗位给他，经过几番简历投递和沟通面试，现已和一家企业签订就业协议书。

在浙江工商职业技术学院，类似小张这样的情况并非个例，之所以能迅速及时地对这类毕业生采取有效的就业帮扶，得益于学校提前深入开展系列调查研究，研判就业形势，剖析主要问题，从而做到有的放矢、未雨绸缪。

结合主题教育，浙江工商职业技术学院坚持问题和效果导向，聚焦毕业生就业这一焦点难点，围绕"百日冲刺促就业"这一重要任务，开展了高质量推进2023年毕业生就业工作的专项调查研究。学校专门组建了由分管校领导任组长的调研小组，制订了切实可行的调研方案，运用"以小见大""解剖麻雀"等调研方法，于4月下旬至5月底开展调研。

调研组以6个二级学院的领导班子、就业辅导员、2023届毕业生为对象，在校内深入开展了毕业生就业的意向、困难、进度、措施等相关情况的实地调研，共计召开6次座谈会、发放调查问卷500余份，访谈毕业生20余人。同时，由校领导一线指挥，落实落细责任体系，书记、校长带队走访企业，了解企业需求，进而完善人才质量培养指标体系，多途径开拓就业岗位。截至目前，该校书记、校长走访60余家企业，签订合作协议，

开拓增量岗位，为学生稳定就业打下坚实基础。

据该校党委副书记、毕业生就业工作调研组组长俞位增介绍，在毕业生就业工作调研中，发现了一些较为集中的问题，如学校专升本报名人数达 2 222 人，占 2023 届毕业生人数的 50% 以上，专升本考试及录取较晚，影响到就业工作的进度；其次是不少领域和行业的生产尚未得到完全恢复，就业市场的用人需求呈现紧缩态势，用人需求减少；就业结构性矛盾依然突出，用人需求与毕业生求职意愿不完全匹配，毕业生中存在片面追求"一步到位"的就业观等。

面对这些问题，校院两级在分析研究后及时采取了系列举措，如对于专升本未录取学生、就业困难学生进行心理疏导，实行"一人一档""一人一策"，精准推送求职信息；推行"跟每位毕业生至少谈一次话""每周一次就业指导讲座""每位校领导、教师联系一家以上可就业用人单位"等内容的"十个一"活动等。

不仅如此，学校还充分发挥校企、校地合作优势，为毕业生就业开拓更多岗位。开展线上线下招聘会、宣讲会 15 场，参与企业 831 家，提供的岗位 15 695 个，参与学生 6 000 余人次。针对专升本学生开展专场招聘会，为学生提供精准的就业政策讲解和工作岗位推荐。

"高职院校毕业生是保就业稳就业的重点群体，努力促进毕业生高质量充分就业，关乎广大学子的切身利益，关乎高职教育实现内涵式发展和技能型人才培养的供给平衡，更是国家实施创新驱动发展战略、促进经济提质增效升级的迫切需要。"浙江工商职业技术学院党委书记陈仕俊说道。他表示，学校将在上级主管单位省交通集团的统一领导下，持续推进主题教育走深走实，牢牢把握调查研究"深、实、细、准、效"五字诀，聚焦毕业生就业等焦点难点问题，深化开展"大走访大调研大服务大解题"活动，把问题研究透彻、把措施提准提实，为推动学校高质量发展赋能，为奋力谱写中国式现代化浙江篇章作出职教贡献。

报道23　了解乡村、研究乡村、建设乡村，浙江工商职业技术学院真题真做
——用艺术赋能乡村振兴

来源：浙江工人日报　日期：2022-1-6

在宁波市东钱湖湖畔，有着一千多年历史、被誉为"浙东第一古街"的韩岭老街，面貌正在悄然发生着改变：粉墙黛瓦、小桥流水，几抹新绿、一叶扁舟……韩岭老街所有临湖的房舍墙面都呈现出一幅幅江南水乡的画卷，远远望去，与周围的景致融为一体，使这条古街散发出独特的魅力。

这些墙绘的设计，均出自浙江工商职业技术学院建筑与艺术学院（以下简称"浙江工商职院建艺学院"）师生之手。

"韩岭创意墙绘设计"项目负责人、该校环境艺术设计专业教师鞠庆业告诉笔者，他们从2021年3月便开始着手项目设计。遇到的最大难点，就是要将韩岭悠久的历史文化积淀和现代的设计相融合，通过艺术的视角体现当代的韩岭文化。

为了突破这个难点，专业教师们带领特长生工作室的学生开展了实地调研，拜访韩岭名人，倾听资深老者口述历史，围绕韩岭文化遗迹进行分析研究，前后考察达到20余次，在随后的设计过程中，又经历了多次调整修改。"最后的终稿把韩岭地标性建筑鉴湖桥，以及文昌阁、财宝洋楼等都巧妙地融入其中，较好地达到了预期目标。"鞠庆业说。

不仅是老街墙绘设计，2021年，浙江工商职院建艺学院共组织6个工作室、8位老师、30多位同学参与开展了"东钱湖韩岭千万工程二期"的设计工作，完成了金雅妹广场、良坊广场、"韩岭之窗"口袋公园、老街后端景观和园林改造、老街牌楼和导视系统等多个内容的设计，广大师生

的设计能力和专业精神受到韩岭项目方的一致好评。

广场和景观设计组的刘德来老师表示，带领工作室一群缺乏设计实战经验的学生，与社会上其他设计院竞争，完成高质量要求的设计项目极具挑战性，加班加点反复修改学生的设计作品更是常态。"好在有已经毕业的工作室学生回到母校，一起参与指导，在大家的共同努力下，整体进展比较顺利。"刘德来说，在他看来，最大的收获就是看到学生们通过实际项目的锻炼得到快速成长。

"在老师的指导下参与真实项目的设计，创作的作品能在韩岭老街实地展示出来，很有成就感，激动人心！"环艺2111班方瑶同学说。她和同学们以"学习小组"为单位，一起讨论和研究表现手法，解决构图难题，同时还了解了韩岭的文化和历史典故，拓展了文化视野，"收获满满"。

事实上，早在2016年5月，学院便与宁波东钱湖旅游度假区管理委员会达成战略合作协议，从"促进人才培养、共建实践基地、产学研合作开发"等三个方面开展校地协同合作。

近年来，学院依托校地联合打造的影视拍摄基地、艺术创作基地、文创研发基地和教学实践基地，探索实践了"真题真做"的项目化教学改革。影视动画设计、广告设计与制作、环境艺术设计等专业的师生们把课堂搬到田间村舍、湖光山色中，将课程实践、毕业设计等与实际项目相融合，开展了以东钱湖为主题的影视、绘画作品创作，完成30多个东钱湖系列旅游文创产品的创意设计。

不仅如此，学院还坚持党建和中心工作的互融发展，与东钱湖管委会联合，建好建强师生志愿服务、学生社会实践、课程实践教学、产教融合服务的"四融合"党建基地。2021年，学院党总支依托党建基地开展了"三为"专题实践活动，党员师生主动认领任务，带头攻克难关、推进产教融合，把服务乡村振兴和推动教学改革相融合，将党史学习教育的成果转化为提升专业技能、服务地方发展的行动与实效。

学院师生共计开展10多个产教融合项目，社会服务到款额120多万元，赴东钱湖偏远乡村开展垃圾分类、美丽乡村建设等志愿服务和实践活动共计600人次，完成900多平方米的墙绘创作，对56个配电箱进行了美化。

学院还积极组织学生参加乡村振兴创意大赛，引导大学生更好地了解乡村、研究乡村、建设乡村，用乡村梦实现青春梦。

师生团队化身为"乡村改造师"，相继赴苏州市平望镇庙头港村、绍兴市岭南乡等地开展了乡村空间改造、"微改造、精提升"民宿提升与庭院改造活动，在出力流汗中厚植家国情怀，提升实操水平，锻炼劳动技能。打造出特色鲜明的网红民宿和乡村景观，得到相关部门、业内专家、当地村民的好评，获得各类省级奖项10多项。

"下一步，我们将进一步强化党建引领，挖掘专业特色，推进产教融合，用艺术赋能乡村振兴，为地方文化传承创新和经济发展贡献更多职教力量。"浙江工商职院建艺学院院长、党总支副书记徐健民说。

报道24　为教师专业发展建好"成长银行"
——浙江工商职业技术学院构建教师教学能力多维发展与评价模式

来源：中国教育报　日期：2022－6－20

"本周在学校设在公司的'双师'培训基地挂职锻炼，走访了5组农户，调研了农产品供应商，我更加清晰地了解了公司目前面临的困境，便于社交媒体推广方案的拟订。"近日，浙江工商职业技术学院（以下简称"浙江工商职院"）青年教师王雨晨在数字化人事系统中填写挂职锻炼日志。去年入职伊始，她就立志成为"双师型"人才，通过深入企业、服务社会，给专业发展积蓄能量，从而更好地培养学生。

这是浙江工商职院教师群体的成长范式。经过8年多理论探索与4年多改革实践，该校成功构建了"三能融通、三向融合、三维激励"的"333"高职教师教学能力发展模式，致力于行企校协同推进，以教学能力标准体系创建、实施、诊改为引领，改革教学能力培养与动力体系，推动教师教学能力提升和人才培养质量提高，为教师专业快速发展建好"成长银行"。

三能融通：解决教师教学能力评价泛化

职业院校如何评判一名教师教学水平的高低？业内人士多表示，惯用的方法就是评价小组"推门听课"。

浙江工商职院教师赵毅说起这件事深有感触。2016年，他申报教学为主型副教授，当时要求3次听课评价在所有申报人员中排前30%。"假如'推门听课'当天学生状态不好，或有其他突发情况等，老师可能会受影响而无法评上职称。"赵毅说。

"过去的评价标准确实存在着片面性和偶然性，学校决定对教师教学能力评价标准进行改革。"浙江工商职院教师教学发展中心副主任冯建新说。

从 2018 年开始，浙江工商职院进行了深入的教师教学能力标准体系改革，确立了基本教学能力、实践教学能力和教学创新能力三维指标，以"三能融通"有效解决教师教学能力评价泛化问题。冯建新表示，现在学校建立的教学能力标准与测评体系从教学设计等多方面，使教师得到更加全面和公正的教学评价，在职称评审中用教学能力测评代替了 2~3 次"推门听课式"教学评价。

明智学院教师薛素君今年报名参加了"三能融通"标准体系当中的教学能力测评。"参加培训、录制说课视频、制定教学大纲、设计课程方案，这些都是我在教学能力测评中的采分点。"薛素君对现在的评价标准非常清晰。今年下半年，像薛素君一样参与测评的还有另外 116 名教师，至今全校超过 65% 的专任教师完成了教学能力测评。

三向融合：加大与行业企业需求匹配度

在宁波，家喻户晓的电视栏目《地产风向标》等，却是由浙江工商职院影视动画专业师生们共同完成的。他们至今累计完成栏目的策划、拍摄、制作总计 568 期，制作水准广受业界好评。

将电视栏目引进校园，将大学课堂搬进演播厅，这是浙江工商职院行业、企业、校园三方协同和三向融合的成功案例。建筑与艺术学院院长徐建民表示，学院依托宁波市影视产业协会平台，与宁波电视台合作，搭建了真实项目实践平台，把师生送到电视台去，真题真做，高标准的实战训练使教师的教学能力得到快速提升。

而过去，职业院校最大的痛点就是教师不知道行业引领什么，企业需要什么，教学工作难免有些闭门造车。如今，教师实地走进企业、深入行业，通过三方协同、有机融合，企业主导实践教学能力落地，行业指导实践与教学创新能力提升，学校主持教学能力融合发展，从源头上解决了教学与就业脱节问题。

浙江工商职院国家级职业教育教学创新团队数字媒体技术团队主要成员杨炉兵介绍，2019 年他所在影视动画专业成功立项了一个国家级"双师型"教师培养培训基地，在外由宁波市影视产业协会牵头，以宁波市荧火虫影视文化传媒有限公司为平台，构建高校、协会、企业行业培训架构；在内由学校人事处牵头，搭建学校、分院、专业"双师"培训管理架构。

近年来，基地接收校内顶岗挂职教师28人，教师开展合作项目数50余项。

据统计，3年来，学校共建设"双师"基地164个、"示范"基地和技能大师工作室33个，毕业生普遍受到用人单位的好评。

三维激励：建立人才画像成长档案

在浙江工商职院，一家"教学成长银行"引人关注。

青年教师应亦凡2018年一入职就在人事系统的"成长银行"开了户，建立了自己的人才画像和成长档案。根据他的画像特征，人事系统向他推送了讲师职称评定的目标模块，应亦凡有了自己的第一个"存款计划"。

随后几年，应亦凡按照人事部门和教学师傅的引领，定期完成培训学时、教学工作量、"双师"认定等一系列加分项，存入"成长银行"。2021年，应亦凡提前完成"存款目标"，通过业绩直聘成功评上了讲师。

在浙江工商职院，通过智能化人事管理系统，让每一名教师在银行"开户"，"存款目标"清晰，数字化管理平台导航及时，引领高校人才成长。系统提取了关键指标字段68项，项目子集30余项，基本涵盖了教师全生命周期的人员信息，将智慧化技术手段应用于教师自我诊断、自我提升、自我激励之中，有效规避了教师"发展无目标、前进无动力、晋升无积累、成长无计划"的茫然。

通过数字赋能，浙江工商职院打造"三维激励"教师教学能力发展动力体系，即智能决策重塑目标激励机制，数字平台重塑过程激励机制，智慧服务重塑协同激励机制，变"要我培训"为"我要发展"，使教师教学能力发展动力不足的状况得到了明显改善。

浙江工商职院有关负责人表示，通过破译"333"密码，教师成长速度明显加快，教学能力提升显著，人才培养质量也显著提高，涌现出一大批技能标兵。这一高职教师教学能力发展模式荣获了浙江省2021年教学成果一等奖。

报道 25　守好红色根脉　落实立德树人
浙江工商职业技术学院党建综合展厅启用

来源：中国报道　日期：2023-12-4

"在这里，我上了一堂生动的思想政治教育课，更直观地了解了党的历史，感受到党建工作的重要性！"浙江工商职业技术学院（以下简称"浙江工商职院"）英语 2171 班孙金婵同学在参观完学校党建综合展厅后说。

浙江工商职院"党建综合展厅"于日前建成并启用，简洁大气的外观、丰富翔实的内容，以及现代化、科技化的手段吸引众多师生前来参观打卡。

浙江工商职院前身为建于 1914 年的宁波公立甲种商业学校，作为一所百年老校，学校历来重视校史中红色基因的传承与弘扬，党建综合展厅建成启用后，与同在学校中和楼一楼的校史陈列馆、党群服务中心连成一片，"一站式"全面展示百年工商的"过去、现在和未来"，将教育、宣传、服务、展示等功能较好地融合在一起。

展厅以"党建统领　铸就辉煌"为主题，共分序章、党建统领铸魂育人、思想引领变革聚力、快步进阶全面跨越、传承基因守好根脉、展望六个部分，通过文字、图片、视频、灯光等形式，并设置互动体验区，全方位、立体化、多角度地展示百年大党的精神谱系和百年工商的精神基因，党建统领学校发展的思路做法以及职教办学的成果、经验和案例。

为了更好地发挥党建综合展厅的教育、宣传功能，学校还组建了一支教师志愿者宣讲队伍，首批 6 名宣讲员由来自教学及行政工作一线的思政课教师、宣传干事、辅导员等担任。

浙江工商职院党委书记陈仕俊表示，党建综合展厅是全面落实立德树人根本任务、展示党建统领学校高质量发展成果的重要窗口，对学校而言意义重大。"下一步，学校将充分发挥展厅的教育和激励作用，努力将之打造成为党建引领高地、办学展示阵地、思政教育场地和廉政教育基地，守好红色根脉、传承文化基因，切实履行好为党育人、为国育才的初心使命。"陈仕俊说。

参考文献

[1] [英] 安东尼. 吉登斯. 现代性与自我认同 [M]. 赵旭东, 方文, 译. 北京: 生活·读书·新知三联书店, 1998.

[2] 布成良. 党建引领基层社会治理的逻辑与路径 [J]. 社会科学, 2020 (6): 71-82.

[3] 蔡荃, 欧阳润清. 社会认同理论视阈下的"五个认同" [J]. 云南社会主义学院学报, 2019 (3).

[4] 陈亮, 陈恩伦. 职业教育治理能力现代化: 一流职业教育建设的要义证成 [J]. 教育研究, 2020 (5): 99-111.

[5] 陈仕俊, 谢骏. 党建引领职业教育治理的逻辑理路、价值意蕴与实践路向 [J]. 中国职业技术教育, 2020 (34): 34-37, 81.

[6] 陈永芳, 郑建萍. 职教师资专业化的培训对策 [J]. 中国职业技术教育, 2007 (28).

[7] 董刚. 协同理论视角下区域职业教育发展机制研究 [J]. 职教论坛, 2020 (11).

[8] 范瑛. 警察胜任力模型建构与培养策略研究 [D]. 长沙: 湖南师范大学, 2019.

[9] 国务院. 关于进一步做好高校毕业生等青年就业创业工作的通知 [EB/OL]. (2022-05-13) [2023-08-21]. https://www.gov.cn/zhengce/content/2022-05/13/content_5690111.htm.

[10] 国务院. 关于深化高等学校创新创业教育改革的实施意见 [EB/OL]. (2015-05-13) [2023-08-21]. https://www.gov.cn/zhengce/content/2015-05/13/content_9740.htm.

[11] 国务院. 国务院关于推动创新创业高质量发展打造"双创"升级版的意见 [EB/OL]. (2018-09-26) [2023-08-21]. https://www.

gov. cn/zhengce/content/2018 - 09/26/content_5325472. htm.

［12］赫尔曼·哈肯. 高等协同学［M］. 北京：科学出版社，1989.

［13］赫尔曼·哈肯. 协同学：大自然构成的奥秘［M］. 凌复华，译. 上海：上海译文出版社，2005.

［14］亨利·埃茨科威兹. 三螺旋［M］. 周春彦，译. 北京：东方出版社，2005.

［15］姜秀勤. 社会认同理论下的高等教育学科发展研究［D］. 武汉：武汉大学，2017.

［16］教育部. 教育部关于印发《高等学校课程思政建设指导纲要》的通知［EB/OL］.（2020 - 05 - 28）［2023 - 08 - 01］. https://www. gov. cn/zhengce/zhengceku/2020 - 06/06/content_5517606. htm.

［17］教育部等八部门. 教育部等八部门关于加快构建高校思想政治工作体系的意见［EB/OL］.（2020 - 04 - 22）［2023 - 08 - 01］. https://www. gov. cn/zhengce/zhengceku/2020 - 05/15/content_5511831. htm.

［18］教育部等十部门. 教育部等十部门关于印发《全面推进"大思政课"建设的工作方案》的通知［EB/OL］.（2022 - 08 - 10）［2023 - 08 - 01］. http://www. moe. gov. cn/srcsite/A13/moe_772/202208/t20220818_653672. html.

［19］李海，张勉. 组织凝聚力量表的构建与有效性检验［J］. 南开管理评论，2010（3）.

［20］李景鹏. 权力政治学［M］. 北京：北京大学出版社，2008.

［21］李俊，李东书. 职业教育产教融合的国际比较分析：以中国、德国和英国为例［J］. 高等工程教育研究，2019（4）：159 - 164.

［22］李少华，李俊奎. 高校社会主义核心价值体系教育的实效性研究：基于认同理论之视角［J］. 思想政治研究，2013（12）.

［23］刘必旺. 共生理论视域下高职院校服务中国境外产业园区的实践路径［J］. 职业教育研究，2023（6）.

［24］刘晶晶. 基于协同理论的高职教育产教融合机制及优化策略研究［D］. 武汉：华中师范大学，2019.

［25］刘青. 共生理论视角下安徽高职院校产教融合路径研究［D］.

合肥：安徽建筑大学，2022.

[26] 刘英姿．基于认同理论的高校学生社团党建研究［D］．长沙：湖南农业大学，2010.

[27] 吕成文．基于利益相关者理论下的产教融合保障体系构建［J］．现代职业教育，2021（6）.

[28] 马纯红．对话协商：构建人类命运共同体的内核与特质［J］．吉首大学学报（社会科学版），2018（3）：10－17.

[29] 马克思，恩格斯．马克思恩格斯文集：第1卷［M］．北京：人民出版社，2009：689.

[30] 马克思，恩格斯．马克思恩格斯文集：第9卷［M］．北京：人民出版社，2009：339，340.

[31] 马克思．机器．自然力和科学的应用［M］．北京：人民出版社，1978.

[32] 马克思恩格斯全集：第19卷［M］．北京：人民出版社，1980.

[33] 马克思恩格斯选集：第1卷［M］．北京：人民出版社，1995.

[34] 毛才盛，田原．地方应用型本科院校产教融合发展路径：共生理论视角［J］．教育发展研究，2019（7）.

[35] 彭泽鸿．基于团队建设的党建工作对组织凝聚力的影响研究［D］．广东：汕头大学，2021.

[36] 齐媛媛．协同理论视角下高职教育产教融合机制的建构［J］．黑龙江科学，2022（3）.

[37] 容志，孙蒙．党建引领社区公共价值生产的机制与路径：基于上海"红色物业"的实证研究［J］．理论与改革，2020（2）.

[38] 邵坚钢．基于利益相关者理论的职业教育产教融合路径探析［J］．教育与职业，2017（2）.

[39] 申来津．精神激励的权变理论［D］．南京：南京师范大学，2002.

[40] 沈俊美．民办高校教师凝聚力建设研究［J］．广西教育学院学报，2014（6）.

[41] 史望颖，姚敏明．中国教育报［N］．2020－07－08.

[42] 宋雪霞. 深刻把握习近平关于人民美好生活的思想[EB/OL]. (2018-01-15)[2020-06-18]. http://theory.gmw.cn/2018-01/15/content_27350880.htm.

[43] 宋莹莹. 农村小规模学校内生发展策略研究[D]. 上海: 华东师范大学, 2022.

[44] 苏东水. 管理心理学[M]. 上海: 复旦大学出版社, 2002.

[45] 童卫丰, 张璐, 施俊庆. 利益与合力: 基于利益相关者理论的产教融合及其实施路径[J]. 教育发展研究, 2022 (17).

[46] 王辉. 基于协同理论的职业教育产教融合 集团建设模式及实践路径[J]. 职业技术教育, 2023 (11).

[47] 王琴. 职业院校师资队伍建设研究: 基于胜任力的视角[M]. 郑州: 河南人民出版社, 2021.

[48] 王昭, 张俊. 基于人的全面发展理论的高校学生党建工作长效机制构建[J]. 学校党建与思想教育, 2011 (8): 30-32.

[49] 吴伶. 基于学习循环理论的高职混合式教学探析[J]. 教育与职业, 2022 (6): 100-103.

[50] 习近平. 高举中国特色社会主义伟大旗帜 为全面建设社会主义现代化国家而团结奋斗: 在中国共产党第二十次全国代表大会上的报告[M]. 北京: 人民出版社, 2022.

[51] 习近平. 决胜全面建成小康社会, 夺取新时代中国特色社会主义伟大胜利: 在中国共产党第十九次全国代表大会上的报告[N]. 人民日报, 2018-10-28.

[52] 习近平谈治国理政: 第三卷[M]. 北京: 外文出版社, 2020.

[53] 习近平. 之江新语[M]. 杭州: 浙江人民出版社, 2013.

[54] 习近平人才观及其当代价值研究[D]. 大连: 辽宁师范大学, 2023.

[55] 习近平人才观研究[D]. 西安: 陕西科技大学, 2023.

[56] 新华社记者. 为夺取新时代中国特色社会主义伟大胜利提供坚强组织保证[N]. 人民日报, 2018-07-06.

[57] 新时代党管人才怎么管[N]. 光明日报, 2018-01-07.

［58］亚当·斯密. 国富论（上）［M］. 上海：上海三联书店，2009.

［59］杨雪冬. 社会变革中的政府责任：中国的经验［J］. 中国人民大学学报，2009（1）.

［60］姚敏明. 工作做在前，对接供需端，一人一策，浙江工商职业技术学院：让毕业生好就业就好业［N］. 浙江工人日报，2023-01-05（3）.

［61］姚润玲. 基于利益相关者理论的应用型科院校产教融合绩效评价研究［D］. 哈尔滨：哈尔滨工业大学，2018.

［62］叶敏. 政党组织社会：中国式社会治理创新之道［J］. 探索，2018（4）.

［63］应若平. 如何认识和破解新时代职业教育的主要矛盾［N］. 光明日报，2018-05-10（14）.

［64］袁纯清. 共生理论：兼并小型经济［M］. 北京：经济科学出版社，1998.

［65］袁振国. 教育政策学［M］. 南京：江苏教育出版社，1996.

［66］岳春艳. 简议大学生思想政治教育中的心理疏导［J］. 学理论，2013（35）.

［67］张春兴. 张氏心理学辞典［M］. 上海：上海辞书出版社，1992.

［68］张舒雯. 价值观认同在增强民办高校凝聚力中的作用及实现路径［J］. 理论观察，2019（11）.

［69］张文新，陈光辉. 发展情境论：一种新的发展系统理论［J］. 心理科学进展，2009，17（4）：736-744.

［70］赵振宇. 神奇的杠杆：激励理论与方法［M］. 武汉：湖北人民出版社，2001.

［71］赵子聪. 基于协同理论的产教融合工程人才培养模式建构与路径分析［D］. 杭州：浙江大学，2021.

［72］浙江工商职业技术学院：打造特色校园文化育人体系［N］. 光明日报，2021-09-06（10）.

［73］浙江工商职业技术学院高等职业教育质量年度报告（2022）.

［74］浙江工商职业技术学院高等职业教育质量年度报告（2023）.

[75] 郑秀英. 职业教育教师专业化问题研究 [D]. 天津：天津大学，2010.

[76] 中共教育部党组. 中共教育部党组关于印发《普通高等学校学生党建工作标准》的通知 [EB/OL]. (2017-03-01) [2023-08-01]. http://www.moe.gov.cn/srcsite/A12/moe_1416/moe_1417/201703/t20170310_298978.html.

[77] 中共中央关于坚持和完善中国特色社会主义制度，推进国家治理体系和治理能力现代化若干重大问题的决定 [N]. 人民日报，2019-11-06 (1).

[78] 中央经济工作会议在北京举行 [N]. 人民日报，2013-12-14.

[79] 朱秋月，林晨宇，马丹. 后疫情时代我国职业教育高质量发展：困境、挑战与赋能 [J]. 职业技术教育，2022，43 (4)：18-23.

[80] 筑波大学教育学研究会编. 现代教育学基础 [M]. 钟启泉，译. 上海：上海教育出版社，1999.

[81] Ahmadjian V. Symbiosis: An introduction to biological association [M]. New England: University Press of New England, 1986.

[82] A V Carron, W N Widmeyer, L R Brawley. The Development of an Instrument to Assess Cohesion in Sport Teams: The Group Environment Questionnaire [J]. Journal of Sport Psychology, 1985 (7): 244-266.

[83] McClelland D C. Testing for competence rather than for intelligence [J]. American Psychologist, 1973 (28): 1-14.

后 记

开展党建引领高校内生式发展的探究与实践是一项复杂、艰巨、挑战性极强的任务，本书是在我校探索实践的基础上加以理论升华而成，凝结着全校师生共同的智慧和力量。

2018年11月19日，组织上任命我为浙江工商职业技术学院党委书记，非常荣幸地成为工商的一员。到任后，我第一时间带领班子成员深入二级学院进行调查研究、座谈交流，到校史陈列馆感受百年工商的悠悠文脉。我一直在思考，作为一所发展基础良好、文化积淀深厚的百年老校，如何才能摆脱教职工信心不足、精气神不够、景气度不高的困境？其中如何通过高质量党建引领学校高质量发展是我思考最多、最深的。

作为党委书记，我深知只有党建强，学校才能强，而党建强，首先要班子强。我着手研究并出台《关于切实加强领导班子自身建设的意见》，要求每位班子成员强化政治责任、强化团结协作、强化规矩意识、强化学习观念、强化创新精神、强化廉政自律，以身作则，率先垂范。针对高校党建中普遍存在的层层弱化的问题，我提出了"1+8+N""点线面"结合一体化推进党建工作思路，以"党委、总支、支部"的三级联动，一级带一级、一级抓一级，凸显头雁效应，形成党的领导纵向到底、横向到边、全面覆盖。党支部作为党的基层组织，如何贯彻落实"党的一切工作到支部"，我主导制定了具有校本特色的《关于提升党支部（党员）战斗力的若干举措》，全面打造组织严密、单元过硬、带动有力的党支部，真正实现党的建设与事业发展、与师生成长、与专业建设、与地方发展的融合。

这几年，在党建引领内生式发展的探索实践中，我们紧紧抓住"人、政策、机制"三个关键，重点做好"思想凝心、组织聚力、机制赋能"三篇文章，着力打造变革型组织，全力推动学校走上了"快车道"。和"工商"的同志们一起工作的五年，感触良多、感慨万千，其中感受最深的有以下几件事：

——最难的事是凝聚人心。把全校教职员工的思想统一起来、人心凝聚起来、精神鼓舞起来，实属不易。我们首次凝练并宣贯百年"工商精神"，适时开展"三争五跨""解放思想""四爱"教育等活动，极大地凝聚了共识、汇聚了力量。

——最重要的事是争取"双高校"。争创省"双高校"对学校来说是大事，我们成立申报建设专班专办，全力以赴争取各方支持，终于艰难拿到省"双高校"建设的入场券，使学校重回浙江省高职院校第一方阵。

——最关键的事是搞活机制。我们着力推进干部管理、人才引育、二级管理、考核分配、数字赋能、闭环管理"六大变革"，真正把"人"组织起来、主动性调动起来了，大家加班加点，争时间、争任务、争贡献，实现了观念、态度、工作、风气的"四个改变"。

——最不易的事是争取资源。我们坚持"开门办学"理念，提出"扩区、强校、升本"的发展战略，全力争取到慈溪市政府扩建慈溪学院，与海曙区政府达成以"空间置换""交钥匙工程"形式新建校区意向，争取"合一生活园"2 000平方米用房无偿用于三江职教集团实体化运作，极大地推动了学校发展。

——最艰辛的事是解决历史遗留问题。我们本着"新官要理旧账"的理念，多次到宁海县委县政府对接工作，成立工作专班，克难攻坚，妥善解决了十五年来未能解决的宁波校区不动产权证办理、宁海阳光小区经济适用房的历史遗留问题，确保了国有资产保值、增值。

——最有效的事是抓落实机制。我们制定了重要工作部署即时反应制、决策事项清单制、每月工作例会制等八方面的抓落实机制，同时建立重大项目专班制、项目领办制、挂图作战制和督办通报制，以"钉钉子"精神推动各项工作落地，形成狠抓落实的良好氛围。

——最安心的事是校园安全稳定。我们坚持"以人为本、安全第一、预防为主、综合治理"的工作理念，健全完善工作机制，及时化解风险隐患，有效构筑平安校园网。五年来学校无一起安全责任事故，并获得了省市所有安全稳定领域的荣誉，保障了全校师生身心安全。

——最暖心的事是打造"温馨校园"。我们着眼打造有温度的学校，每年广泛征集、梳理并推出"十大民生实事",想方设法提高教职工收入,畅通教职工成长发展通道,改善教室寝室条件,让师生安心工作、安心学习,极大增强了师生的归属感、幸福感。

这几年,学校的景气度持续提升,立项数呈现井喷,排位次大幅前移,影响力不断扩大,这是全校上下齐心协力、同心同德、奋力拼搏的结果,这里凝聚着1.3万名师生爬坡过坎的艰辛、攻坚克难的壮志和无惧风雨的坚毅,是集体劳动与智慧的结晶。能与工商的团队、与工商的师生一起,推动并见证工商的浴火重生、凤凰涅槃,我感到十分荣幸。这些年的工作,自己全身心融入工商,深感自己与工商兴衰荣辱密切相关。作为党委书记,我深入调查研究,广泛听取意见,就工商的发展提出了一些理念、观点、思路和做法,并与同志们共同奋斗,全力推进。想到疫情防控、赴京赴省争取项目、申报创建"双高校"、开展校地(企)合作、处置突发事件等,与同志们共同经历的一桩桩往事、一个个场景,至今都历历在目、记忆犹新。那无数个不眠之夜,记录着我们奋斗的艰辛,那一盏盏挑灯夜战之光,被我们的激情点燃,在黑暗中显得更加耀眼。在此,我要特别向学校的领导班子成员,向全校的教职员工,向历届领导班子,表达我的谢意,没有你们的合作帮衬,没有大家的共同努力,我们不可能如此从容迈步!正如新南威尔士大学校长J.尼兰德所说,"我们所继承的大学是如此富有和奇妙,因为我们的前人和同仁给了我们如此之多的馈赠"。

在本书的编著过程中,我们得到了上海市教育科学研究院马树超、杜晓利等专家的悉心指导和智力支持,从而增强了本书的理论深度;李芙蓉、魏延志、张蔚然、王琴、王启龙等学者从理论与实践相结合的视角为本研究提供了真知灼见和智慧心血;学校领导班子成员为本书提出了不少建设性意见,丰富了理论和实践内容;各职能部门和二级学院为本书的研究提供了大量资料、付出了许多精力。对于各位专家学者的热情帮助和各位同仁的辛勤工作,我们感激不尽,谨禀谢过。

本书的编写和出版也得到了各界朋友们的支持和鼓励,在此,一并表示感谢!

2023年11月30日

图书在版编目（CIP）数据

党建引领高职院校内生式发展的探索与实践／浙江工商职业技术学院著. --北京：经济科学出版社，2024.2

ISBN 978-7-5218-5665-1

Ⅰ.①党… Ⅱ.①浙… Ⅲ.①中国共产党-高等职业教育-党的建设-研究 Ⅳ.①D267.6

中国国家版本馆 CIP 数据核字（2024）第 038002 号

责任编辑：宋艳波
责任校对：杨　海
责任印制：邱　天

党建引领高职院校内生式发展的探索与实践
DANGJIAN YINLING GAOZHI YUANXIAO NEISHENGSHI FAZHAN DE TANSUO YU SHIJIAN
浙江工商职业技术学院　著
经济科学出版社出版、发行　新华书店经销
社址：北京市海淀区阜成路甲 28 号　邮编：100142
总编部电话：010-88191217　发行部电话：010-88191540
网址：www.esp.com.cn
电子邮箱：esp@esp.com.cn
天猫网店：经济科学出版社旗舰店
网址：http://jjkxcbs.tmall.com
固安华明印业有限公司印装
710×1000　16 开　20.25 印张　310000 字
2024 年 2 月第 1 版　2024 年 2 月第 1 次印刷
ISBN 978-7-5218-5665-1　定价：88.00 元
(图书出现印装问题，本社负责调换. 电话：010-88191545)
(版权所有　侵权必究　打击盗版　举报热线：010-88191661
QQ：2242791300　营销中心电话：010-88191537
电子邮箱：dbts@esp.com.cn)